直齋書録解題

上

〔宋〕陳振孫　撰
徐小蠻　顧美華　點校

上海古籍出版社

圖書在版編目(CIP)數據

直齋書録解題 / (宋)陳振孫撰；徐小蠻，顧美華點校. —上海：上海古籍出版社，2023.9
ISBN 978-7-5732-0870-5

Ⅰ. ①直…　Ⅱ. ①陳… ②徐… ③顧…　Ⅲ. ①私人藏書–圖書目録–中國–宋代　Ⅳ. ①Z842.44

中國國家版本館CIP數據核字(2023)第177706號

直齋書録解題（全二册）
［宋］陳振孫　撰
徐小蠻　顧美華　點校
上海古籍出版社出版發行
（上海市閔行區號景路159弄1-5號A座5F　郵政編碼201101）
（1）網址：www. guji. com. cn
（2）E-mail：guji1 @ guji. com. cn
（3）易文網網址：www. ewen. co
上海展强印刷有限公司印刷
開本850×1168　1/32　印張26.75　插頁13　字数565,000
2023年9月第1版　2023年9月第1次印刷
ISBN 978-7-5732-0870-5
K·3463　定價：128.00元
如有質量問題，請與承印公司聯繫
電話：021-66366565

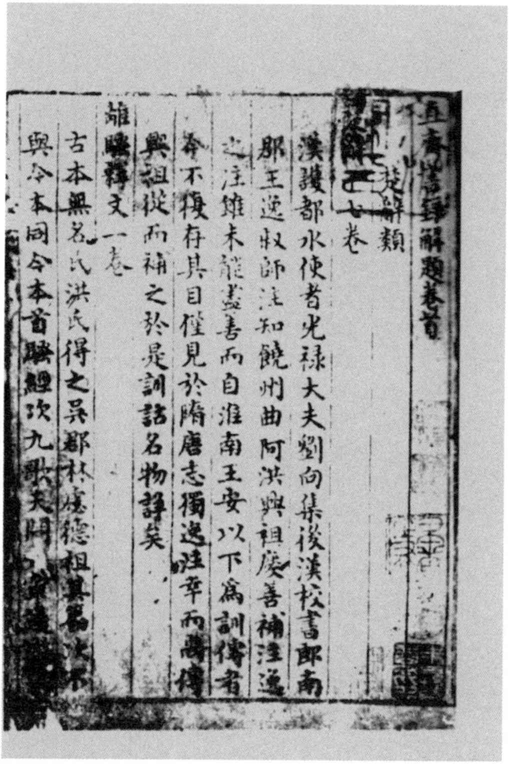
直齋書録解題卷首

楚辭類

楚辭十七卷

漢護都水使者光祿大夫劉向集後漢校書郎南郡王逸叔師注知饒州曲阿洪興祖慶善補注逸之注雖未能盡善而自淮南王安以下爲訓傳者今不復存其目僅見於隋唐志獨逸注幸而尚傳興祖從而補之於是訓詁名物詳矣

離騷釋文一卷

古本無名氏洪氏得之吳郡林虙德祖其篇次不與今本同今本首離騷次九歌天問

元抄殘本《直齋書録解題》首頁

国家圖書館藏

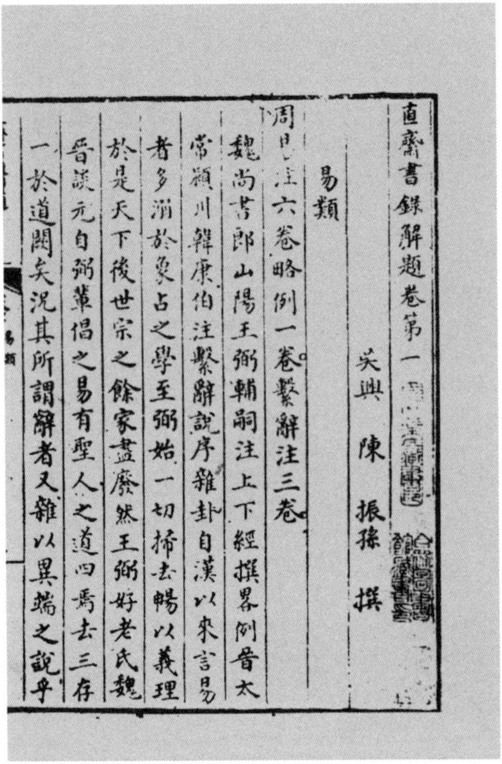

直齋書録解題卷第一

吴興 陳振孫 撰

易類

周易注六卷略例一卷繫辭注三卷

魏尚書郎山陽王弼輔嗣注上下經撰畧例晉太常潁川韓康伯注繫辭說序雜卦自漢以來言易者多溺於象占之學至弼始一切掃去暢以義理於是天下後世宗之餘家盡廢然王弼好老氏魏晉談元自弼輩倡之易有聖人之道四焉去三存一於道闕矣況其所謂辭者又雜以異端之說乎

盧文弨重輯稿本《直齋書録解題》首頁

上海圖書館藏

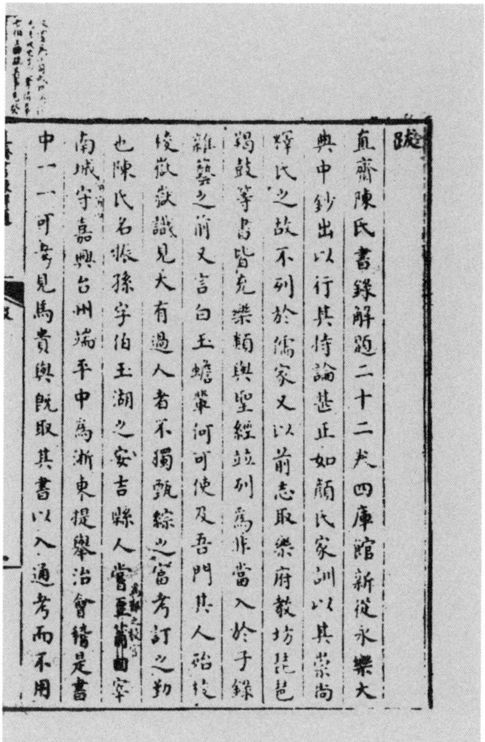

跋

直齋陳氏書録解題二十二卷四庫館新從永樂大
典中鈔出以行其持論甚正如顔氏家訓以其崇尚
釋氏之故不列於儒家又以前志取樂府教坊琵琶
羯鼓等書皆充樂類與聖經並列爲非當入於子録
雜藝之前又言白玉蟾輩何可使及吾門其人殆於
後嶽嶽識見大有過人者不獨甄綜之當考訂之勤
也陳氏名振孫字伯玉湖之安吉縣人嘗[illegible]字
南城守嘉興台州端平中爲浙東提舉治會稽是書
中一一可考見焉貴與既取其書以入通考而不用

盧文弨重輯稿本《直齋書録解題》跋首頁
上海圖書館藏

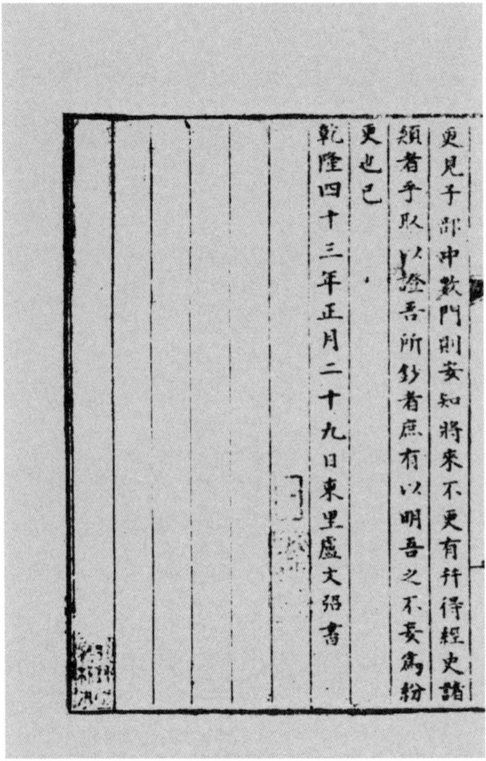
更見于部中數門則安知將來不更有升待經史諸
類者乎取以證吾所鈔者庶有以明吾之不妄爲紛
更也已
乾隆四十三年正月二十九日東里盧文弨書

盧文弨重輯稿本《直齋書録解題》跋末頁

上海圖書館藏

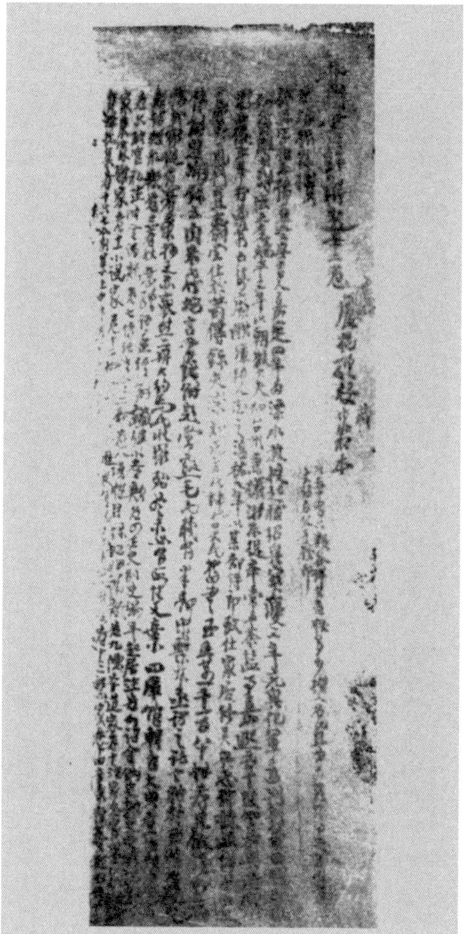

丁丙盧文弨校巾箱本《直齋書録解題》跋

南京圖書館藏

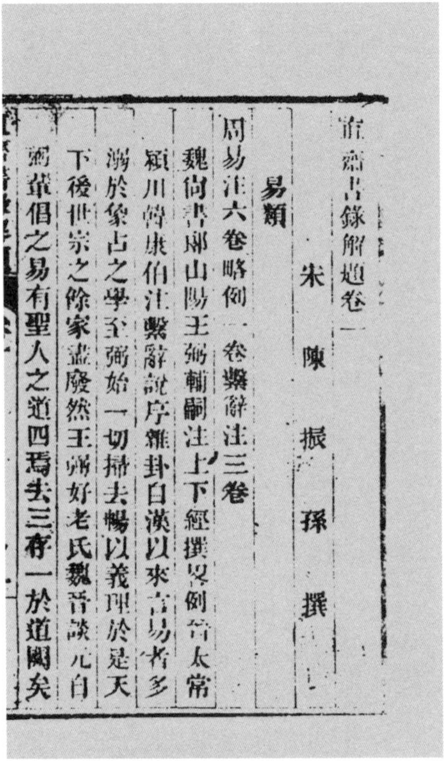

直齋書錄解題卷一

宋 陳 振 孫 撰

易類

周易注六卷略例一卷繫辭注三卷

魏尚書郎山陽王弼輔嗣注上下經撰略例晉太常潁川韓康伯注繫辭說序雜卦自漢以來言易者多溺於象占之學至弼始一切掃去暢以義理於是天下後世宗之餘家盡廢然王弼好老氏魏晉談玄自弼輩倡之易有聖人之道四焉去三存一於道闕矣

武英殿聚珍本《直齋書録解題》首頁

上海圖書館藏

前言

稽自有宋一代目録專籍流傳至今者，以崇文總目、尤袤遂初堂書目、晁公武郡齋讀書志、陳振孫直齋書録解題四書爲最。崇文總目及遂初堂書目皆僅著録書名，不及攷訂之事，未饜讀者之願。晁、陳二書，均能窮溯圖書源流，有繼往開來之功，爲研治目録學之規範。顧晁志宋本具見袁、衢二刻，千載後猶得窺見原文。惟陳著書闕有間，今存世最早可覩者，祇元抄殘書四卷而已。清四庫館臣自永樂大典所輯成之二十二卷本，以聚珍字印行流傳。提要猶稱「當時編輯潦草，脱譌宏多，又原帙割裂，全失其舊」，固非原本面目也。洎後流傳之本，悉從此出。清代中葉，盧文弨乃治理斯書，用力最深，輯成（新訂）直齋書録解題五十六卷，今存稿本，略有殘鬭，然足以糾正大典本者，蓋不勝枚舉焉。此外，藏家時有校録之本，拾遺正譌，亦復不少。余少嗜流略之學，每慮斯書攸待訂正，四十餘年書城鞅掌，不暇問津。今者徐小蠻、顧美華兩同志，以大典本爲主，參校郡齋讀書志及文獻通攷，又據抱經重訂稿，正其脱譌。博采前人校本，臚列異同，分别標注。兼取有關陳氏事跡及各家記載文字資料附後，勒爲一編，集陳書之大成，金聲玉振，無間然矣。余深仰二君勤業之深，而又幸斯書觀成有日。爰忘其耄荒，率繫數語，藉申鄙衷。

一九八四年十一月潘景鄭識。時年七十有八。

點校説明

一、直齋書録解題原本五十六卷，相傳明毛晉有宋刻本半部。北京圖書館藏有抄本四卷（四十七——五十），著録爲元抄。北京大學圖書館有李盛鐸舊藏傳抄宋蘭揮舊藏本，亦爲五十六卷本，存二十卷。五十六卷本之全本已不可見。四庫館臣從永樂大典輯出重編爲二十二卷，刻入武英殿聚珍版叢書中。對館本作過批校的人很多：上海圖書館所藏盧文弨的（新訂）直齋書録解題稿本五十六卷（缺卷八——十六。以下簡稱盧校本），以館本爲基礎，聚校原本（盧氏寫作「元本」）殘卷兩種，並據以恢復原第；南京圖書館藏丁丙跋盧文弨校本；青海師範學院藏繆荃孫批校本；北京圖書館藏傳增湘録盧文弨校跋本等，均稱爲善本。我們即以武英殿聚珍版叢書本（盧文弨稱爲「館本」）作爲點校的底本，元抄本及盧校本作爲主要校本。館本中館臣所加案語，予以保留。凡元抄本、盧校本與館本的不同處，以及盧文弨在校本中的批注均録入本書校記中。標以「今案」之校記，則爲點校者所增。

二、盧校本自識緯類起至僞史類缺（雜史類不全），缺處有關盧校本及盧校注的情況均據圖書季刊新第三卷第一到四期傅增湘直齋書録解題校記過録。

三、盧校本卷次目録與館本不同。兹將盧本目録照抄附於書末，以供參攷。

四、除盧校本外，還參校了郡齋讀書志、文獻通攷、各史藝文志，其他有關直齋書録解題的校本、校語，間亦有所採録。

五、凡所見到有關直齋書録解題的評論文字及有關直齋書録解題作者陳振孫的事迹等，作爲附録分三部分附在書後。附録資料收到一九四九年止。

徐小蠻　顧美華

一九八四年十二月

目録

附録一 有關直齋書録解題之提要題識……六五二

附録二　關於陳振孫之生平和著述……六七六

附録三　陳振孫所撰序跋三則……七〇九

直齋書録解題卷一

易類

周易注六卷、略例一卷、繫辭注三卷

魏尚書郎山陽王弼輔嗣注上、下經，撰略例。晋太常潁川韓康伯注繫辭、説、序、雜卦。自漢以來，言易者多溺於象占之學，至弼始一切掃去，暢以義理。於是天下後世宗之，餘家盡廢。然王弼好老氏，魏、晋談玄，自弼輩倡之。易有聖人之道四焉，去三存一，於道闕矣。況其所謂辭者，又雜以異端之説乎！范甯謂其罪深於桀、紂，誠有以也。弼父業長緒，本王粲族兄凱之子，粲二子坐事誅，文帝以業嗣粲。弼死時年二十餘。

古易十二卷

出翰林學士睢陽王洙原叔家。上、下經惟載爻辭，外卦辭一、彖辭二、大象三、小象四、文言五、上繫

六、下繫七、説卦八、序卦九、雜卦十。葉石林以爲此即藝文志所謂古易十二篇者也。案隋唐志皆無「古易」之目，當亦是後人依倣録之爾。

周易古經十二卷

丞相汲郡吕大防微仲所録上、下經，並録爻辭、彖、象，隨經分上下，共爲六卷，上、下繫辭二卷，文言、説、序、雜卦各一卷。

古周易八卷

中書舍人清豐晁説之以道所録卦爻一、彖二、象三、文言四、繫辭五、説卦六、序卦七、雜卦八。其説曰：以彖、象、文言雜入卦中自費氏始。孔穎達又謂輔嗣之意，象本釋經，宜相附近，分爻之象辭，各附逐爻。則費氏初變古制時，猶若今乾、坤二卦各存舊本歟？古經始變於費氏，而卒大亂於王弼，奈何後之儒者，尤而效之。杜預分左氏傳於經，宋衷、范望散太玄測、贊於八十一首之下，是其明比也。揆觀其初，乃如古文尚書，遷、固敍傳，揚雄法言敍篇云爾。卷首列名氏二十餘家，文字異同則散見於卦[一]云。

［一］盧文弨重輯稿本直齋書録解題（以下簡稱盧校本）「卦」上有「諸」。

古易十二卷、音訓二卷

著作郎東萊吕祖謙伯恭所定。篇次與汲郡吕氏同，音訓則其門人王莘叟筆受。朱晦庵刻之於臨漳、會稽，益以程氏是正文字及晁氏説。其所著本義，據此本也。

古周易十二卷

國子録吴郡吴仁傑斗南所録。以爻爲繫辭，今之繫辭爲説卦。其言十翼，謂彖傳，象傳，繫辭傳上、下，説卦上、中、下，文言，序卦，雜卦，并上、下經爲十二篇。案漢世傳易者，施、孟、梁邱、京、費。費最晚出，不得立於學官。其學亡章句，惟以彖、象、文言等解上、下經。自劉向校中古文易經，諸家或脱「无咎悔亡」，惟費氏與古文同，東京名儒馬、鄭皆傳之。其後，諸家皆廢，而費學孤行，以至於今。其合彖、象、文言於經，蓋自康成、輔嗣以來，展轉相傳，學者遂不識古文本經。甚至今世考官命題，或連彖、象、爻辭爲一，對大義者，志得而已，往往穿鑿傳會，而經旨破碎極矣。凡此諸家所録，雖頗有同異，大較經自爲經，傳自爲傳，而於傳之中，彖、象、文言，亦各不相混。稍復古人〔一〕之舊，均有補於學者，宜並存之。又有九江周燔所次，附見吴氏書篇末，今古文參用，視諸本爲無據。又有程迥可久古易攷十二篇見後。

〔一〕盧校本「古人」爲「古文」。

周易正義十三卷 案：舊唐書經籍志作十六卷，唐書藝文志作十四卷。

唐國子祭酒冀州孔穎達仲達撰。序云十四卷，館閣書目亦云。今本止十三卷。案五經正義，本唐貞觀中穎達與顏師古等受詔撰五經義贊，後改爲正義，博士馬嘉運駁正其失。永徽二年，中書門下于志寧等攷正增損，書始布下。其實非一手一足之力，世但稱「孔疏」爾。其説專釋一家注文爲正。案：唐書，孔穎達、顔師古、司馬才章、王恭、馬嘉運、趙乾叶、王談、于志寧等奉詔撰，蘇德融、趙宏智覆審。崇文總目云唐長孫無忌與諸儒刊定。

周易釋文一卷

唐國子博士吳郡陸德明撰。本名元朗，以字行。多援漢、魏以前諸家説，蓋唐初諸書皆在也。卦首注某宮、某世，用京房説。

歸藏三卷

晋太尉參軍薛貞注。案唐志十三卷，司馬膺注。今惟存初經、本蓍、齊母三篇，錯謬不可讀，非古全書也。

子夏易傳十卷

案隋、唐志有卜商傳二卷，殘缺。陸德明、李鼎祚亦時稱引。攷漢志，初無此書。有孫坦者，爲周易析藴，言此漢杜子夏也，未知何據。使其果然，何爲不見於漢志？其爲依託明矣。隋、唐時止二卷，已殘缺，今安得有十卷？且其經文、彖、象、爻辭相錯，正用王弼本。決非漢世書。以陸德明所引求之今傳，則皆無之，豈惟非漢世書，亦非隋、唐所傳書矣。其文辭淺俚，非古人語，姑存之以備一家。案晁以道傳易堂記曰：「古今咸謂子夏受於孔子而爲之傳。然太史公、劉向父子、班固皆不論著，唐劉子玄知其僞矣。書不傳於今，今號爲子夏傳者，崇文總目知其爲僞，而不知其所作之人，予知其爲唐張弧之易也。」晁之言云爾。張弧有王道小疏五卷，見館閣書目，云唐大理評事，亦不詳何時人。

京房易傳三卷、積算雜占條例一卷 案：晁公武曰：「隋志有京氏章句十卷，又有占候十種七十三卷。唐志亦作京氏章句十卷，而占候存者三種三十三卷。章句既亡，今所傳者京氏積算易傳三卷，雜占條例法一卷。所謂積算易傳，疑即隋、唐志之錯卦是也；雜占條例法，疑隋、唐志之逆刺占災異是也。」此本篇目與晁志異。

吳鬱林太守吳郡陸績公紀注。京氏學廢絶久矣。所謂章句者，既不復傳，而占候之存於世者僅若此，較之前志，什百之一二耳。今世術士所用世應、飛伏、游魂、歸魂、納甲之説，皆出京氏。晁景迂嘗爲京氏學，用其傳爲易式云。或作四卷，而條例居其首。又有參同契律曆志，見陰陽家類，專言占候。

關子明易傳一卷

後魏河東關朗子明撰。唐趙蕤注。隋、唐志皆不録。或云阮逸僞作也。

周易集解十卷 案：唐書作十七卷，晁公武謂今止十卷，而始末皆全，無所亡失，或後人併之也。

唐著作郎李鼎祚集子夏、孟喜、京房、九家、乾鑿度、馬融、荀爽、鄭康成、劉表、何晏、王弼、宋衷、虞翻、陸績、王肅、干寶、姚信、王廙、張璠、向秀、王凱沖〔一〕、侯果、蜀才、翟玄、韓康伯、劉瓛、何妥、崔憬、沈驎士、盧氏、崔覲〔二〕、孔穎達等諸家，凡隋、唐以前易家諸書逸不傳者，賴此猶見其一二，而所取於荀、虞者尤多。九家者，漢淮南王所聘明易者九人，荀爽嘗爲之集解。陸氏釋文所載説卦逸象，本於九家易。蜀才，范長生也，顏之推云。案：此書集子夏以來易説三十二家外，又引張氏倫、朱氏仰之、蔡氏景君三家注。

〔一〕盧文弨校注：（下稱盧校注）晁氏避其家諱，故袁本（郡齋）讀書志作王凱同。

〔二〕盧校注：北史儒林傳云，魏末大儒徐遵明講鄭氏易，傳范陽盧景裕及清河崔瑾，即此盧氏、崔覲是也。又云：胡孝轅云所集又有伏曼谷、姚規、朱仰之三家。

元包十卷

唐衛元嵩撰。祕書少監武功蘇源明傳，四門助教趙郡李江注。其書以八卦爲八篇首，而「一世」至「歸魂」各附其下。先坤，次乾，次兑、艮、離、坎、巽、震。坤曰太陰，乾曰太陽，餘六子有孟、仲、少之目，每卦之下，各爲數語，用意僻怪，文意險澁，不可深曉也。

周易啓源十卷

唐太子左諭德蔡廣成撰。皆設爲問答之辭。其卷首題德恒、德言、德庸、德翰問者，不知何義也。

補闕周易正義略例疏一卷 案：宋史藝文志作三卷。

唐四門助教邢璹撰。案蜀本略例有璹所注，止有篇首釋「略例」二字，文與此同，餘皆不然。此本亦淺近無義理，姑存之。

周易窮微一卷

稱王輔嗣。凡爲論五篇。館閣書目有王弼易辨一卷。其論彖、論象亦類略例，意即此書也。又言弼著此書已亡，至晉得之，王羲之承詔録藏於祕府，世莫得見，未知何所據而云。

周易物象釋疑一卷

唐東陽助撰。唐志作「東鄉助」，館閣書目又云守江陵尹。東陽、東鄉，皆複姓也。其序言隨事義而取象，若以龍敍乾，以馬明坤。凡注、疏未釋者，標出爲此書。

周易舉正三卷

唐蘇州司户參軍郭京撰。自言得王弼、韓康伯手寫真本，正其訛謬，凡一百三十五條。如坤初六象「履霜，陰始凝也」，多「堅冰」二字；屯六三象「以從禽也」，闕「何」字；頤「拂經」，當作「拂頤」；坎卦「習坎」上當有卦名之類，皆於義爲長〔一〕。

〔一〕盧校注：未免爲其所欺。

易傳解説一卷、微旨三卷

唐宰相吴郡陸希聲〔二〕撰。案：文獻通攷作「右拾遺」。案唐志有易傳二卷，中興書目作六卷，別出微旨三卷。今所謂解説者，上、下經共一册，不分卷。有序言著易傳十篇，七篇以上解易義之淵微，八篇以下廣易道之旁行，今第爲六卷；又撰易圖、指説、釋變、微旨各一卷，通爲十卷。其上、下經蓋第一、第二篇，經文一句，傳亦一句，門人以爲難曉，故復爲之解。然則其全書十卷，不盡傳矣。家舊惟有微旨，續得解説一編，始知其詳。

〔一〕盧校注：唐昭宗時相。

周易口訣義六卷

河南史之徵〔一〕撰。案：宋史藝文志作「史文徽」，文獻通攷作「史證」，鄭樵通志作「史之證」。宋人避諱「徵」字，此改從其舊。不詳何代人，三朝史志有其書，非唐則五代人也。避諱作「證」字。

〔一〕盧校本「史之徵」作「史證」。

易證墜簡二卷

毗陵從事建溪范諤昌撰。天禧中人。序言任職毗陵，因事退閒。蓋嘗失官也。又言得於湓浦李處約，李得於廬山許堅。其上卷如郭京舉正，下卷辨繫辭非孔子命名，止可謂之贊，繫今爻辭乃可謂之繫辭。又重定其次序。又有補注一篇，辨周、孔述作，與諸儒異，爲乾、坤二傳。末有四辭〔二〕晷刻圖一篇。案：文獻通攷作「四時晷刻圖」。館閣書目止一卷。又有源流圖一卷，言納甲、納音者，即此下卷補注序中語也。世或言劉牧之學出於諤昌，而諤昌之學亦出种放，未知信否？晁以道、邵子文、朱子發皆云爾。

〔一〕盧校本「四辭」爲「四時」。

新注周易十一卷、卦德統論一卷、略例一卷、又易數鉤隱圖二卷 案：宋史以略例爲黄黎獻撰。易數鉤隱圖作一卷，鄭樵通志作三卷，又黄黎獻續者一卷。

太常博士劉牧長民撰，黄黎獻爲之序。又爲略例圖，亦黎獻所序。又有三衢劉敏士刻於浙右庾司者，有歐陽公序，文淺俚，決非公作。其書三卷，與前本大同小異。案敏士序稱伯祖屯田郎中臨川先生志其墓，今觀誌文所述，但言學春秋於孫復而已。當慶曆時，其易學盛行，不應略無一語及之，且黎獻之序稱字長民，而誌稱字先之，其果一人耶，抑二人耶？

删定易圖論一卷

直講盱江〔一〕李覯泰伯撰。案：宋史藝文志作「李遇」，蓋南宋避諱所改。凡六篇。蓋删劉牧易圖而存之者三焉。館閣書目作六卷，十九篇。覯先著易論十九篇，皆見集中，與此自爲二書，當是合爲十九也。

〔一〕盧校注：盱水在南城，見前漢地理志，顔音香于反。

易補注十卷、又王劉易辨一卷

秘書丞宋咸貫之撰。咸嘗撰易明，凡一百九十三條，以正亡誤。及得郭京舉正於歐陽公，遂參驗爲補注。皇祐五年表上之。别有易訓，未見。易辨，凡二十篇。劉牧之學，大抵求異先儒，穿鑿破碎，故李、宋或删之，或辨之。

周易言象外傳十卷

翰林學士睢陽王洙原叔撰。其序言學易於處士趙期。論次舊義，附以新説，凡十二篇。以王弼傳爲「内」；摘其異者，表而正之，故曰「外」云。

周易析藴二卷

孫坦撰。其首言子夏傳辭不甚粹，或取左氏傳語證之。晚又得十八占，稱天子曰「縣官」，嘗疑漢杜子夏之學。及讀杜傳，見引明夷對策，疑始釋然。坦不知何人，國史志及中興書目皆不著。

易筌六卷

太常丞建安阮逸天隱撰。每爻各以一古事繫之，頗多牽合。

周易意學六卷 案：文獻通攷、鄭樵通志俱作十卷。

題齊魯後人陸秉撰。晁氏讀書志云：秉字端夫，舊名東，嘗通判蜀州。寶元二年上其書，有詔嘉獎。其説多異先儒，穿鑿無據。

周易口義十三卷〔一〕 案：文獻通攷作易傳十卷，宋史作易解十二卷，鄭樵通志作口義十二卷。

直講海陵胡瑗翼之撰。新安王炎晦叔嘗問南軒曰：「伊川令學者先看王輔嗣、胡翼之、王介甫三家，何也？」南軒曰：「三家不論互體，故云爾。然雜物撰德，具於中爻，互體未可廢也。」南軒之説雖如此，要之，程氏專治文義，不論象數。三家者，文義皆坦明，象數殆於掃除略盡，非特互體也。案：

晁公武云此書乃門人倪天隱所纂，非其自著。

〔一〕盧校注：宋藝文志口義十卷，繫辭說卦三卷，陳氏合併數之也。宋志又有易解十二卷，晁志作易傳，僅十卷，乃瑗門人倪天隱所纂云。

周易解義十卷

直講徂徠石介守道撰。止解六十四卦，亦無大發明。晁景迂嘗謂〔一〕：「守道說〔二〕，孔子作彖、象於六爻之前，小象繫逐爻之下，惟乾悉屬之於後者，讓也。他人尚可責哉！」今觀此解義言王弼注易，欲人易見，使相附近，他卦皆然，惟乾不同者，欲存舊本而已，更無他說。不知景迂何以云爾也。案：宋咸補注首章，頗有此意，晁殆誤記也耶〔三〕？

〔一〕盧校本「謂」爲「言」。

〔二〕今案：盧校本「說」爲「曰」。查通攷「說」爲「亦曰」。

〔三〕盧校本「耶」爲「耳」。又盧校注：晁氏謂今之學者多不知古經多變於費氏，卒大亂於王弼。乃守道亦誤以王弼本爲孔子本來用意如此，故歎曰：嗚呼，他人尚可責哉！他人正與「今之學者」相應，陳氏援引，節去上段，語意便不分明。

易童子問三卷

參政廬陵歐陽永叔撰。設爲問答。其上、下卷專言繫辭、文言、說卦而下皆非聖人所作。

易意藴凡例總論一卷

東海徐庸撰。皇祐中人。凡爲論九篇。館閣書目又有卦變解，未見。

周易義類三卷

稱顧叔思撰，未詳何人。序言先儒論説甚衆，而其旨未嘗不同；卦爻或有不同，而辭意未嘗不一。各立標目，總而聚之。

易解十四卷 案：宋史藝文志作十九卷，鄭樵通志分載易義八卷，補注、精微各三卷，與此合。

尚書右丞皇甫泌撰。曰述聞，曰隱訣，曰補解，曰精微，曰師説，曰明義。案：文獻通攷作「辨道」。其學得于常山抱犢山人，而莆陽游中傳之。劉彝、錢藻皆爲之序。山人者，不知其名氏，蓋隱者也。泌嘗守海陵，治平以前人。

易解十四卷

丞相荆公臨川王安石介甫撰。晁氏讀書志曰：「介甫三經義皆頒學官，獨易解自謂少作未善，不專以取士。」

易説三卷

丞相温公涑水司馬光君實撰。雜説無詮次，未成書也。

東坡易傳十卷

端明殿學士眉山蘇軾子瞻撰。蓋述其父洵之學也。

周易聖斷七卷

諫議大夫閬中鮮于侁子駿撰。多辨王弼、劉牧之非。乾、坤二卦，不解爻象，欲學者觀彖、象、文言而自得云。

伊川易解六卷　案：文獻通攷、宋史藝文志俱作十卷。

崇政殿説書河南程頤正叔撰。止解六十四卦，不解大傳，而以序卦分置諸卦之首。蓋唐李鼎祚集解亦然。伊川平生著述惟易傳爲深，而亦不解大傳。

横渠易説三卷　案：文獻通攷、宋史藝文志俱作十卷。

崇文校書長安張載子厚撰。

乾生歸一圖十卷　案：文獻通攷作二卷。

英州石汝礪撰。嘉祐元年序。取「乾」爲生生之本，萬物歸于一也。有論有圖，亦頗與劉牧辨，然或雜以釋、老之學。其所謂一者，自注云：「一則靈寂。」其玄首篇論道，專以靈明〔原註〕「靈」字恐誤，或當作「虛」。無體無生爲主。又曰：「因靈不動，而生寂體。」豈非異端之説乎？

易義海撮要十卷　案：宋史藝文志作十二卷。

熙寧中蜀人房審權編義海，凡百卷。近時江都李衡彦平删削，而益以東坡蘇氏、伊川程氏、漢上朱氏之說。若房氏百卷之書，則未之見也。衡，乾道中由侍御史改起居郎。館閣續書目云紹興監察御史，誤矣。

易解二卷

翰林學士錢塘沈括存中撰。所解甚略，不過數卦，而於大小畜、大小過獨詳。

了翁易說一卷

左司諫延平陳瓘了翁撰。晚年所著也。止解六十四卦，辭旨深晦。

葆光易解義十卷

泉州教授莆田張弼舜元撰。紹聖中以章惇〔一〕、黄裳等薦，賜號葆光處士。後又以爲福州司户，本州教授。其學多言取象。案：晁公武讀書志：「弼於紹聖中，張惇薦於朝，賜號葆光處士。後黄裳等再薦，詔爲福州司户，本州教授。」考宋史，紹聖中無張惇，此本又作章厚，疑爲章惇所薦，以避光宗諱，故名章厚耳。又教授上脱「本州」二字，今改正。

〔一〕盧校本「惇」作「厚」，避光宗諱。

易講義十卷

給事中遂昌龔原深之撰。嘉祐八年進士。初以經學爲王安石引用。元符後入黨籍。

此段當在正易心法之前。隨齋批注〔一〕。

〔一〕今案：永樂大典本直齋書録解題中有隨齋批注。前人認爲隨齋爲元時人楊益，非是。據沈叔埏頤綵堂集書直齋書録解題後云：隨齋蓋程大昌之後人程棨。程大昌字泰之，宋龍圖閣學士，吏部尚書。原籍新安，後自歙遷湖，與直齋同時同里。子孫亦貫安吉。卒謚文簡。其曾孫棨，字儀甫，號隨齋，元時人。書録解題卷三鄭樵石鼓文考批注云：「樵以秦斤、秦權有『丞』『殹』兩字，遂以石鼓爲秦物，先文簡論而非之。其説具載演繁露。」則隨齋爲程棨，是爲確證。

正易心法一卷

舊稱麻衣道者授希夷先生，崇寧間廬山隱者李潛得之，凡四十二章。蓋依託也。朱先生云，南康戴主簿師愈撰，乃不喞噹底禪、不喞噹底修養法、日時法。王炎曰，洛山案：文獻通攷作洛水〔一〕。李壽翁侍郎喜論易。炎嘗問侍郎：「在當塗板行麻衣新説如何？」李曰：「程沙隨見囑。」炎曰：「恐託名麻衣耳。以撲錢背面喻八卦陰陽純駁，此鄙説也。以泉雲雨爲陽水，以澤爲陰水，與夫子不合。」李曰：「然。然亦有兩語佳。」炎曰：「豈非學者當於羲皇心地上馳騁，不當於周、孔腳跡下盤旋耶？然此二語亦非也。無周、孔之辭，則羲皇心地，學者何從探之？」李無語。李名椿。

〔一〕盧校本「洛水」作「洛水」。

太極傳六卷、外傳一卷、因説一卷

中書舍人晁説之以道撰。其學本之邵康節。自言學京氏易，紹聖間遇洛陽楊賢實，得康節二易圖；又從其子伯温得其遺編，始作易傳，名曰商瞿傳。兵火後失之。晚年復爲此書。又有易元星紀譜、易規二書，見本集中。又有傳易堂記，述漢以來至本朝傳授甚詳。

易正誤一卷

不知何人作。但稱其名曰歇，又稱元祐以來云云，則近世人也。據序爲書三篇，曰正誤，曰脱簡，曰句讀。今所存惟正誤一篇，大抵增益郭、范之説，故併附二書册後。

梁谿易傳九卷、外篇十卷

丞相昭武李綱伯紀撰。案序内、外篇凡二十三卷。内篇訓釋上、下經，繫辭，説、序、雜卦，并總論合十卷；外篇釋象七，明變一，訓辭二，類占一，衍數二，合十有三卷。今内篇闕總論，外篇闕訓辭及衍數下卷，存者十卷。蓋罷相遷謫時所作。其書未行於世，館閣亦無之。莆田鄭寅子敬從忠定之曾孫得其家藏本，頃倅莆田日，借鄭本傳録。今攷梁谿集，紹興十三年所編，其訓辭二序已云有録無書，則雖其家亦亡逸久矣。豈有其序而書實未成耶？其書於辭、變、象、占無不該貫，可謂博矣。

周易外義三卷

不知何人作。載於三朝史志，則其來亦久矣。大抵於易中所言及於制度、名物者，皆詳著之。於易之本旨，無所發明，故曰「外義」。

皇極經世十二卷、敍篇系述二卷

處士河南邵雍堯夫撰。其學出於李之才挺之，之才受之穆修伯長，修受之种放明逸，放受之陳摶。蓋數學也。曰元會運世，以元經會，以運經世，自帝堯至於五代，天下離合，治亂興廢，得失邪正之迹，以天時而驗人事，以人事而驗天時，以陰陽剛柔窮聲音律吕，以窮萬物之數。末二卷論所以爲書之意，窮日月星辰、飛走動植之數，以窮天地萬物之理；述皇王帝霸〔一〕之事，以明大中至正之道。書謂之經世，篇謂之觀物，凡六十二篇。其子伯温爲之敍系，具載先天、後天、變卦、反對諸圖，又爲易學辨惑一篇，敍傳授本末真僞。然世之能明其學者，蓋鮮焉。雍謚康節。

〔一〕盧校本「皇王帝霸」改爲「皇帝王霸」。

觀物外篇六卷

康節門人張崏子望記其平生之言，雖十纔一二，而足以發明成書者爲多，故名觀物外篇。崏登進士第，仕爲太常寺主簿。

觀物内篇解二卷

康節之子右奉直大夫伯温子文撰。即經世書之第十一、十二卷也。

廣川易學二十四卷

中書舍人東平董逌彦遠撰。

吴園易解十卷

秘閣修撰鄱陽張根知常撰。卷後有序、論五篇，雜説、泰論各一篇。根自號吴園先生。

漢上易傳十一卷、叢説一卷、圖三卷

翰林學士荆門朱震子發撰。紹興初在經筵表上，具述源流云：「陳摶以先天圖傳种放，放傳穆修，修傳李之才，之才傳邵雍；放以河圖洛書傳李溉，溉傳許堅，堅傳范諤昌，諤昌傳劉牧；修以太極圖傳周敦頤，敦頤傳程顥、程頤。是時，張載講學於二程、邵雍之間，故雍著皇極經世書，牧陳天地五十有五數〔一〕，敦頤作通書，程頤著易傳，載造太和、參兩等篇。臣今以易傳爲宗，和會雍、載之論，上采漢、魏、吴、晋，下逮有唐及今，包括異同，庶幾道離而復合。」蓋其學專以王弼盡去舊説、雜以莊老、專尚文辭爲非是，故其於象數頗加詳焉。序稱九卷，蓋合説、序、雜卦爲一也。

〔一〕盧校本「數」上有「之」。

周易窺餘十五卷

資政殿學士金華鄭剛中亨仲撰。不解乾、坤二卦，獨自屯卦始。剛中嘗得罪秦檜，豈其於乾、坤之義有所避耶？

周易疑難圖解二十五卷

三山鄭東卿少梅撰。以六十四卦爲圖，外及六位、皇極、先天、卦氣等圖，各附以論説。末有繫辭解。自言其學出於富沙丘先生，以爲易理皆在於畫中。於是日畫一卦，周而復始，久而後有所入。沙隨程迥可久曰：「丘程字憲古，嘗有詩曰：『易理分明在畫中。』又曰：『不知畫意空箋注，何異丹青在畫中。』其學傳之東卿云。」永嘉所刊本作二册，不分卷，無繫辭解。

易索十三卷

知岳州太和張汝明舜文撰。上、下經六卷，外觀象三，觀變、玩辭、玩占、叢説各一。汝明，元祐壬申進士，大觀初爲御史省郎。游酢定夫誌其墓。

易解義十卷

題凌公弼撰。未詳何人。善解析文義，頗簡潔，有所發明。館閣書目有集解六卷，稱朝奉大夫凌唐佐撰，亦不著本末，豈即其人耶？

徽猷閣待制新安凌唐佐字公弼，建炎初知應天府，以劉豫虛實書奏被殺。後其妻田氏以死狀聞，詔贈待制。隨齋批注。

易小傳六卷

丞相吴興沈該守約撰。專釋六爻，兼論變卦，多本春秋左氏傳占法。卦爲一論。又有繫辭補注十餘則，附之卷末。

昭德易詁〔二〕訓傳十八卷

敷文閣直學士清豐晁公武子止撰。博采古今諸家，附以己聞；又攷載籍行事，以明諸爻之變。其文義音讀之異者，列之逐條，曰同異攷。乾道中上之。其議論精博，不主一家。然亦略於象數。晁氏居京師昭德坊，故號「昭德晁家」。沖之叔用，其父也。

〔一〕盧校本「詁」爲「故」。并注曰：「故」館本作「詁」，此從通攷。

先天易鈐一卷

序稱牛師德祖仁撰。未詳何人。蓋爲邵氏之學而專乎術數者也。

傳家易說十一卷〔二〕

沖晦處士河南郭雍頤正撰。自言其父忠孝，受學於程伊川。伊川示以易之艮，曰：「艮，止也。學道之要無出於此。」自是方覺讀易有味。牓其室曰「兼山」。立身行道，皆自「止」始。兵興之初，先人舊學掃地，念欲補續其說，中心所知者「艮，止也」。潛稽易學，以述舊聞，用傳於家。忠孝字立之，名將樞密逵之子。自言得先天卦變於河陽陳安民子惠，其書出李挺之，由是頗通象數。仕爲永興軍路提刑，死於狄難，其書散逸。雍隱居陝州長陽山中。帥守屢薦，召之不至，由處士封頤正先生。其末，提舉趙善譽言於朝，遣官受所欲言，得其傳家兵學六卷以進，時淳熙丙午也。明年卒，年八十有四。又有兼山遺學六卷，見儒家類。案：晁公武讀書志有兼山易解二卷。餘書皆未之見也。雍實范忠宣丞相外孫，又號白雲先生。案：頤正，本朝廷所賜先生號，而館閣書目以爲字頤正，恐誤。

〔二〕盧校注：此書今有聚珍版本。

讀易老人詳說十卷

參政莊簡公上虞李光泰發撰。光忤秦檜，謫海外爲此書。光嘗學於劉元城，其初進頗由蔡氏，晚節所立，有過人者。

易傳拾遺十卷

敷文閣直學士廬陵胡銓邦衡撰。銓謫新州作此書。大槩宗主程氏，而時出新意於易傳之外。李光泰發爲之序。其曰「拾遺」者，謙辭也。

逍遥公易解八卷、疑問二卷

直學士院李椿年仲永撰。其門人鄱陽吴説之景傳所述，胡銓邦衡爲之序。疑問者，説之所録，其問答之語也。

易傳十一卷、本義十二卷、易學啓蒙一卷 案：宋史藝文志啓蒙三卷。

焕章閣待制侍講新安朱熹晦庵撰。初爲易傳，用王弼本。復以吕氏古易經爲本義，其大旨略同，而加詳焉，首列九圖，末著揲法大略，兼義理、占象而言。啓蒙之目曰：本圖書、原卦畫、明蓍筮、考變占，凡四篇。

周易變體十六卷

吏部郎中京口都絜聖與撰。用蔡墨言乾六爻之例，專論之卦爲主。

繫辭精義二卷

呂祖謙〔一〕集程氏諸家之説，程傳不及繫辭故也。館閣書目以爲託祖謙之名。

〔一〕盧校本「呂祖謙」下有「伯恭」二字。

大易粹言十卷

知舒州温陵曾穜獻之集二程、張載、游酢、楊時及二郭之學爲一書。穜嘗受學於郭白雲。

易原十卷

吏部尚書新安程大昌泰之撰。首論天地五十有五之數，參之河圖、洛書大衍之異同，以爲此易之原也，以及卦變、揲法，皆有圖論，往往斷以己見，出先儒之外。

易本傳三十三卷

隆山李舜臣子思撰。其自序以爲易起於畫，捨畫則無以見易。因畫論心，以中爲用。如捨本卦而論他卦，及某卦從某卦來者，皆所不取。案：此二句原〔一〕本脱漏，今據文獻通攷補入。洪邁景盧爲之作序。舜臣淳熙中宰饒之德興，有惠政，民至今祠之。三子皆知名，顯於時。

〔一〕盧校本「原」改作「元」。

沙隨易章句十卷、外編一卷、占法一卷、古易攷一卷

沙隨程迥可久撰。其論占法，雜記占事尤詳。迥嘗從玉泉喻樗子才學，登隆興癸未科，仕至邑宰。及與前輩名公交游，多所見聞，故其論説頗有源流根據。古易攷十二篇，闕序、雜卦。

誠齋易傳二十卷

寶謨閣學士廬陵楊萬里廷秀撰。其序以爲易者，聖人通變之書，惟中爲能中天下之不中；惟正爲能正天下之不正，中正立而萬變通。又言古未有字，八卦之畫即字也。

周易經傳集解三十六卷

兵部侍郎福清林栗黄中撰。淳熙中表進。其書末卷爲六十四卦立成圖，言聖人以八卦重爲六十四，未聞以復、姤、泰、否、臨，遯變爲六十四也，以辨邵堯夫、朱子發之説。其與朱侍講違言，以論易不合，爲朱公所闢也。

數學一卷

雜録象數諸圖説，不知何人所録。

易説二卷

潼川漕趙善譽德廣撰。善譽，淳熙中嘗進南北攻守類攷。及爲湖北提舉常平，陛辭，以易説進。每卦爲論一篇。

易辨三卷、淵源録三卷 案：文獻通攷何萬易辨三卷，原本作易辭，今改正。

右司郎中三山何萬一之撰。其爲辨三十三篇，大抵多與先儒異。淵源録者，蓋其爲易解未成書，僅有乾、坤二卦而已。萬，癸未進士高第，受知阜陵，官至右司郎中，知漳州以没。

易總説二卷

端明殿學士永嘉戴溪肖望撰。每卦爲一篇。嘉定初，爲東宫端尹，作此以授景獻。

周易玩辭十六卷

太府卿松陽項安世平甫撰。當慶元中得罪時論〔一〕居江陵，杜門潛心，起居不出一室，送迎賓友未嘗踰閾。諸書皆有論説，而易爲全書。其自序以爲「讀程易三十年，此書無一字與之合，合則無用乎此書矣。世之君子以易傳之理觀吾書，則本末條貫無一不本於程氏者；以易傳之文觀吾書，則恐有『西河疑女』之誚」。大抵程氏一於言理，盡略象數，而此書未嘗偏廢；程氏於小象頗欠發明，而此書爻象尤貫通。蓋亦偏攷諸家，斷以己意，精而博矣。

〔一〕盧校本「論」爲「讁」。

易裨傳二卷、外篇一卷

秘書省正字檇李林至撰。凡三篇：曰法象，本之太極；曰極數，本之天地之數；曰觀變，本之揲蓍十八變。外篇則曰反對、世應、互體、納甲、卦氣之類，凡八條。

述釋葉氏易説一卷

吏部侍郎永嘉葉適正則爲習學記言，易居其首。門人建安袁聘儒席之述而釋焉。聘儒，紹熙癸丑進士。

易筆記八卷、總說一卷

軍器少監新安王炎晦叔撰。嘗以上、下經解表進，作十卷。今但六卷，并繫辭二卷爲八，闕說卦。於象數頗有發明。

易翼傳二卷

吏部侍郎括蒼鄭汝諧舜舉撰。「翼」云者，所以爲程傳之輔也。大抵以程傳爲本，而附以己見之異。然汝諧立朝，多爲善類所不可，至互相排擊。

南塘易說三卷

禮部尚書趙汝談履常撰。專辨十翼非夫子作。其說亦多自得之見。

西山復卦說一卷

參政建安真德秀景元撰。

準齋易說一卷

錢塘吳如愚撰。

直齋書録解題卷二

書類

尚書十二卷、尚書注十三卷

漢諫議大夫魯國孔安國傳。初，伏生以書教授，財二十九篇，以舜典合於堯典，益稷合於皋陶謨，盤庚三篇合爲一，康王之誥合於顧命，實三十四篇。及安國攷論魯壁所藏，始出舜典諸篇，又定其可知者，增多二十五篇，引序以冠諸篇之首，定爲五十八篇。雖作傳既成，會巫蠱事作，不復以聞，故未嘗列於學官，世亦莫之見也。攷之儒林傳，安國以古文授都尉朝，弟弟相承，以及塗惲、桑欽；至東都，則賈逵作訓，馬融、鄭康成作傳、注解，而逵父徽實受書於塗惲，逵傳父業，雖曰遠有源流，然而兩漢名儒皆未嘗實見孔氏古文也。豈惟兩漢，魏、晉猶然，凡杜征南以前所注經傳，有援大禹謨、五子之歌、胤征諸篇，皆云逸書，其援泰誓者則云今泰誓無此文，蓋伏生書亡泰誓，泰誓後出。或云武帝末民有獻者，或云宣帝時，河南〔一〕女子得之，所載白魚火烏之祥，實僞書也。然則馬、鄭所解，豈真古文哉！故孔穎達謂賈、馬輩惟傳孔學三十三篇，即伏生書也，亦未得爲孔學矣。穎達又云，王肅注書始似竊見孔傳，故於亂其紀綱，以爲太康時。皇甫謐得古文尚書於外弟梁柳，作帝王世紀往往載之。蓋自太保鄭沖授蘇愉，愉授梁柳，柳授臧曹，曹授梅賾，賾爲豫章内史，奏上其書，時已亡舜典一篇。至齊明帝時，有姚方興者，得於大航頭而獻之，隋開皇中搜索遺典，始得其篇。夫以孔注歷漢末無傳，晋初猶得存者，雖不列學官，而散在民間故耶？然終有可疑者，余嘗辨之〔二〕。

〔一〕盧校本「南」爲「内」。

〔二〕盧校注：書漢殘碑今猶見般庚中二十八字，大興翁秘校得之，與論語殘碑重摹上石。字少與今本不同。如其「或迪自怨」，今「迪」作「稽」，「怨」作「怒」；又「予不」今作「予丕」；又「興降不永」，今作「崇降弗祥」。又注：聞見後録載洛陽得石刻「高宗饗國百年」。

書古經四卷、序一卷

侍講朱熹晦庵所録，分經與序，仍爲五十九篇，以存古也。

尚書正義二十卷

唐孔穎達與博士王德韶等共爲之。其序云：歐陽、夏侯二家之所説，蔡邕碑石刻之，古文安國所注，寢而不用，及魏、晋稍興，故馬、鄭諸儒莫覩其學，江左學者咸悉祖焉。隋初始流河朔，爲正義者蔡大寶、巢猗、費彪、顧彪，文義皆淺略，惟劉焯、劉炫最爲詳雅，然焯穿鑿煩雜，炫就而刪焉。雖稍省要，義更太略，詞又過華，未爲得也〔一〕。案：此序本係節録，而自「爲正義者」以下又脱十餘字，今據文獻通攷校補。

〔一〕盧校本此句爲「雖復微稍省要，好改張前義，義更太略，辭又過華，未爲得也。」

尚書釋文一卷

唐陸德明撰。其言伏生二十餘篇，即馬、鄭所注是也，可證馬、鄭非見古文。又言梅賾所上亡舜典一篇，以王肅注頗類孔氏，故取王注，從「慎徽五典」以下爲舜典，以續孔傳。又言「若稽古」至「重華協于帝」十二字，是姚方興所上，孔氏傳本無，或此下更有「濬哲文明」至「乃命以位」總二十八字。

尚書大傳四卷　案：唐、宋藝文志、文獻通攷俱作三卷。

漢濟南伏勝撰。大司農北海鄭康成注。凡八十有三篇。當是其徒歐陽、張生之徒雜記所聞，然亦未必當時本書也。印板刓缺，合更求完善本。

汲冢周書十卷

晉五經博士孔晁注。太康中，汲郡發魏安釐王家所得竹簡書，此其一也。凡七十篇，序一篇在其末。今京口刊本，以序散在諸篇，蓋以倣孔安國尚書。相傳以爲孔子刪書所餘者，未必然也。文體與古書不類，似戰國後人依倣爲之者。

古三墳書一卷

元豐中，毛漸正仲奉使京西，得之唐州民舍。其辭詭誕不經，蓋僞書也。三墳之名，惟見於左氏右尹子革之言。蓋自孔子定書，斷自唐、虞以下，前乎唐、虞，無徵不信，不復采取，於時固以影響不存，去之二千載，而其書忽出，何可信也？況皇謂之「墳」，帝謂之「典」，皆古史也，不當如毛所録，其僞明甚。人之好奇，有如此其僻者！晁公武云張商英僞撰，以比李筌陰符經。

書義十三卷

侍講臨川王雱元澤撰。其父安石序之曰：「熙寧三年，臣安石以尚書入侍，遂與政。案：王安石與政在熙寧三年，原本作「二年」，誤。今改正。而子雱實嗣講事，有旨爲之説以進。八年，下其説太學頒焉。」雱蓋述其父之學，王氏三經義，此其一也。初，熙寧六年，命知制誥呂惠卿充修撰經義，以安石提舉修定。又以安石子雱、惠卿弟升卿爲修撰官。八年，安石復入相，新傳乃成，雱蓋主是經者也。王氏學獨行於世者六十年，科舉之士熟於此乃合程度。前輩謂如脱墼然，案其形模而出之爾。士習膠固，更喪亂乃已。

東坡書傳十三卷

蘇軾撰。其於胤征，以爲羲和貳於羿，而忠於夏；於康王之誥，以釋衰服冕爲非禮。曰予於書見聖人之所不取而猶存者有二。可謂卓然獨見於千載之後者。又言昭王南征不復，穆王初無憤恥之意，哀痛惻怛之語；平王當傾覆禍敗之極，其書與平康之世無異，有以知周德之衰，而東周之不復興也。嗚呼！其論偉矣。

二典義一卷

尚書左丞山陰陸佃農師撰。爲〔一〕王氏學，長於攷訂。待制游，其孫也。

〔一〕盧校本「爲」上有「佃」字。

石林書傳十卷

尚書左丞吴郡葉夢得少藴撰。博極羣書，彊記絶人。書與春秋之學，視諸儒最爲精詳。

書裨傳十三卷　案：宋史藝文志作十二卷。

太常丞建安吴棫才老撰。首卷舉要曰總説，曰書序，曰君辨，曰臣辨，曰攷異，曰詁訓，曰差牙，曰孔傳，凡八篇。攷據詳博。

書辨訛七卷

樞密院編修官莆田鄭樵漁仲撰。其目曰糾謬四，闕疑一，復古二。樵以遺逸召用，博物洽聞，然頗迂僻。居莆之夾漈。

陳博士書解三十卷

禮部郎中永嘉陳鵬飛少南撰。秦檜子熺嘗從之遊。在禮部時，熺爲侍郎，文書不應令，鵬飛輒批還之。熺浸不平。鵬飛説書崇政殿，因論春秋母以子貴，言公羊説非是。檜怒，謫惠州以没。今觀其書，紹興十三年所序，於文侯之命，其言驪山之禍，申侯啓之，平王感申侯之立己，而不知其德之不足以償怨，鄭桓公友死於難，而武公復娶於申，君臣如此，而望其振國恥，難矣。嗚呼！其得罪於檜者，豈一端而已哉！

無垢尚書詳説五十卷

禮部侍郎錢塘張九成子韶撰。無垢諸經解，大抵援引詳博，文義瀾翻，似乎少簡嚴，而務欲開廣後學之見聞，使不墮於淺狹，故讀之者亦往往有得焉。

書譜二十卷

程大昌撰。本以解經，而不盡解，有所發明，則篇爲一論。

禹貢論二卷、圖二卷　案：宋史藝文志作禹貢論五卷，禹貢論圖五卷，後論一卷。

程大昌撰。凡論五十三篇，後論八篇，圖三十一。其於江、河、淮、漢、濟、黑、弱水七大川，以爲舊傳失實，皆辨證之。淳熙四年上進。宇宙廣矣，遠矣，上下數千載，幅員數萬里，身不親歷，耳目不親聞見，而欲決於一心，定於一説，烏保其皆無牴牾？然要爲卓然不詭隨傳註者也。

東萊書説十卷　案：宋史藝文志作三十五卷。

吕祖謙撰。其始爲之也，慮不克終篇，故自秦誓以上逆爲之説，然亦僅能至洛誥而止。世有別本全書者，其門人續成之，非東萊本書也〔一〕。

〔一〕盧校注：宋志三十五卷者，即陳氏所云别本也。

晦庵書説七卷

朱熹門人黄士毅集其師説之遺，以爲此書。晦庵於書一經獨無訓傳，每以爲錯簡脱文處多，不可彊通。吕伯恭書解不可彊通者，彊欲通之。嘗以語〔一〕伯恭而未能改也。又嘗疑孔安國傳恐是假，書小序決非孔門之舊，安國序決非西漢文章，至謂與孔叢子、文中子相似，則豈以其書出於東晉之世故耶？非有絶識獨見，不能及此。至言今文多艱澁，古文多平易，伏生倍文暗誦，乃偏得其所難，而安國攷定於科斗古書，錯亂磨滅之餘，反專得其所易，此誠有不可曉者。今惟二典、禹謨、召誥、洛誥、金縢有解，及「九江」、「彭蠡」、「皇極」有辨，其他皆文集、語録中摘出。

〔一〕盧校注：疑「以告」。

尚書講義三十卷

參政金壇張綱彦正撰。政和四年上舍及第，釋褐授承事郎，以三中首選，除太學官。其仕三朝，歷蔡京、王黼、秦檜三權臣，皆不爲之屈。紹興末乃預政，年八十四而終。此書爲學官時作。

拙齋書集解五十八卷〔一〕

校書郎三山林之奇少穎撰。從〔二〕吕紫微本中居仁學，而太史祖謙則其門人也。初第，以樞密陳誠之薦徑入館，以末疾去而終。

〔一〕盧校注：通志堂刻本内少一卷，今從永樂大典内補全。

〔二〕盧校本「從」上有「少穎」二字。

書説七卷

禮部尚書會稽黄度文叔撰。度篤學窮經，老而不倦。晚年制閫江淮，著述不輟，時得新意，往往晨夜叩書塾，爲友朋道之。

潔齋〔一〕家塾書鈔十卷

禮部侍郎鄞袁燮和叔號潔齋先生，其子喬崇謙録其家庭所聞，至君奭而止。

〔一〕盧校注作「絜齋」。

袁氏家塾讀書記二十三卷

題四明袁覺集。未詳何人。大略倣吕氏讀詩記集諸説，或述己意於後。當亦是潔齋之族耶？

尚書精義六十卷

三山黄倫彝卿編次。或書坊所託。

梅教授書集解三册

不分卷。不著名，未詳何人。

柯山書解十六卷

柯山夏僎元肅撰。集二孔、王、蘇、陳、林、程頤、張九成及諸儒之説，便於舉子。

書小傳十八卷

新安王炎晦叔撰。

南塘書説三卷　案：宋史藝文志作二卷。

趙汝談撰。疑古文非真者五條。朱文公嘗疑之而未若此之決也。然於伏生所傳諸篇亦多所掊擊觝排，則似過甚。

詩類

毛詩二十卷、毛詩故訓傳二十卷

漢河間王博士趙人毛公撰，後漢大司農鄭康成箋。漢初，齊、魯、韓三家並行，而毛氏後出，獨河間獻王好之，未得立。其後，三家皆廢，而毛獨傳，故曰「毛詩」。毛公者，有大毛公、小毛公。案後漢儒林傳稱毛萇傳詩，而孔氏正義據鄭譜云，魯人大毛公爲詁訓傳於其家，河間獻王得而獻之，以小毛公爲博士。則未知萇者大毛公歟？小毛公歟？鄭氏曰「箋」者，案正義云，鄭於諸經皆謂之注，獨此言「箋」者，字林云：「箋，表也，識也。」鄭遵毛學，表明毛言，記識其事，故稱爲「箋」。又案後漢傳注引張華博物志，鄭注毛詩曰「箋」，不解此意。或云毛公曾爲北海相，鄭氏郡人，故以爲敬。雖未必由此，然漢、魏間達上之辭，皆謂之「牋」，則其爲敬明矣。其間與毛異義者甚多，王肅蓋嘗述毛非鄭云。

詩風雅頌四卷、序一卷

朱熹所録。以爲序出後世，不當引冠篇首，故别録爲一卷。

毛詩正義四十卷

唐孔穎達與王德韶等撰。專述毛、鄭之學，且備鄭譜於卷首，蓋亦增損劉焯、劉炫之疏而爲之也。晁氏讀書志云：自晉東遷，學有南北之異。南學簡約，得其英華；北學深博，窮其枝葉。至穎達義疏，始混南北以爲一。雖未必盡得聖人之意，而其形名度數亦已詳矣。自兹以後，郊社、宗廟、冠婚、喪祭，其儀法莫不本此。元豐以來，廢而不行，甚亡謂也。

毛詩釋文二卷

唐陸德明撰。

韓詩外傳十卷

漢常山太傅燕韓嬰撰。案藝文志有韓故三十六卷，内傳四卷，外傳六卷，韓説四十一卷，今皆亡。所存惟外傳，而卷多於舊，蓋多記雜説，不專解詩。果當時本書否也？

「故」者，通其指義也，作詩〔一〕非。隨齋批注。

〔一〕今案　館本「詩」作「詁」，今改正。

詩譜三卷

漢鄭康成撰，歐陽修補亡。其序云：慶曆四年至絳州得之，有注而不見名氏。譜序自「周公致太平」已上皆亡之，取孔氏正義所載補足之，因爲之注。自此以下即用舊注。攷春秋、史記，合以毛、鄭之説，補譜之亡者，於是其書復完。案：宋兩朝國史志，歐陽修於絳州得注本，卷首殘闕，因補成進之，而不知注者乃太叔求也〔一〕。

〔一〕盧校注：陸德明釋文鄭氏詩譜二卷，徐整暢、太叔裘隱。宋兩朝國史志，專以舊注爲太叔求所作，謂歐公未之知也。

毛詩鳥獸草木蟲魚疏二卷

題吴郡庶子陸璣撰。案館閣書目稱吴中庶子烏程令，字元恪，吴郡人，據陸氏釋文也。其名從「玉」，固非晋之士衡，而其書引郭璞注爾雅，則當在郭之後，亦未必爲吴時人也。孔疏、吕記多引之。

詩折衷二十卷

皇祐中莆田劉宇撰。凡毛、鄭異義，折衷從一。蓋倣唐陳岳三傳折衷論之例，凡一百六十八篇。

詩本義十六卷、圖譜附

歐陽修撰。先爲論，以辨毛、鄭之失，然後斷以己見。末二卷爲一義解、取舍義、時世本末二論、豳魯序三問，而補亡鄭譜及詩圖總序附於卷末。大意以爲毛、鄭之已善者皆不改，不得已乃易之，非樂求異於先儒也。

新經詩義三十卷 案：宋史藝文志作二十卷。

王安石撰。亦三經義之一也。皆雱訓其辭，而安石釋其義。

詩解集傳二十卷

門下侍郎眉山蘇轍子由撰。於序止存其首一言，餘皆删去。

詩學名物解二十卷

知樞密院莆田蔡卞元度撰。卞，王介甫壻，故多用字説。其目自釋天至雜釋凡十類，大略如爾雅，而瑣碎穿鑿，於經無補也。

詩物性門類八卷

不著名氏，多取説文。今攷之，蓋陸農師所作埤雅藁也，詳見埤雅。

廣川詩故四十卷

董逌撰。其説兼取三家，不專毛、鄭，謂魯詩但見取於諸書，其言莫究，齊詩尚存可據，韓詩雖亡缺，猶可參攷。案逌藏書志有齊詩六卷，今館閣無之。逌自言隋、唐亦已亡久矣，不知今所傳何所從來，或疑後世依託爲之。然則安得便以爲齊詩尚存也。然其所援引諸家文義與毛氏異者，亦足以廣見聞、續微絶云耳〔一〕。

〔一〕盧校本無「耳」。

毛詩補音十卷

吴棫撰。其説以爲詩韻無不叶者，如「來」之爲「釐」，「慶」之爲「羌」，「馬」之爲「姥」之類。詩音舊有九家，唐陸德明始定爲釋文。燕燕以「南」韻「心」，沈重讀「南」作尼心切。德明則謂古人韻緩，不煩改字。揚之水以「沃」韻「樂」，徐邈讀「沃」鬱縛切，德明亦所不載。顔氏糾謬正俗以傅毅郊祀賦「禳」作〔一〕而成切；張衡東京賦「激」作〔二〕吉躍切。今之所作大略倣此，其援據精博，信而有證。朱晦翁注楚辭亦用棫例，皆叶其韻。棫又有韻補一書，不專爲詩作也。要之古人韻緩之説，最爲確論，不必一一改字，詳見韻補。

〔一〕〔二〕盧校本二處「作」均爲「有」。

夾漈詩傳二十卷、辨妄六卷

鄭樵撰。辨妄者，專指毛、鄭之妄。謂小序非子夏所作，可也，盡削去之而以己意爲之序，可乎？樵之學雖自成一家，而其師心自是，殆孔子所謂不知而作者也〔一〕。

〔一〕盧校注：評甚確。

毛詩詳解三十六卷　案：宋史藝文志作四十六卷。

長樂李樗迂仲撰。博取諸家説，訓釋名物文意，末用己意爲論以斷之。樗，閩之名儒，於林少穎爲外兄。林，李出也。

詩集傳二十卷、詩序辨說一卷

朱熹撰。以大、小序自爲一編，而辨其是非。其序呂氏讀詩記，自謂少年淺陋之説，久而知其有所未安，或不免有所更定。今江西所刻晚年本，得於南康胡泳伯量，校之建安本，更定者幾什一云。

呂氏家塾讀詩記三十二卷

呂祖謙撰。博采諸家，存其名氏，先列訓詁，後陳文義，翦裁貫穿，如出一手。己意有所發明，則別出之。詩學之詳正，未有踰於此書者也。然自公劉以後，編纂已備，而條例未竟，學者惜之。

岷隱續讀詩記三卷

戴溪撰。其書出於呂氏之後，謂呂氏於字訓章已悉，而篇意未貫〔一〕，案：「謂呂氏」以下原本脱，今校補。故以續記爲名。其實自述己意，亦多不用小序。

〔一〕盧校注：四庫館據文獻通攷補「謂呂氏於字訓章已悉，而篇意未貫」十四字，在呂氏之後下「字訓章」三字，似有訛。無此十四字，義未嘗不完也。又云：「篇意未貫」與上段亦矛盾。

黄氏詩説三十卷

黄度撰。葉適正則爲之序。

毛詩前説一卷

項安世撰。攷定風、雅篇次，而爲之説。其曰「前説」者，末年之論有少不同故也。

詩解二十卷

陳鵬飛撰。不解商、魯二頌，以爲商頌當闕，而魯頌可廢。

王氏詩總聞三卷　案：宋史藝文志作二十卷。

不知名氏及時代。其自序言丁丑入吳，見謝君士變；丙戌入蜀，見陳君彦深；庚寅再入蜀，見楊君左車。所稱甲子，不著年號。而謝、陳、楊三君，亦竟莫詳爲何人也。當俟知者問之。其書有聞音、聞訓、聞章、聞句、聞字、聞物、聞用、聞迹、聞事、聞人凡十聞，每篇爲總聞，又有聞風、聞雅、聞頌等，其説多出新意，不循舊傳〔一〕。　案：朱彝尊王氏詩總聞序，王氏名質，字景文，汶陽人。紹興庚辰進士，召試館職不就，歷樞密院編修官，出通判荆南府，不行，奉祠山居，有集四十卷。此書亦作二十卷〔二〕。

〔一〕盧校注：陳氏所見非全本。

〔二〕今案：張宗泰魯巖所學集跋陳振孫書録解題（下簡稱「張跋」）云：「文獻通攷王氏詩總聞下云其書有『聞音謂音韻』云云，每聞下各有訓釋，計四十七字，而此本無之，不知何時節去也。」查通攷，「陳氏曰」下有：「自序云研精覃思於此幾三十年，其書有聞音謂音韻，聞訓謂字義，聞章謂分段，聞句謂句讀，聞字謂字畫，聞物謂鳥獸草木，聞用謂凡器物，聞跡謂凡在處山川、土壤、州縣、鄉落之類，聞事謂凡事實，聞人謂凡人姓號，共十聞。」張跋又云：直齋在雪山集下云富川王質景文撰，嘗著詩解三十卷，未之見也。按直齋編王氏詩總聞於「詩類」，而不知其即王氏之詩解，轉云未見，亦失之眉睫也。但「詩總類」二十卷，而「詩類」作三卷，不知何以懸殊至此，而此作三十卷，疑亦二十之誤也。

白石詩傳二十卷

宗正少卿樂清錢文子文季撰。所居白石巖，以〔一〕爲號。案：宋史藝文志白石詩傳二十卷，又詩訓詁三卷。魏了翁作錢氏集傳，序曰別爲詁釋，如爾雅類例。

〔一〕盧校本「以」上有「因」字。

詩古音辨一卷

從政郎信安鄭庠撰。

禮類

古禮經十七卷、古禮注十七卷

漢大司農北海鄭康成撰。相傳以爲高堂生所傳者也。

古禮釋文一卷

唐陸德明撰。

古禮疏五十卷

唐弘文館學士臨洛〔一〕賈公彦等撰。初有齊黄慶、隋李孟悊二家行於世，公彦據以爲本而增損之。

〔一〕盧校本「臨洛」爲「臨洺」。

古禮十七卷、釋文一卷、識誤三卷

永嘉張淳忠甫所校，乾道中，太守章貢曾逮仲躬刻之。首有目録一卷，載大、小戴、劉向篇第異同，以古監本、巾箱本、杭細本、嚴本校定，識其誤而爲之序，謂高堂生所傳士禮爾，今此書兼有天子、諸侯、卿大夫禮，決非高堂所傳，其篇數偶同，自陸德明、賈公彦皆云然，不知何所據也。案：朱子曰：「張淳所云，不深攷於劉向所訂之誤，又不察其所謂士禮者，特略舉首篇以名之。其云推而致於天子者，蓋專指冠、昏、喪、祭而言，若燕、射、朝、聘，則士豈有是禮而可推耶？」

古禮經傳通解二十三卷、集傳集注十四卷

朱熹撰。以古十七篇爲主而取大、小戴禮及他書傳所載繫於禮者附入之。二十三卷已成書，缺書數一篇。其十四卷草定未删改，曰集傳集注〔一〕者，蓋此書初名也。其子在刻之南康，一切仍其舊云。

〔一〕盧校本「注」下有「云」。

古禮經傳續通解二十九卷

外府丞長樂黄榦直卿撰。榦，朱侍講之高弟，以其子妻之。自號勉齋，因婦翁廕入仕，爲吏亦以材稱。始晦庵著禮書，喪、祭二禮，未及論次，以屬榦續成之。然亦有未備者。

集釋古禮十七卷、釋宫一卷、綱目一卷

廬陵李如圭寶之撰。淳熙〔一〕癸丑進士。案：文獻通攷作紹興癸丑進士。嘗爲福建撫幹。釋宫者，經所載堂室、門庭，今人所不曉者，一一釋之。

〔一〕盧校本「淳熙」爲「紹興」。校注曰：聚珍本分爲三十卷，以朱子嘗與校定禮書，因謂當是紹熙癸丑進士。

周禮十二卷、周禮注十二卷

漢鄭康成撰。案藝文志，周官經六篇，本注云「王莽時劉歆置博士」。顔師古曰：「即今之周禮也，亡其冬官，以攷工記足之。」愚嘗疑周禮六典與書周官不同。司徒掌邦教，敷五典，擾兆民；司空掌邦土，居四民，時地利，二官各有攸司。蓋自唐、虞九官，禹、契所職，則已然矣。今地官於教事殊略，而田野、井牧、鄉遂、稼穡之事，殆皆司空職耳。周官初無邦事之名，今所謂事典者，未知定爲何事？書缺亡而以攷工記足之，天下之事，止於百工而已耶？先儒固有疑於是書者，若林存孝〔二〕以爲武帝知周官末世瀆亂不經之書，作十論七難以排棄之。何休亦以爲六國陰謀之書，甚者或謂劉歆附益以佐王莽者也。惟鄭康成博覽，以爲周公致太平之迹，故其學遂行於世。愚案此書多古文奇字，名物度數，可攷不誣。其爲先秦古書似無可疑。愚所疑者，邦土、邦事灼然不同，其他繁碎駁雜，與夫劉歆、王安石一再用之而亂天下，猶未論也。康成之學，出於扶風馬融，而參取杜子春、鄭大夫、鄭司農

之說。子春河南緱氏人，生漢末，至永平初尚在，年九十餘。鄭衆、賈逵皆受業焉。大夫者，河南鄭興少贛也；司農者，鄭衆仲師，興之子也。融字季長。

〔一〕盧校本爲「林孝存」。

周禮釋文二卷

唐陸德明撰。

周禮疏五十卷

唐賈公彦撰。其序周禮廢興起於成帝劉歆，而成於鄭康成。又言鄭衆以爲書周官，即此周官也，失之矣。書止一篇，周禮乃六篇，文異數萬，非書類，是則然矣。但周禮六官，實本於周官，周官舉其凡，周禮詳其目，鄭衆之說，未得爲失。而其大可疑者，則邦土、邦事之不同也。館閣書目案藝文志謂之周官經，此禮器所謂經禮者是也。志有周官經六篇，傳四篇，但曰經傳云爾，迺便以爲經禮，尤爲可笑。廣川藏書志云公彦此疏，據陳邵異同評及沈重義疏爲之，二書並見唐藝文志，今不復存。

周禮新義二十二卷

王安石撰。其序言：「自周衰至今，歷載千數，而太平之遺迹，掃蕩殆盡，學者所見，無復全經。於是時，乃欲訓而發之，臣誠不自揆，知其難也。案：「自周衰」以下七句，原本脱漏，今據文獻通攷補入。以訓而發之之爲難，又知夫立政造事，追而復之之爲尤難也。」新法誤國，於此可推其原矣。熙寧八年，詔頒之國子監，且置之義解之首。其解止於秋官，不及攷工記。

周禮中義八卷

祠部員外郎長樂劉彝執中撰。彝，諸經皆有中義。

周禮詳解四十卷

王昭禹撰。未詳何人。近世爲舉子業者多用之，其學皆宗王氏新説。

周禮講義四十九卷

林之奇撰。

周禮説三卷

中書舍人永嘉陳傅良君舉撰。曰格君心、正朝綱、均國勢，各四篇。

周禮井田譜二十卷

進士會稽夏休撰。紹興時表上之。淳熙中樓鑰刻之，永嘉陳止齋爲之序。休有破禮記二十卷，未見。

周禮丘乘圖説一卷

項安世撰。

周禮説五卷

黄度撰。不解攷工記。葉水心序之。

周禮綱目八卷、摭説一卷

紹興府教授括蒼林椅奇卿撰。嘉定初上之朝〔一〕。

〔一〕盧校注：樓攻媿云，專論成周法度官職，以類相從，皆撮精要，周公遺制，可舉而行。

鶴山周禮折衷二卷

樞密臨邛魏了翁華父之門人稅與權所録。條列經文，附以傳注。鶴山或時有所發明，止於天官，餘皆未及也。

大戴禮十三卷

漢信都王太傅梁戴德延君、九江太守聖次君皆受禮於后蒼，所謂大、小戴禮者也。漢初以來，迄於劉向校定中書，諸家所記，殆數百篇。戴德删其煩重，爲八十五篇。聖又删爲四十九篇。相傳如此。今小戴四十九篇行於世，而大戴之書所存止此。自隋、唐志所載卷數，皆與今同。而篇第乃自三十九而下止於八十一，其前缺三十八篇，末缺四篇，所存當四十三，而於中又缺四篇，第七十二復出一篇，實存四十篇。意其缺者，即聖所删耶？然哀公問、投壺二篇與今禮記文不異，他亦間有同者。保傅傳世言賈誼書所從出也。今考禮督篇湯武、秦定取舍一則，盡出誼疏中，反若取誼語勦入其中者。公符篇全録漢昭帝冠辭。則此書殆後人好事者采獲諸書爲之，故駁雜不經，決非戴德本書也。題九江太守，迺戴聖所歷官，尤非是。

禮記二十卷

即所謂小戴禮也。凡四十九篇。漢儒輯録前記，固非一家之言，大抵駁而不純。獨大學、中庸爲孔氏之正傳，然初非專爲禮作也。唐魏徵嘗以小戴禮綜彙不倫，更作類禮二十篇，蓋有以也。

禮記注二十卷

漢鄭康成撰。

禮記釋文四卷

唐陸德明撰。

禮記正義七十卷

唐孔穎達等撰。舊有義疏行於世者，惟皇甫侃、熊安生二家。案：此句原〔一〕本脱「生」字，今校補。皇勝於熊，故據皇氏爲本，有不備則以熊氏補焉。

〔一〕盧校本：「原」改作「元」。

芸閣禮記解十六卷

祕書省正字京兆吕大臨與叔撰。案館閣書目作一卷，止有表記、冠、昏、鄉、射、燕、聘義、喪服四制凡八篇，今又有曲禮上下、中庸、緇衣、大學、儒行、深衣、投壺八篇。此晦庵朱氏所傳本，刻之臨漳射垛，書坊稱芸閣吕氏解者，即其書也。續書目始别載之。

禮記解二十卷

新安方慤性夫撰。案：此句原本脱，今校補。政和二年表進，自爲之序。以王氏父子獨無解義，乃取其所撰三經義及字説，申而明之，著爲此解，由是得上舍出身。其所解文義亦明白。

禮記解七十卷

馬希孟彦醇撰。未詳何人，亦宗王氏。

中庸大學廣義一卷

司馬光撰。

中庸大學説各一卷、少儀解附

張九成撰。曲江本中庸六卷，大學二卷。

兼山中庸説一卷

太中大夫河南郭忠孝立之撰。

中庸集解二卷

會稽石𡐨子重集録周敦頤、程顥、程頤、張載、吕大臨、謝良佐、游酢、楊時、侯仲良、尹焞凡十家之説，晦翁爲之序。

大學章句一卷、或問二卷、中庸章句一卷、或問二卷朱熹撰。其説大略宗程氏，會衆説而折其中。又記所辨論取舍之意，别爲或問以附其後，皆自爲之序。至大學則頗補正其脱簡闕文。

中庸輯略一卷 案：宋史藝文志作二卷。

朱熹既爲章句，復取石子重所集解，删其繁亂，名以輯略。其取舍之意，則或問詳之。

曲禮口義二卷〔一〕

戴溪撰。

〔一〕盧校本「曲禮口義二卷」下有「學記口義二卷」。

中庸説一卷

項安世撰。

禮記集説一百六十卷

直祕閣崑山衛湜正叔集諸家説，自注疏而下爲一書，各著其姓氏。寶慶二年表上之，由此寓直中祕。魏鶴山爲作序。

孔子閒居講義一卷

龍圖閣學士慈溪楊簡敬仲撰。

三禮義宗三十卷

梁國子博士清河崔靈恩撰。凡一百四十九條，其説推本三禮，參取諸儒之論，博而覈矣。案本傳四十七卷，中興書目一百五十六篇，皆與今卷篇數不同。書目又云慶曆中高陽許聞誨爲之序，家本亦無此序也。

三禮圖二十卷

國子司業太常博士河南聶崇義撰。自周顯德中受詔，至建隆二年奏之。蓋用舊圖六本參定，故題「集註」，詔國學圖於宣聖殿後北軒之屋壁，至道中改作於論堂之上，以版代壁。判監李至爲之記。吾鄉郡庠安定胡先生所創論堂繪三禮圖，當是依倣京監。嘉熙戊戌風水，堂壞，今不存矣。

禮象十五卷

陸佃撰。以改舊圖之失，其尊、爵、彝、舟，皆取公卿家及祕府所藏古遺器，與聶圖大異。岷隱戴先生分教吾鄉，作閣齋館池上，畫此圖於壁，而以「禮象」名閣，與論堂禮圖相媲云。

禮書一百五十卷

太常博士長樂陳祥道用之撰。論辯詳博，間以繪畫。於唐代諸儒之論，近世聶崇義之圖，或正其失，或補其闕。元祐中表上之。

夾漈鄉飲禮七卷

鄭樵撰。

直齋書録解題卷三

春秋類

春秋經一卷

每事爲一行，廣德軍所刊，古監本也。

春秋經一卷

朱熹所刻於臨漳四經之一。其於春秋獨無所論著，惟以左氏經文刻之。

春秋古經一卷

禮部侍郎眉山李燾仁父所述。

春秋左氏傳三十卷

自昔相傳以爲左丘明撰。其好惡與聖人同者也。而其末記晋知伯反喪於韓、魏，在獲麟後二十八年，去孔子没亦二十六年，不應年少後亡如此。又，其書稱「虞不臘矣」、「見於嘗酎」及「秦庶長」，皆戰國後制，故疑非孔子所稱左丘明，别是一人爲史官者。其釋經義例，雖未盡當理，而具得當時事實，則非二傳之比也。

春秋公羊傳十二卷

齊人公羊高，稱受經於子夏，傳子至玄孫壽。當漢景帝時，壽乃與弟子齊胡母〔一〕子都著於竹帛，及董仲舒亦傳之，説題辭云：「傳我書者，公羊高也。」此亦傅會之言，蓋鄭康成亦有公羊善讖之説，往往言讖文者多宗之。

〔一〕盧校本「母」爲「毋」。

春秋穀梁傳十二卷

魯人穀梁赤，一名俶，字元始，亦稱子夏弟子。自荀卿、申公至蔡千秋、江翁凡五傳。宣帝好之，遂盛行於世。

春秋左氏經傳集解三十卷

晉鎮南大將軍京兆杜預撰。其述作之意，序文詳之矣。專修丘明之傳以釋經。後世以爲左氏忠臣者也。其弊或棄經而信傳，於傳則忠矣，如經何？

春秋釋例十五卷

杜預撰。預既爲集解，别集諸例及地名、譜第、歷數，相與爲部，凡四十部。唐劉蕡爲之序。

春秋公羊傳解詁十二卷

漢司空掾任城何休邵公撰。休爲太傅陳蕃屬。蕃敗，坐禁錮，作解詁，覃思不窺門十七年。又作公羊墨守、左氏膏肓、穀梁廢疾。黨禁解，拜議郎，終諫議大夫。其書多引讖緯，其所謂「黜周王魯」「變周文從殷質」之類，公羊皆無明文。蓋爲其學者相承有此説也。三科九旨，詳其〔一〕疏中。

〔一〕盧校本「其」爲「具」。

春秋穀梁傳集解十二卷

晉豫章太守順陽范甯武子撰。甯嘗謂王、何之罪，深於桀、紂，著論以排之。仕爲中書侍郎。其甥王國寶憚之，乃相驅扇，因求外補抵罪。會赦免。甯以爲春秋惟穀梁氏無善釋，故爲之注解。其序云升平之末，先君税駕於吴，帥門生故吏、兄弟子姪研講六籍、三傳。蓋甯父汪爲徐、兖二州北伐失利，屏居吴郡時也。汪没之後，始成此書。所集諸家之説，皆記姓名。其稱何休曰及鄭君釋之者，即所謂發墨守、起廢疾也；稱邵曰者，甯從弟也；稱泰曰、雍曰、凱曰者，其諸子也。汪，范暑之孫。暑在良吏傳。自暑至泰五世，皆顯於時。甯父子、祖孫同訓釋經傳，行於後世，可謂盛矣。泰之子蔚宗〔一〕亦著後漢書，以不軌誅死，其家始亡。

〔一〕盧校本作「泰之子曄」。校注曰：今本後漢書刻本並未諱，以非本字故。

三傳釋文八卷

唐陸德明撰。

春秋左氏傳正義三十六卷

唐孔穎達等撰。自晉、宋傳杜學爲義疏者，有沈文阿、蘇寛、劉炫。沈氏義例麤可，經傳極疏；蘇氏不體本文，惟攻賈、服；劉炫好規杜失，比諸義疏猶有可觀。今據以爲本，其有疎漏，以沈氏補焉。

春秋公羊傳疏三十卷

不著撰者名氏。唐志亦不載。廣川藏書志云世傳徐彦撰，不知何據。然亦不能知其定出何代，意其在貞元、長慶後也。景德中，侍講邢昺校定傳之。

春秋穀梁傳疏十二卷

唐國子四門助教楊士勛撰。

國語二十一卷

自班固志藝文，有國語二十一篇，左丘明所著，至今與春秋傳並行，號爲外傳。今攷二書，雖相出入，而事辭或多異同，文體亦不類，意必非出一人之手也。司馬子長云：「左丘失明，厥有國語。」又似不知所謂。唐啖助亦嘗辨之。案：晁公武讀書志云：班固藝文志國語二十一篇，隋志二十二卷，唐志二十一卷。今書篇次與漢志同。蓋歷代儒者析簡併篇，互有損益，不足疑也。

啖助乃姓名。隨齋批注。

國語注二十一卷

吴尚書僕射侍中吴郡韋昭撰。采鄭衆、賈逵、虞翻、唐固合五家爲之注。昭字子正，事孫皓，以忤旨誅死。吴志避晋諱，作韋曜。

國語補音三卷

丞相安陸宋庠公序撰。以先儒未有爲國語音者，近世傳舊音一卷，不著撰人名氏，蓋唐人也。簡陋不足名書，因而廣之。悉以陸德明釋文爲主，陸所不載，則附益之。

春秋繁露十七卷

漢膠西相廣川董仲舒撰。案隋、唐及國史志卷皆十七，崇文總目凡八十二篇，館閣書目止十卷，萍鄉所刻亦財三十七篇。今乃樓攻媿得潘景憲本，卷篇皆與前志合，然亦非當時本書也。先儒疑辨詳矣。其最可疑者，本傳載所著書百餘篇，清明、竹林、繁露、玉杯之屬，今總名曰繁露，而玉杯、竹林則皆其篇名，此決非其本真。況通典、御覽所引，皆今書所無者，尤可疑也。然古書存於世者希矣，姑以傳疑存之可也。又有寫本作十八卷，而但有七十九篇。攷其篇次皆合。但前本楚莊王在第一卷首，而此本乃在卷末，别爲一卷。前本雖八十二篇，而闕文者三，實七十九篇也。

左氏膏肓十卷

何休著公羊墨守等三書〔一〕，鄭康成作鍼膏肓、起廢疾、發墨守以排之。休見之曰：「康成入吾室，操吾戈，以伐我乎？」今其書多不存，惟范甯穀梁集解載休之説，而鄭君釋之，當是所謂起廢疾者。今此書並存二家之言，意亦後人所録。館閣書目闕第七卷，今本亦止〔二〕闕宣公。而於第六卷分文十六年以後爲第七卷，當並合之。其十卷止於昭公，亦闕定、哀，固非全書也。而錯誤殆未可讀，未有他本可正。

〔一〕盧校注：莊進士述祖抄撮作三編。

〔二〕盧校本「止」爲「正」。

汲冢師春一卷

晉汲郡魏安釐王冢所得古簡。杜預得其記年，知爲魏國史記，以攷證春秋。别有一卷，純集疏左氏傳卜筮事，上下次第及其文義皆與左傳同。名曰「師春」，似是鈔集者人名也。今此書首敍周及諸國世系，又論分野、律吕爲圖，又雜録謚法、卦變，與杜預所言純集卜筮者不同，似非當時本書也。

春秋集傳纂例十卷、辨疑七卷

唐給事中吴郡陸質伯淳〔一〕撰。初，潤州丹陽主簿趙郡啖助叔佐明春秋，傳洋州刺史河東趙匡伯循。質從助及伯循傳其學。助攷三傳，舍短取長，又集前賢注釋，補以己意，爲集傳、集注。又撮其綱目，爲統例。助卒，質與其子異繕録，以詣伯循，請損益焉。質隨而纂會之，大曆乙卯歲書成。質本名淳，避憲宗諱改焉，故其書但題陸淳〔二〕。助之學，以爲左氏敘事雖多，解意殊少。公、穀傳經，密於左氏。至趙、陸則直謂左氏淺於公、穀，誣謬實繁，皆孔門後之門人。但公、穀守經，左氏通史，其體異爾。丘明夫子以前賢人，如史佚、遲任之流，焚書之後，學者見傳及國語，俱題左氏，遂引以爲丘明。且左傳、國語文體不倫，敘事多乖，定非一人所爲也。蓋左氏廣集諸國之史，以解春秋，子弟門人見事迹多不入傳，或復不同，故各隨國編之，以廣異聞。自古豈止一丘明姓左乎？案漢儒以來，言春秋者，惟宗三傳，三傳之外，能卓然有見於千載之後者，自啖氏始，不可没也。唐志有質集注二十卷，今不存，然纂例、辨疑中，大略具矣。又有微旨二卷，未見。質，梁陸澄七世孫，仕通顯，黨王叔文，侍憲宗〔三〕東宫，會卒，不及貶。然則其與不通春秋之義者，相去無幾耳。

〔一〕盧校本「伯淳」爲「伯沖」。

〔二〕盧校注：「淳」疑「氏」。

〔三〕盧校注：「憲宗」爲「順宗」。

春秋折衷論三十卷

唐江西觀察判官廬陵陳岳撰。以三傳異義，折衷其是非，而斷於一。岳，唐末十上春官，晚乃辟江西從事。

春秋加減一卷

稱元和十三年國子監奉勅定，不著人名。校定偏旁及文多寡，若五經文字之類。此本作小禬册，才十餘板。前有「睿思殿書籍印」，末稱「臣雱〔一〕校正」。蓋承平時禁中書也，不知何爲流落在此。

〔一〕盧校注：疑是「雱」。

春秋名號歸一圖二卷　案：原本不著卷，與宋史藝文志同。今據文獻通攷補書。

僞蜀馮繼先撰。凡左傳所載君臣名氏，字謚互見錯出，故爲此圖以一之。周一，魯二，齊三，晉四，楚五，鄭六，衛七，秦八，宋九，陳十，蔡十一，曹十二，吴十三，邾十四，杞十五，莒十六，滕十七，薛十八，許十九，雜小國二十。

春秋二十國年表一卷　案：解題自周而下所列止十八國，蓋有脱字。

不知何人作。周而下，次以魯、蔡、曹、衛、滕、晉、鄭、齊、秦、楚、宋、杞、陳、吴、邾、莒、薛、小邾。按館閣書目有年表二卷，元豐中楊彦齡撰。自周之外，凡十三國，仍總計蠻夷戎狄之事。又按董氏藏書志，年表無撰人。自周至吴、越凡十國，又有附庸諸國别爲表，凡征伐、朝覲、會同皆書。今此表止記即位及卒，皆非二家書也。

春秋尊王發微十五卷

國子監直講平陽孫明復撰。明復〔一〕居泰山之陽，以春秋教授，不惑傳注，不爲曲説，真切〔二〕簡易，明於諸侯大夫功罪，以攷時之盛衰，而推見王道之治亂，得於經爲多。石介而下皆師事之。

歐陽文忠爲作墓誌，潁川常秩譏之曰：「明復爲春秋，如商鞅之法。」謂其失於刻也。

〔一〕盧校本「孫明復撰。明復」爲「孫復明復撰，復」。

〔二〕盧校注：「真切」爲「其言」。

春秋口義五卷

胡翼之撰。至宣十二年而止。戴峴隱在湖學，嘗續之，不傳。

春秋傳十卷、權衡十七卷、意林一卷、説例一卷　案：宋史藝文志作春秋傳十五卷、權衡十七卷、説例十一卷、意林二卷。文獻通攷亦謂春秋傳、權衡、意林三書共三十四卷。此本篇目疑有脱誤〔一〕。

集賢院學士清江劉敞原父撰。始爲權衡以平三家之得失，然後集衆説，斷以己意，而爲之傳。傳所不盡者，見之意林。其傳用公、穀文體。説例凡四十九條。

〔一〕盧校注：晁志與宋志卷同，惟無説例，陳氏云説例凡四十九條，則一卷當是也。

春秋經社要義六卷

龍圖閣學士高郵孫覺莘老撰。覺從胡安定游，門弟子以千數，别其老成者爲經社，覺年最少，儼然居其間，衆皆推服。此殆其時所作也。

春秋經解十五卷

孫覺撰。其自序言三家之説，穀梁最爲精深，且以爲本，雜取二傳及諸儒之説，長者從之；其所未安，則以所聞於安定先生者斷之。楊龜山爲之後序。海陵周茂振跋云：先君傳春秋於孫先生，嘗言王荆公初欲釋春秋以行於天下，而莘老之書已出，一見而忌之，自知不復能出其右，遂詆聖經而廢之曰，此「斷爛朝報」也，不列於學官，不用於貢舉云。

春秋皇綱論五卷、明例隱括圖一卷

太常博士王哲〔一〕撰。至和中人。館閣書目有通義十二卷，未見。

〔一〕今案：張跋云：「王哲」爲「王晳」。

春秋會義二十六卷

鄉貢進士江陽杜諤獻可撰。自三傳及啖、趙諸儒迄於孫氏經社，凡三十餘家，集而繫之，時述以己意。有任貫者爲之序，嘉祐中人也。

春秋傳二卷

程頤撰。略舉大義，不盡爲説。襄、昭後尤略。序文崇寧二年所作，蓋其晚年也。

左氏解一卷

專辨左氏爲六國時人，其明驗十有一事。題王安石撰，實非也。

春秋邦典二卷

唐既濟潛亨撰。案：原本脱「濟」字，今據宋史藝文志增入。質肅之姪，自號真淡翁，與其子愍問答而爲此書。

鄒道卿〔一〕爲之序。

〔一〕盧校本「卿」爲「鄉」。

左氏鼓吹一卷

彭門吴元緒撰。

春秋集傳十二卷

蘇轍撰。專本左氏，不得已乃取二傳、啖、趙。蓋以一時談經者不復信史，或失事實故也。

春秋傳十二卷

劉絢質夫撰。二程門人，其師亟稱之。所解明正簡切。

春秋得法志例〔一〕論三十卷

蜀州晉原主簿遂寧馮正符信道撰。其父堯民希元爲鄉先生，案：堯民原本誤作「先民」，今據文獻通攷改正。正符三上禮部不第，教授梓、遂學十年，著此書及詩、易、論語解。蜀守何郯首以其春秋論上之。熙寧末，中丞鄧綰薦之，得召試，賜同進士出身。王安石亦待之厚。其書首辨王魯、素王之説，及杜預三體五例、何休三科九旨之怪妄穿鑿。皆正論也。

〔一〕盧校本「志」爲「忘」。注曰：别作「志例」者訛。

春秋後傳二十卷、補遺一卷

陸佃撰。補遺者其子宰所作也。宰字元鈞，游之父。

春秋列國諸臣傳五十一卷

賢良眉山王當子思撰。元祐中復制科，嘗以蘇軾薦，案：文獻通攷作「以蘇轍薦」。試六論首選，廷對切直，或欲黜之，宣仁后曰：「以直言取士，不可以直言棄。此仁宗故事也。」乃置下第，與堂除簿尉。所傳諸臣皆本左氏，有見於他書者，則附其末，繫之以贊。諸贊論議純正，文辭簡古，於經傳亦多所發明。

春秋通訓十六卷、五禮例宗十卷

直祕閣吳興張大亨嘉父撰。其自序言：「少聞春秋於趙郡和仲先生。某初蓋嘗作例宗，論立例之大要矣。先生曰：『此書自有妙用，學者罕能領會，多求之繩約中，迺近法家者流，苛細繳繞，竟亦何用？惟丘明識其用，然不肯盡談，微見端兆，使學者自得之〔一〕。』予從事斯語十有餘年，始得其彷彿。」通訓之作，所謂去例以求經略，微文而視大體者也。東坡一字和仲，所謂趙郡和仲，其東坡乎？然例宗攷究，未〔二〕爲詳洽。

〔一〕盧校注：此見東坡集。

〔二〕盧校本「未」爲「亦」。注曰：館本作「未」。

春秋傳十二卷、攷三十卷、讞三十卷　案：宋史藝文志作春秋傳二十卷。

葉夢得撰。各有序。其序讞曰：「以春秋爲用法之君而已，聽之有不盡其辭，則欺民；有不盡其法，則欺君。凡啖、趙論三家之失，爲辨疑，劉氏廣啖、趙之遺，爲權衡，合二書，正其差誤而補其疏略，目之曰讞。」其序攷曰：「君子不難於攻人之失，而難於正己之是。必有得也，乃可知其失；必有是也，乃可斥其非。自其讞推之，知吾之所正爲不妄也，而後可以觀吾攷；自其攷推之，知吾之所擇爲不誣也，而後可以觀吾傳。」其序傳曰：「左氏傳事不傳義，是以詳於史，而事未必實，以其不知經也。公、穀傳義不傳事，是以詳於經，而義未必當，以其不知史也。乃酌三家，求史與經。不得於事，則攷於義；不得於義，則攷於事，更相發明以作傳。」夢得自號石林居士，明敏絶人，藏書至多，博鑒彊記，故其爲書，辨訂攷究，無不精詳。然其取何休之説，以十二公爲法天之大數，則所未可曉也。

春秋經解十六卷、本例例要一卷　案：宋史藝文志作經解十二卷，本例例要二十卷。

涪陵崔子方彦直撰。紹聖中罷春秋取士，子方三上書，乞復之，不報。遂不應進士舉。黄山谷稱之曰：「六合有佳士，曰崔彦直。其人不游諸公。」然則其賢而有守可知矣。其學辨三傳之是非，而專以日月爲例，則正蹈其失而不悟也。

春秋指南二卷　案：宋史藝文志作十卷〔一〕。

張根知常撰。專以編年旁通該括諸國之事，如指諸掌。又爲解例，亦用旁通法。其他辨疑、雜論諸篇，略舉要義，多所發明。

〔一〕盧校注：晁志亦作十卷。

春秋本旨二十卷

知饒州丹陽洪興祖慶善撰。其序言：「三代各立一王之法，其末皆有弊。春秋經世之大法，通萬世而亡弊。」又言：「春秋本無例，學者因行事之迹以爲例，猶天本無度，曆者即周天之數以爲度。」又言：「屬辭比事，春秋教也。學者獨求于義，則其失迂而鑿；獨求于例，則其失拘而淺。」若此類多先儒所未發，其解經義，精而通矣。興祖嘗爲程瑀作論語解序。忤秦檜，貶昭州以死。

春秋傳三十卷、通例一卷、通旨一卷

徽猷閣待制建安胡安國康侯撰。紹興中經筵所進也。事按左氏義，採公、穀之精，大綱本孟子，而微旨多以程氏之説爲證。近世學春秋者皆宗之。通旨者，所與其徒問答及其他議論條例，凡二百餘章，其子寧輯爲一書。

春秋正辭二十卷、通例十五卷

知盱眙軍東平畢良史少董撰。良史爲東京留守屬官。東京再陷，留敵中三年，著此書。已而得歸，表上之。

息齋春秋集注十四卷

禮部侍郎鄞高閌抑崇撰。案：文獻通攷作「高閲」，誤。其學專本程氏，序文可見。

夾漈春秋傳十二卷、攷一卷、地名譜十卷　案：宋史藝文志春秋攷亦作十二卷。

鄭樵撰。樵之學大抵工于攷究，而義理多迂僻。

春秋經解十二卷、指要二卷

知常州永嘉薛季宣士龍撰。指要列譜例于前，其序專言諸侯無史，天子有外史，掌四方之志，而職于周之太史。隱之時，始更周歷而爲魯史。季宣博學通儒，不事科舉。陳止齋〔一〕師事之。季宣死當乾道九年，年四十九〔二〕。其爲此書實紹興三十二年。蓋甫二十歲云。

〔一〕盧校本「陳止齋」下加「傅良」二字。

〔二〕盧校注：館本誤作「四十九」，止齋作行狀及通攷并作「四十」，則下「二十」乃「三十」之訛。

春秋集傳十五卷

監察御史王葆彥光撰。朱翌新仲爲作序。葆，周益公之婦翁也。其說多用胡氏。

春秋集解十二卷〔一〕 案：宋史藝文志作三十卷。

呂祖謙〔二〕撰。自三傳而下，集諸家之說，各記其名氏，然不過陸氏及兩孫氏、兩劉氏、蘇氏、程氏、許崧老、胡文定數家而已。大略如杜諤會義，而所擇頗精，卻無自己議論。案：趙希弁讀書志第云東萊先生所著，長沙陳邕和父爲之序，而不書其名。蓋呂氏望出東萊，故三世皆以爲稱，成公特其最著者耳。而宋史藝文志於春秋集解三十卷直書成公姓名，世遂因之。攷呂祖謙年譜，凡有著述必書。獨春秋集解不書，疑世所傳三十卷，即本中所撰也。朱子亦云：呂居仁春秋甚明白，正與某詩傳相似。

〔一〕盧校注：宋史藝文志作春秋解二卷。

〔二〕盧校本「吕祖謙」爲「吕本中」。

左傳類編六卷

吕祖謙撰。分類内外傳事實、制度、論議凡十九門，首有綱領數則，兼采他書。

左氏國語類編二卷

吕祖謙撰。與左傳類編略同。但不載綱領，止有十六門，又分傳與國語爲二。案：宋史藝文志注，祖謙門人所編。

左氏博議二十卷

吕祖謙撰。方授徒時所作。自敍曰：春秋經旨概不敢僭議，而枝辭贅喻，則舉子所資課試也。

左氏説三十卷〔二〕

吕祖謙撰。於左氏一書多所發明，而不爲文，似一時講説，門人所鈔録者。

〔二〕盧校注：宋史藝文志一卷，誤。今本二十卷刻入通志堂經解内。

春秋比事二十卷

沈棐文伯撰。陳亮同父爲序曰：「文伯名棐，湖州人，嘗爲婺之校官，以文辭稱，而不聞其以經稱也。」按湖有沈文伯名長卿，號審齋居士，爲常州倅，忤秦檜，貶化州，不名棐也。不知同父何以云然，豈別有名棐而字文伯者乎？然則非湖人也〔一〕。

〔一〕盧校注：都元敬云，嘉定辛未廬陵譚月卿序則以爲莆陽劉朔，非文伯也。譚蓋親見劉氏家本故云。

春秋經傳集解三十三卷

林栗撰。其學專主左氏，而黜二傳，故爲左氏傳解，表上之。

止齋春秋後傳十二卷、左氏章指三十卷

陳傅良撰。樓參政鑰大防爲之序。大略謂左氏存其所不書，以實其所書。公羊、穀梁以其所書，推見其所不書。而左氏實録矣。此章指之所以作〔一〕。若其他發明多新説，序文略見之。

〔一〕盧校本「作」下有「也」。

春秋經辨十卷

廬陵蕭楚子荊撰。紹聖中，貢禮部不第。蔡京用事，與其徒馮澥書，言蔡將爲宋王莽，誓不復仕。死建炎中。自號三顧隱客，門人謚爲清節先生。胡邦衡師事之，以春秋登甲科，歸拜牀下，楚告之曰：「學者非但拾一第，身可殺，學不可辱，毋禍吾春秋乃佳。」邦衡志其墓。

春秋集善十一卷

端明殿學士廬陵胡銓邦衡撰。銓既事蕭楚爲春秋學，復學於胡文定公安國。南遷後作此書，張魏公浚爲之後序。

春秋考異四卷

不著名氏。録三傳經文之異者。

春秋類事始末五卷

朝請大夫吴興章冲茂深撰。子厚之曾孫，葉少藴之壻。

左氏發揮六卷

臨川吴曾虎臣撰。案：原本脱「吴」字，今據文獻通攷補入。取左氏所載事，時爲之論，若史評之類。

春秋直音三卷

德清丞方淑智善撰。劉給事一止爲作序。以學者或不通音切，故於每字切脚之下，直注其音，蓋古文未有反切，爲音訓者皆如此，服虔、如淳、文穎輩，於漢書音義可見。

左傳約説一卷、百論一卷

奉議郎新昌石朝英撰。又有王道辨一書，未板行，僅存其書於此編之末。其爲説平平，無甚高論。

春秋分記九十卷

邛州教授眉山程公説伯剛撰。以春秋經傳倣司馬遷書爲年表、世譜、曆〔一〕、天文、五行、地理、禮樂、征伐、官制諸書。自周、魯而下，及諸小國、夷狄皆彙次之。時有所論發明，成一家之學。公説積學苦志，早年登科，值逆曦亂，憂憤以死，年〔二〕三十七。兄弟三人皆以科第進。今中書舍人公許，其季也。

〔一〕今案：張跋云春秋分記下爲「世譜曆法」，此脱「法」字。

〔二〕盧校本「年」下有「財」字。

孝經類

春秋通説十三卷

永嘉黄仲炎若晦撰。端平中，嘗進之於朝。

古文孝經一卷

凡二十二章，比今文多閨門一章，餘三章分出。本亦出孔壁中。

孝經注一卷

漢鄭康成撰。世傳秦火之後，河間人顔芝得孝經藏之，以獻河間王，今十八章是也。相承云康成作注，而鄭志目録不載，故先儒並疑之。古文有孔安國傳，不行於世。劉炫爲作稽疑一篇，序所謂劉炫明安國之本，陸澄譏康成之注者也。及唐開元中，詔議孔、鄭二家，劉知幾以爲宜行孔廢鄭，諸儒非之，卒行鄭學。按三朝志，五代以來，孔、鄭注皆亡。周顯德中，新羅獻別序孝經即鄭注者，而崇文總目以爲咸平中日本國僧奝然所獻，未詳孰是。世少有其本。乾道中，熊克子復從袁樞機仲得之，刻于京口學宮，而孔傳不可復見。

御注孝經一卷

唐孝明皇帝撰并序。今世所行本也。始刻石太學，御八分書，末有祭酒李齊古所上表及答詔，且具宰相等名銜，實天寶四載，號爲石臺孝經。乾道中，蔡洸知鎮江，以其本授教授沈必豫、熊克，使刻石學宮，云歐公集古録無之，豈偶未之見耶？家有此刻，爲四大軸，以爲書閣之鎮。按唐志作孝經制旨〔一〕。

〔一〕盧校注：末八字疑通攷所增。

孝經正義三卷

翰林侍講學士濟陽邢昺叔明撰。明皇既注孝經，元行沖爲之疏。咸平中，以諸説尚多，詔昺與直祕閣杜鎬等，據元氏本增損，定爲正義。四年上之。

古文孝經指解一卷

司馬光撰。按唐志孝經二十七家，今温公序言祕閣所藏，止有鄭氏、明皇及古文三家而已。古文有經無傳，以隸體寫之，而爲之指解。仁宗朝表上之。

古文孝經説一卷

翰林學士成都范祖禹淳甫撰。元祐二年經筵所進。

孝經解一卷
張九成撰。
孝經刊誤一卷
朱熹撰。抱遺經于千載之後，而能卓然悟疑辨惑，非豪傑特起獨立之士，何以及此？後學所不敢倣傚，而亦不敢擬議也〔一〕。
〔一〕盧校注：善于措辭。
孝經本旨一卷
黄榦撰。凡諸經傳於言及孝〔一〕者，輯録之爲二十有四篇。
〔一〕盧校本「凡諸經傳於言及孝者」，改爲「凡諸經傳言及於孝者」。
孝經説一卷
項安世撰。
蒙齋孝經説三卷
禮部尚書四明袁甫廣微爲鄱憲日，爲諸生説孝經，旁及諸子，諸生録之以爲此編。

語孟類

前志孟子本列於儒家，然趙岐固嘗以爲則象論語矣。自韓文公稱孔子傳之孟軻，軻死，不得其傳。天下學者咸曰孔、孟。孟子之書，固非荀、揚以降所可同日語也。今國家設科取士，語、孟並列爲經，而程氏諸儒訓解二書常相表裏，故今合爲一類。

論語十卷

漢有齊、魯及古文三家，今行於世者魯論語也。傳授本末，何晏序文備矣〔一〕。

〔一〕盧校注：聞見後録云，洛陽得石刻：「夕死可也」，「何而德之衰」，「執車者爲誰子」，「曰是是知津矣」，「置其杖而耘」。今大興翁覃溪得石刻爲政篇，如「我□□毋違」，「孝于惟孝」，□今本不同。（今案□爲盧校本蟲蛀闕字）

論語集解十卷

魏尚書駙馬都尉南陽何晏平叔撰。

論語釋文一卷

唐陸德明撰。

論語注疏解經十卷

邢昺撰。唐人止爲五經疏，而不及孝經、論語，至昺始奉詔爲之。

孟子十四卷

趙岐云名軻，字則未聞也。按史記字子輿，孔叢子作子車。

孟子章句十四卷

後漢太僕京兆趙岐邠卿撰。本名嘉，字臺卿，避難改名。

孟子音義二卷

龍圖閣學士侍讀博平孫奭宗右撰。舊有張鎰、丁公著爲之音，俱未精當。奭方奉詔校定，撰集正義，遂討論音釋，疏其疑滯〔一〕，備其闕遺，既成上之。

〔一〕今按：「疏其疑滯」，「疑」原缺，據盧校本補入。

孟子正義十四卷

孫奭撰〔一〕。序言爲之注者，有趙岐、陸善經，其所訓説〔二〕，雖小有異同，而共宗趙氏，今惟據趙注爲本。

〔一〕盧校注：邵武士人所爲。

〔二〕今案：孫奭孟子正義序原文「其所訓説」上尚有「自陸善經已降」一句。

論語筆解二卷

唐韓愈退之、李翺習之撰。按館閣書目云祕書丞許勃爲之序，今本乃王存序。案：原本脱此句，今據文獻通攷補入。云得於錢塘汪充，而無許序〔一〕。

〔一〕盧校注：余所見仍許勃序。

東坡論語傳十卷 案：宋史藝文志作論語解四卷，文獻通攷作論語解十卷。

蘇軾撰。

潁濱論語拾遺一卷

蘇轍撰。於其兄之説，意有未安者。凡二十七章。

潁濱孟子解一卷

蘇轍撰。其少年時所作，凡二十四章。

王氏論語解十卷、孟子解五卷

廣陵王令逢原撰。令年二十八，終於布衣。所講孟子纔盡二篇，其第三篇盡二章而止。王荆公志其墓，不言其所著書。而晁氏讀書志云，令於堯曰篇解曰：「四海不困窮，則天禄不永終矣。」王氏新經書義取之。

龜山論語解十卷

工部侍郎延平楊時中立撰。

謝氏論語解十卷
上蔡謝良佐顯道撰。

游氏論語解十卷
監察御史建陽游酢定夫撰。

尹氏論語解十卷、孟子解十四卷
徽猷閣待制河南尹焞彦明撰。紹興中經筵所上。孟子解未成，不及上而卒。自龜山而下，皆程氏高弟也。

論語釋言十卷
葉夢得少藴撰。

張氏論語解二十卷、孟子解十四卷
張九成撰。

致堂論語詳說二十卷
禮部侍郎建安胡寅明仲撰。文定之子也。

五峯論語指南一卷
監南嶽廟胡宏仁仲撰。詳論黄祖舜、沈大廉之説。宏，文定之季子也。

竹西論語感發十卷
中書舍人江都王居正撰。
論語探古二十卷
畢良史撰。
論語續解十卷、攷異説例各一卷
吴棫撰。其所援引百家諸史傳，出入詳洽。所稱欒肇駁王、鄭之説，間取一二。肇，晋人。隋、唐志載論語釋二卷，駁二卷。按董逌藏書志，釋已亡，駁幸存。而崇文總目及諸藏書皆無有，棫蓋嘗見其書也。館閣書目亦不載。
玉泉論語學十卷
工部郎官嚴陵喻樗子才撰。樗與沈元用、張子韶、凌彦文、樊茂實諸公厚善，爲館職，坐與張通書，得罪秦檜。玉山汪端明應辰，其壻也。
論語義二卷
禮部侍郎章貢曾幾吉父撰。胡文定門人也。
南軒論語説十卷、孟子説十七卷〔一〕
侍講廣漢張栻敬夫撰。

〔一〕盧校本「十七卷」爲「七卷」。

語孟集義三十四卷

朱熹撰。集二程、張氏及范祖禹、吕希哲、吕大臨、謝良佐、游酢、楊時、侯仲良、周孚先凡十二家〔一〕，初名「精義」，後刻於豫章郡學，始名「集義」。其所言「外自託於程氏，而竊其近似之言，以文異端之説」者，蓋指張無垢也。無垢與僧宗杲遊，故云爾。

〔一〕盧校注：朱子序此書有尹彦明而無周孚先，止十一家。今通攷本亦作十一家。

論語集註十卷、孟子集註十四卷

朱熹撰。大略本程氏學，通取注疏古今諸儒之説，間復斷以己見。晦翁生平講解，此爲第一，所謂毫髮無遺憾者矣。

論語或問十卷、孟子或問十四卷

朱熹撰。集註既成，復論次其取舍之所以然，别爲一書，而篇首述二書綱領，與讀書者之要法。其與集註實相表裏，學者所當並觀也。

石鼓論語答問三卷、孟子答問三卷

戴溪撰。岷隱初仕衡嶽祠官，領石鼓書院山長，所與諸生講説者也。其説切近明白，故朱晦翁亦稱其近道。

論語通釋十卷

黄榦撰。其書兼載或問，發明晦翁未盡之意。

論語意原一卷

不知作者〔一〕。

〔一〕盧校注：宋志亦以爲黄榦所作。黄俞邰云其家有此書，不止一卷，乃鄭氏著。亦未言其何名也。今案：據沈叔埏頤綵堂文集書直齋書録解題後，乃青田宋侍郎東谷鄭汝諧所撰。

論語本旨一卷

建昌軍教授永嘉姜得平撰。

論語大意二十卷

海陵卞圜撰。

晦庵語類二十七卷

蜀人以晦庵語録類成編，處州教授東陽潘墀取其論語一類，增益其未備，刊於學宫。

論語紀蒙六卷、孟子紀蒙十四卷

國子司業臨海陳耆卿壽老撰。案：耆卿原本誤作「著卿」，今改正。水心葉適爲之序。耆卿，學於水心者也。嘗主麗水簿，當嘉定初年成此書。

讖緯類

易緯七卷

漢鄭康成注。其名曰稽覽圖、辨終備、是類謀、乾元序制記、坤靈圖。其間推陰陽卦，直至唐元和中，蓋後世術士所附益也。按七緯之名，無乾元序制。

易稽覽圖三卷

與上易緯前三卷相出入，而詳略不同。

易通卦驗二卷

鄭康成注。

易乾鑿度二卷

亦鄭氏注。

乾坤鑿度二卷

一作巛鑿度，題包羲氏先文，軒轅氏演籀，蒼頡脩。晁氏讀書志云崇文總目無之，至元祐田氏書目始載，當是國朝人依託爲之。按後漢書「緯候之學」，注言「緯，七緯也；候，尚書中候也。」所謂河洛七緯者，易緯稽覽圖、乾鑿度、坤靈圖、通卦驗、是類謀、辨終備也。書緯璇璣鈐、攷靈曜、帝命驗、運期授也。詩緯推度災、汜歷樞、含神霧也。禮緯含文嘉、稽命徵、斗威儀也。樂緯動聲儀、稽曜嘉、叶圖徵也。孝經緯援神契、鉤命決也。春秋緯演孔圖、元命包、文耀鉤、運斗樞、感精符、合誠圖、考異郵、保乾圖、漢含孳、佐助期、握誠圖、潛潭巴、説題辭也。讖緯之説，起於哀、平、王莽之際，以此濟其篡逆，公孫述效之，而光武紹復舊物，乃亦以赤伏符自累，篤好而推崇之，甘與莽、述同志。於是佞臣陋士從風而靡，賈逵以此論左氏學，曹褒以此定漢禮，作大予樂。大儒如鄭康成，專以讖言經，何休又不足言矣。二百年間惟桓譚、張衡力非之，而不能回也。魏、晉以革命受終，莫不傳會符命，其源實出於此。隋、唐以來，其學寖微矣。攷唐志猶存九部八十四卷，今其書皆亡。惟易緯僅存如此。及孔氏正義或時援引，先儒蓋嘗欲删去之，以絶僞妄矣。使所謂七緯者皆存，猶學者所不道，況其殘缺不完，於僞之中又有僞者乎！姑存之以備凡目云爾。唐志數内有論語緯十卷，七緯無之。太平御覽有論語摘輔像撰攷讖者，意其是也。御覽又有書帝驗期、禮稽命曜、春秋命歷序、孝經左右契、威嬉拒等，皆七緯所無，要皆不足深攷〔一〕。

〔一〕今案：據張跋，此條中書緯脱刑德放；樂緯稽曜嘉、叶圖徵，「嘉叶」二字倒作「叶嘉」；又「起於哀、平、王莽之際」應爲「起於哀、平之際，王莽……」。

經解類

白虎通十卷

漢尚書郎班固撰。章帝建初四年，詔諸儒會白虎觀，講議五經同異。五官中郎將魏應承制問，侍中淳于恭奏，帝親稱制臨決，作白虎議奏，蓋用宣帝石渠故事也。石渠議奏今不傳矣。班固傳稱作白虎通德論，令固撰集其事云，凡四十四門。

經典釋文三十卷

唐陸德明撰。自五經、三傳、古禮之外，及孝經、論語、爾雅、莊、老，兼解文義，廣采諸家，不但音切也。或言陸吳人，多吳音，綜其實未必然。案前世藝文志列於經解類。中興書目始入之小學，非也。

五經文字三卷

唐國子司業張參撰。大曆中刻石長安太學。

九經字樣一卷

唐沔王友翰林待詔唐玄度撰。補張參之所不載，開成中上之。二書卻當在小學類，以其專爲經設，故亦附見於此。案：文獻通攷有唐玄度五經字樣，唐書藝文志不載。蓋以其就張參五經文字校正，惟九經字樣爲新加者，此因與張參書並附見，故云二書。往宰南城出謁，有持故紙鬻於道者，得此書，乃古京本，五代開運丙午所刻也。遂爲家藏書籍之最古者。

演聖通論六十卷

知制誥渤海胡旦周父撰。易十七，書七，詩十，禮記十六，春秋十，其第一卷爲目録。旦，太平興國三年進士第一人，恃才輕躁，累坐擯斥，晚尤黷貨，持吏短長，爲時論所薄，然其學亦博矣。

羣經音辨七卷

丞相真定賈昌朝子明撰。康定中侍講天章閣所上，凡五門，題曰「羣經」，亦不當在小學類。

七經小傳三卷

劉敞撰。前世經學大抵祖述注疏，其以己意言經，著書行世，自敞倡之。惟春秋既有成，書、詩、三禮、論語見之小傳，又公羊、左氏、國語三則附焉，故曰「七經」。

河南經説七卷

程頤撰。繫辭説一、書一、詩二、春秋一、論語一、改定大學一。程氏之學，易傳爲全書，餘經具此。

龜山經説八卷

楊時撰。易三，詩、春秋、孟子各一，末二卷則經筵講義也。

無垢鄉黨少儀咸有一德論語孟子拾遺共一卷

張九成撰。

六經圖七卷

東嘉葉仲堪思文重編。案館閣書目有六卷，昌州布衣楊甲鼎卿所撰，撫州教授毛邦翰復增補之。易七十，今百三十；書五十五，今六十三；詩四十七，今同；周禮六十五，今六十一；禮記四十三，今六十二；春秋二十九，今七十二。然則仲堪蓋又以舊本增損改定者耶？

福唐俞意掌教建安，同里儒劉游以楊鼎卿所編增益刊之，洪景盧作序。隨齋批注。

麗澤論説集録十卷

呂祖謙門人所録平日説經之語，末三卷則爲史説、雜説。東萊於諸經，亦惟讀詩記及書説成書，而皆未終也。

畏齋經學十二卷

宣教郎廣安游桂元發撰。桂，隆興癸未進士，爲類試第二人。歷三郡學官，改秩爲制置司機宜以没。

項氏家説十卷、附録四卷

項安世撰。九經皆有論著，其第八卷以後雜説文史政學。附録孝經、中庸、詩篇次、丘乘圖則各爲一書，重見諸類。

山堂疑問一卷

起居郎簡池劉光祖德修撰。慶元中謫居房陵，與其子講説諸經，因筆記之。以其所問于詩爲多，遂取呂氏讀詩記盡觀之，而釋以己意，附疑問之後。

六經正誤六卷

柯山毛居正誼甫校監本經籍之〔一〕誤所欲刊正者，魏鶴山爲之序而刻傳之。大抵多偏傍之疑似者也。

〔一〕今案：館本「籍之」倒置，今改正。

西山讀書記三十九卷

真德秀景元撰。其書有甲、乙、丙、丁。甲言性理，中述治道，末言出處，大抵本經史格言，而述以己意。今但有甲三十七卷，丁二卷，乙、丙未見也。

六家謚法二十卷

翰林學士判太常寺周沆等編。六家者，周公、春秋、廣謚、沈約、賀琛、扈蒙也。今按：周公，即汲冢書之謚法解；春秋，即杜預釋例所載也；廣謚，不著名氏；沈約書一卷；賀琛書四卷；扈蒙書一卷，皆祖述古法而增廣之。琛字國寶，山陰人，梁尚書左丞。蒙字日用，幽州人，國初翰林學士。此書嘉祐末編集，英宗初始上。

嘉祐謚三卷

太常禮院編纂眉山蘇洵明允撰。洵與編六家謚法，因博采諸書爲之，爲論四篇，以序其去取之意。

謚法與解經無預，而前志皆以入此類，今姑從之，其實合在禮注。

政和修定謚法六卷

禮制局詳議官蔡攸等承詔修定。全書八十卷，大率祖六家之舊，爲沿革統論一卷，參照二十六卷，看詳三十五卷，增立十卷，合而修定六卷。今惟修定六卷存，而以沿革繫之篇首。按館閣書目亦闕參照二十六卷。

鄭氏謚法三卷

鄭樵撰。上卷序五篇，中卷謚三篇，下卷後論四篇。

小學類

自劉歆以小學入六藝略，後世因之，以爲文字訓詁有關於經藝故也。至唐志所載書品、書斷之類，亦廁其中，則龐矣。蓋其所論書法之工拙，正與射御同科，今並削之，而列於雜藝類，不入經録。

爾雅三卷

晉弘農太守河東郭璞景純注。按漢志爾雅二十篇，今書惟十九篇。志初不著撰人名氏。璞序亦但稱興於中古，隆於漢氏而已。至陸氏釋文始謂釋詁爲周公所作，其説蓋本於魏張揖所上廣雅表，言：

「周公制禮以道天下，著爾雅一篇，以釋其義；今俗所傳三篇，或言仲尼所增，或言子夏所益，或言叔孫通所補，或言沛郡梁文所攷，皆解家所説，先師口傳，疑莫能明也。」

爾雅釋文一卷

唐陸德明撰。

爾雅疏十卷

邢昺等撰。其敍云：「爲注者劉歆、樊光、李巡、孫炎，雖各名家，猶未詳備，惟郭景純最爲稱首。其爲義疏者，惟俗間有孫炎、高璉，皆淺近。今奉敕校定，以景純爲主。」共其事者杜鎬而下八人。

小爾雅一卷

漢志有此書，亦不著名氏。唐志有李軌解一卷，今館閣書目云孔鮒撰。蓋即孔叢子第十一篇也，曰廣詁、廣言、廣訓、廣義、廣名、廣服、廣器、廣物、廣鳥、廣獸凡十章，又廣量衡爲十三章〔一〕。當時〔二〕好事者抄出別行。

〔一〕今案：小爾雅廣量爲十二章，廣衡爲十三章。

〔二〕盧校本「時」爲「是」。

急就章一卷

漢黄門令史游撰。唐祕書監顏師古注。其文多古語、古字、古韻，有足觀者。

方言十四卷

漢黄門郎成都揚雄子雲撰。晉郭璞注。首題輶軒使者絶代語，末載答劉歆書，具詳著書本末。其略云：「天下上計、孝廉及内郡衛卒會者，雄常抱三寸弱翰，齎素油〔一〕四尺，以問其異語，歸即以鉛摘次之於槧。」葛洪西京雜記言子雲好事，常懷鉛提槧，從諸計訪殊方絶域之語。蓋本雄書所云也。

〔一〕盧校本「素油」爲「油素」。

釋名八卷

漢徵士北海劉熙成國撰。序云：「名之於實，各有類義，百姓日稱，而不知其所以然之意，故撰天地、陰陽、四時、邦國、都鄙、車服、喪紀，下及民庶應用之器，即物名以釋義。案：此句原本脱去，今據文獻通攷補入。凡二十七篇。」

廣雅十卷

魏博士張揖撰。凡不在爾雅者著於篇，仍用爾雅舊目。館閣書目云今逸，但存音三卷。今書十卷，而音附逐篇句下，不别行。隋志稱博雅，避逆煬名也。揖又有埤蒼、三蒼訓詁、雜字、古文字訓凡四書，見唐志，今皆不傳。

博雅乃隋曹憲撰。憲因揖之説，附以音解，避煬帝名，更之以爲「博」焉。隨齋批注。

爾雅新義二十卷

陸佃撰。其於是書，用力勤矣。自序以爲雖使郭璞擁篲清道，跂望塵躅可也。以愚觀之，大率不出王氏之學，與劉貢父所謂不徹薑食、三牛三鹿戲笑之語，殆無以大相過也。書云玩物喪志，斯其爲喪志也宏矣。頃在南城傳寫凡十八卷，其曾孫子遹刻於嚴州爲二十卷。

埤雅二十卷

陸佃撰。曰釋魚、釋獸，以及於鳥、蟲、馬、草、木，而終之以釋天，所以爲爾雅之輔也。此書本號「物性門類」，其初嘗以釋魚、釋木〔一〕二篇上之朝，編纂將就，而永裕上賓，不及再上，既注爾雅，遂成此書。其於物性精詳，所援引甚博，而亦多用字説。

〔一〕盧校本釋魚、釋木爲説魚、説木。

注爾雅三卷

鄭樵撰。其言爾雅出自漢代箋注未行之前，蓋憑詩、書以作〔一〕，爾雅明則百家箋注皆可廢。爾雅，應釋者也，箋注，不應釋者也。言語、稱謂、宮室、器服、草木、蟲魚、鳥獸之所命不同，人所不能識者，故爲之訓釋。義理人之本有，無待注釋。注釋則人必生疑，反舍經之言，而泥注解之言。或者復舍注解之意，而泥己之意以爲經意。此其爲説雖偏，而論注釋之害，則名言也。

〔一〕盧校本「作」下有「爾雅」二字。

蜀爾雅三卷

不著名氏。館閣書目案：李邯鄲云唐李商隱采蜀語爲之。當必有據。

說文解字三十卷

漢太尉祭酒汝南許慎叔重撰。凡十四篇，并序目一篇，各分上下卷，凡五百四十部，九千三百五十三文，重一千一百六十三。雍熙中，右散騎常侍徐鉉奉詔校定。以唐李陽冰排斥許氏爲臆說，末有新定字義三條。其音切則以唐孫愐韻爲定。

字林五卷

晉嶓令吕忱撰。太乙山僧雲勝注。案隋、唐志皆七卷，三朝國史志惟一卷，董氏藏書志三卷。其書集說文之漏略者凡五篇，然雜揉錯亂，未必完書也。

玉篇三十卷

梁黄門侍郎吳興郡顧野王希馮撰。唐處士富春孫彊增加，大約本說文，以後漢反切音未備，但云「讀若某」，其反切皆後人所加，多疏樸脱誤。至梁時，四聲之學盛行，故此書不復用直音矣。其文字雖增多，然雅俗雜居，非若說文之精覈也。又以今文易篆字，易以舛訛。世人以篆體難通，今文易曉，故說文遂罕習。要當求其本源可也。

廣韻五卷

隋陸法言撰。案：陸法言本名切韻，孫愐修之爲唐韻，陳彭年等修之爲廣韻，雖相因而作，實各自成書。此以廣韻爲法言撰，與下文「共爲撰集」句弗貫，疑有脱誤。開皇初，有劉臻等八人同詣法言，共爲撰集，長孫訥言爲之箋注。唐朝轉有增加。至開元中，陳州司法孫愐著成唐韻，本朝陳彭年等重修，中興書目云不知作者。案國史志有重修廣韻，題皇朝陳彭年等。景祐集韻亦稱真宗令陳彭年、邱雍等因陸法言韻就爲刊益。今此書首載景德、祥符勅牒，以大宋重修廣韻爲名，然則即彭年〔一〕所修也。

〔一〕盧校本「彭年」下有「等」字。

説文解字繫傳四十卷

南唐校書郎廣陵徐鍇楚金撰。爲通釋三十篇，部敍二篇，通論三篇，祛妄、類聚、錯綜、疑義、系述各一篇。鍇至集賢學士、右内史舍人，不及歸朝而卒。鍇與兄鉉齊名，或且過之。而鉉歸朝通顯，故名出鍇上。此書援引精博，小學家未有能及之者。

説文韻譜十卷

徐鍇撰。又取説文以聲韻次之，便于檢討。鉉爲作序。

佩觿三卷

國子周易博士洛陽郭忠恕恕先撰。「觿」者，所以解結也。忠恕嗜酒狂縱，數犯法忤物得罪，其死時頗異，世傳以尸〔一〕解。

〔一〕盧校本「尸」上有「爲」字。

景祐集韻十卷

直史館宋祁、鄭戩等修定，學士丁度、李淑典領。字訓皆本説文，餘凡例詳見於序。説文所無，則引他書爲解。字五萬三千五百二十五，比舊增二萬七千三百三十一。案：「五萬三千」二句，原本脱去，今據文獻通考補入。

類篇四十五卷

丁度等既修集韻，奏言今添字多與顧野王玉篇不相參協，乞委修韻官別爲類篇，與集韻並行。自寶元迄治平迺成書，歷王洙、胡宿、范鎮、司馬光始上之，熙寧中頒行。凡十五篇，各分上、中、下，以説文爲本，而例有九云。

只十四篇，四十二卷。言稱十五篇，恐是目録三卷亦與。隨齋批注。

禮部韻略五卷、條式一卷

雍熙殿中丞邱雍、景德龍圖閣待制戚綸所定，景祐知制誥丁度重修，元祐太學博士增補。其曰「略」者，舉子詩賦所常用，蓋字書聲韻之略也。

復古編二卷

吴興道士張有謙中撰。有工篆書，專本許氏説文，一點畫不妄錯。林中書攄母魏國夫人墓道碑，有書之，「魏」字從「山」。攄以爲非，有曰：「世俗以從『山』者爲『巍』，不從『山』者爲『魏』，非也。其實二字皆當從『山』，蓋一字而二音爾。説文所無，手可斷，字不可易也。」攄不能彊。晚著此書，專辨俗體之訛，手自書之。陳了齋爲之序。

韻補五卷

吴棫撰。取古書自易、書、詩而下，以及本朝歐、蘇凡五十種，其聲韻與今不同者皆入焉。朱侍講多用其説於詩傳、楚辭注，其爲書詳且博矣。又有毛詩補音一書，別見詩類，大歸亦若此。以愚攷之，古今世殊，南北俗異，語言音聲，誠有不得盡合者。古之爲詩學者，多以諷誦，不專在竹帛，竹帛所傳不過文字，而聲音不可得而傳也。又，漢以前未有反切之學，許氏説文、鄭氏箋注但曰「讀若某」而已，其于後世四聲七音，又豈能盡合哉？反切之學，自西域入中國，至齊、梁間盛行，然後聲病之説詳焉。韻書肇于陸法言，于是有音同韻異，若東、冬、鍾，魚、虞，模，庚、耕，清、青，登、蒸之類，斷斷乎不可以相雜，若此者豈惟古書未之有，漢、魏以前亦未之有也。陸德明于燕燕詩，以「南」韻「心」，有讀「南」作尼心切者，陸以爲古人韻緩，不煩改字。此誠名言。今之讀古書古韻者，但當隨其聲之叶而讀之。若「來」之爲「釐」，「慶」之爲「羌」，「馬」之爲「姥」，聲韻全別，不容不改。其聲韻苟相近，可以叶讀，則何必改字？如「燔」字必欲作汾沿反，「官」字必欲作俱員反，「天」字必欲作鐵因反之類，則贅矣。

字始連環二卷

鄭樵撰。大略謂六書惟類聲之生無窮，音切之學，自西域流入中國，而古人取音制字，乃與韻圖脗合。

論梵書一卷

鄭樵撰。

石鼓文攷三卷

鄭樵撰。其説以爲石鼓出于秦，其文有與秦斤、秦權合者。

樵以本文「丞」、「殹」兩字，秦斤、秦權有之，遂以石鼓爲秦物，先文簡論而非之，其説甚博。隨齋批注。

嘯堂集古録二卷 案：文獻通攷「嘯堂」作「嘯臺」。

王俅子弁撰。李邴漢老序之，稱故人長孺之子，未詳何王氏也。皆録古彝器款識，自商迄秦凡數百章，以今文釋之，疑者闕焉。

鍾鼎篆韻一卷

不著名氏。案館閣書目此書有二家，其一七卷，其一一卷。七卷者，紹興中通直郎薛尚功所廣；一卷者，政和中主管衡州露仙觀王楚也。則未知此書之爲王楚否〔二〕？尚功有鍾鼎法帖十卷，刻于江州。當是其篆韻之所本也。

〔一〕盧校本「則未知此書之爲王楚否」爲「則未知此書之爲王楚與薛尚功與否」。

前漢古字韻編五卷

侍郎宣城陳天麟季陵撰。取漢書所用古字，以今韻編入之。

班馬字類二卷

參政嘉禾婁機彦發撰。取二史所用古字及假借通用者，以韻類之。洪邁景盧作序。

漢隸字源六卷

婁機撰。以世所存漢碑三百有九韻類其字，魏碑附焉者僅三十之一。首爲碑目一卷，每字先載經文，而以漢字著其下，一字數體者並列之。皆以碑目之次第，著其所從出。亦洪邁序。

序謂洪文惠公作五種書，釋、纘、圖、續皆成，唯韻書未就，而婁忠簡繼爲之。隨齋批注。

廣干禄字書五卷

婁機撰。唐顔元孫爲干禄字書，其姪真卿書之，刻石吴興，爲世所寶。辨正、通、俗三體，目以「干禄」，謂舉子所資也。機熟于小學，嘉泰中教授資善堂，景獻時爲惠國公，數問字畫之異，因爲此書。續唐之舊，故仍「干禄」之名。既而悟其非所以施於朱邸也，則以「干禄百福」之義傅會焉。

修校韻略五卷

祕書省正字莆田劉孟容以説文、字林、干禄書、五經文字、九經字樣、佩觿、復古編等書修校。

韻略分毫補注字譜一卷

進士耒陽秦昌朝撰。附前韻略之後，皆永嘉教授臨安錢厚所刻也。竊謂小學當論偏傍尚矣，許叔重以來諸書是也。韻以略稱，止施於禮部貢舉，本非小學全書，於此而校其偏傍，既不足以盡天下之字，而欲使科舉士子盡用篆籀點畫於試卷，不幾於迂而可笑矣哉！進退皆無據，謂之贅可也。

附釋文互注韻略五卷

以監本增注而釋之。

押韻釋疑五卷

進士廬陵歐陽德隆、易有開撰。凡字同義異、字異義同者皆辨之，尤便於場屋。

字通一卷

彭山李從周肩吾撰。

切韻義一卷、纂要圖例一卷

汴陽謝暉撰。紹興十年序。

直齋書録解題卷四

正史類

史記一百三十卷

漢太史令夏陽司馬遷子長撰。宋南中郎參軍河東裴駰集註。案班固云：「遷據左氏、國語，采世本、戰國策，述楚漢春秋，接其後事，迄於大漢，斯以勤矣。十篇缺，有録亡書。」張晏曰：「遷没之後，亡景武紀、禮樂兵書、漢興將相年表、三王世家、日者、龜筴傳、靳歙傅寬列傳〔一〕。元、成之間，褚先生補作武紀、三王世家、日者、龜筴傳。案：原本脱「元成」以下二十字，今據文獻通攷補入。言辭鄙陋，非遷本意也。」顔師古曰：「本無兵書，張説非也。」今案此十篇者，皆具在，褚所補武紀，全寫封禪書，三王世家但述封拜策書，二列傳皆猥釀不足進〔二〕，而其餘六篇，景紀最疏略，禮、樂書謄荀子禮論、河間王樂記，傅靳列傳與漢書同，而將相年表迄鴻嘉，則未知何人所補也。褚先生者，名少孫。裴駰即注三國志松之之子也。始，徐廣作史記音義，駰本之以成集解。竊嘗謂著書立言，述舊易，作古難。六藝之後，有四人焉：摭實而有文采者，左氏也；憑虚而有理致者，莊子也；屈原變國風、雅、頌而爲離騷；及子長易編年而爲紀傳，皆前未有其比，後可以爲法，非豪傑特起之士，其孰能之？

〔一〕盧校本「日者、龜筴傳、靳歙傳寛列傳」爲「日者龜筴、傳靳列傳」。

〔二〕盧校本「進」爲「道」。

漢書一百卷

漢尚書郎扶風班固孟堅撰。唐祕書監京兆顔師古注。本傳稱字籀，恐當名籀，而以字行也。固父彪叔皮，以司馬氏史記太初以後闕而不録，故作後傳數十篇。固以所續未詳，探撰前紀，綴集所聞，以爲漢書。起高祖，終孝平王莽之誅，二百三十年，爲春秋考紀、表、志、傳凡百篇。自永平受詔，至建初中乃成。案班昭傳云，八表並天文志未竟而卒。和帝詔昭就東觀藏書踵成之。今中興書目以爲章帝時，非也。固坐竇憲死永元初，不在章帝時。師古以太子承乾之命，總先儒注解，服虔、應劭而下二十餘人，删繁補略，裁以己説，遂成一家。世號杜征南、顔監爲左氏、班氏忠臣。

後漢書九十卷

宋太子詹事順陽范蔚宗撰。唐章懷太子賢注。案唐藝文志，爲後漢史者，有謝承、薛瑩、司馬彪、劉義慶、華嶠、謝沈、袁山松七家，其前又有劉珍等東觀記，至蔚宗乃删取衆書，爲一家之作。其自視甚不薄，謂諸傳、序、論，精意深旨，實天下之奇作。然頗有略取前人舊文者，注中亦著其所從出。至於論後有贊，尤自以爲傑思，殆無一字虛設。自今觀之，幾於贅矣。蔚宗父泰、祖甯皆爲時名臣，蔚宗乃以怨望反逆至於滅族，其與遷、固之人禍天刑不侔矣。然則豈作史之罪哉！十志未成而誅，爲謝儼蠟以覆車，故惟存紀、傳。賢，高宗太子，招集諸儒庶子張大安、洗馬劉訥言等共爲之注。賢坐明崇儼得罪武后，廢死，大安、訥言亦流貶。

續後漢書四十二卷

廬陵貢士蕭常撰。案：原本脱此句，今據文獻通攷校補。周益公序云：「曹氏代漢，名禪實篡，特新莽之流亞。丕方登禪壇，自形舜、禹之言，固不敢欺其心矣。今隔千載，好惡豈復相沿？而蘇軾記王、彭之説，以爲途人談三國時事，兒童聽者，聞劉敗則顰蹙，聞曹敗則稱快，遂謂君子小人之澤，百世不斬，兹豈人力强致也歟！案：通攷此上序語節去。陳壽身爲蜀人，徒以仕屢見黜，父又爲諸葛亮所髡，於劉氏君臣不能無憾。著三國志，以魏爲帝，而指漢爲蜀，與孫氏俱謂之主，設心已偏。故凡當時祫祭高帝以下昭穆制度，皆略而弗書。方且乞米於人，欲爲佳傳，私意如此，史筆可知矣〔一〕。其死未幾，習鑿齒作漢晋春秋，起漢光武，終晋愍帝，以蜀爲正，魏爲篡，謂漢亡僅一二年，則已爲晋，炎興之名，天實命之，是蓋公論也。然五十四卷，徒見於唐藝文志及本朝太平御覽之目。逮仁宗時修崇文總目，其書已逸，或謂世亦有之，而未之見也。幸晋史載所著論，案：原本此下不載，繫以隨齋批注，蓋有脱誤。今據文獻通攷所存周平園序校補。千三百餘言，大指昭然。劉知幾史通云，備王道，則曹逆而劉順。本朝歐陽修論正統而不黜魏，其賓客章望之著明統論非之，見於國史。近世張栻經世紀年直以先主上繼獻帝爲漢，而附魏、吴於下，皆是物也。今廬陵貢士蕭常潛心史學，謂古以班史〔二〕爲漢書，范史爲後漢書，乃起昭烈章武元年辛丑，盡後主案：通攷作少帝，今校改。炎興元年癸未，爲續後漢書。既正其名，復擇注文之善者並書之，積勤二十年，成帝紀、年表各二卷，列傳十八卷，吴載紀十一卷，魏載紀九卷，别爲音義四卷。惜乎，壽疏略於前，使不得追記英賢憲章於後，以釋裴松之之遺恨也！」

〔一〕今案：館本誤爲「史可筆知矣」，今改正。

〔二〕盧校本「史」上有「少」字。

後漢志三十卷

晋祕書監河内司馬彪紹統撰。梁剡令平原劉昭宣卿補注。蔚宗本書，隋、唐志皆九十七卷。今書紀、傳共九十卷，蓋未嘗有志也。劉昭所註，乃司馬彪續漢書之八志爾，序文固云范志今闕，乃借舊志注以補之。其與范氏紀、傳自别爲一書。其後，紀、傳孤行，而志不顯。至本朝乾興初，判國子監孫奭始建議校勘，但云補亡補闕，而不著其爲彪書也。館閣書目乃直以百二十卷併稱蔚宗撰，益非是。今攷章懷注所引稱續漢志者，文與今志同，信其爲彪書不疑。彪，晋宗室高陽王睦之長子，多所著述，注莊子及九州春秋之類是也。

三國志六十五卷

晉治書侍御史巴西陳壽承祚撰。宋中書侍郎河東裴松之世期注。壽書初成，時人稱其善敘事，張華尤善之。然乞米作佳傳，以私憾毁諸葛亮父子，難乎免物議矣。王通謂壽有志於史，依大義而黜異端，然要爲率略。松之在元嘉時，承詔爲之注，鳩集傳記，增廣異文。大抵本書固率略而注又繁蕪，要當會通裁定，以成一家，而未有奮然以爲己任者。豐祐間南豐吕南公鋭意爲之，題其齋曰「衮斧」，書垂成而死，遂弗傳。又紹興間吴興鄭知幾維心嘗爲之，鄉里前輩多稱其善，而書亦不傳。近永康陳亮亦頗有意焉，僅成論贊數篇，見集中，而書實未嘗修也。

晉書一百三十卷

唐宰相房玄齡等修，題御撰。案唐藝文志，爲晉書者，有王隱、虞預、臧榮緒、謝靈運、干寶等諸家。太宗以爲未善，命玄齡修之。與其事者，褚遂良、許敬宗、令狐德棻、李延壽、敬播、趙弘智等二十人。

案：新唐書藝文志，預修晉書者，有房玄齡、褚遂良、許敬宗、來濟、陸元仕、劉子翼、令狐德棻、李義甫、薛元超、上官儀、崔行功、李淳風、辛丘馭、劉引之、陽仁卿、李延壽、張文恭、敬播、李安期、李懷儼、趙弘智等二十一人。此書云二十人，誤。

宣武紀、陸機王羲之傳論，太宗自爲之，故稱「制曰」，而總題其書曰「御撰」。其凡例則發於敬播云。

宋書一百卷

齊太子家令吴興沈約休文撰。約永明中兼著作郎，被勅撰。本何承天、山謙之、蘇寶生所撰，至徐爰勒爲一史，起義熙，迄大明，自永光以來闕而不録。今新史始義熙，終昇明三年，本紀、列傳七十卷，志三十卷，獨闕到彥之傳。館閣書目謂其志兼載魏、晉，失於限斷。揆以班、馬史體，未足爲疵，至其所創符瑞一志，不經且無益，其贅甚矣。約後入梁爲僕射、侍中。

齊書五十九卷

梁吴興太守蕭子顯景陽撰。本傳稱六十卷。子顯者，齊豫章王嶷之孫也。

梁書五十六卷

唐弘文館學士京兆姚思廉撰。思廉名簡，以字行。

陳書三十六卷

姚思廉撰。初，思廉父察嘗修梁、陳二史未成，以屬思廉。後受詔與魏徵共撰。思廉采謝炅、顧野王等諸書，綜括爲二史，以卒父業。

後魏書一百三十卷

北齊中書令兼著作郎鉅鹿魏收伯起撰。始，魏初鄧彥海撰代記十餘卷，其後，崔浩典史爲編年體，李彪始分作紀、表、志、傳。收搜採遺亡，綴續後事，備一代史籍上之。時論言收著史不平，詔與諸家子孫共加論討，前後訴者百有餘人，衆口諠然，號爲「穢史」。僕射楊愔、高德正與收皆親，抑塞訴辭，遂不復論。今紀闕二卷，傳闕二十二卷，又三卷不全，志闕天象二卷。收既以史招怨，齊亡之歲，竟遭發冢棄骨之禍。隋文帝命魏澹等更撰魏書九十二卷。案：舊唐書經籍志、新唐書藝文志俱一百七卷。以西魏爲正，東爲僞，義例簡要。唐志又有張太素後魏書一百卷，今皆不傳，而收書獨行。中興書目謂所闕太宗紀以澹書補之，闕志以太素書補之。二書既亡，惟此紀、志獨存，不知何據。案：宋史存澹紀一卷，太素天文志二卷。

北齊書五十卷

唐中書舍人定武李百藥重規撰。百藥父德林先已創紀、傳諸篇。百藥因父業，受詔成之。

後周書五十卷

唐祕書監華原令狐德棻撰。初，德棻武德中建言近代無正史。詔德棻及諸臣論撰。歷年不能就，罷之。貞觀二年，復詔撰定。議者以魏有收、澹二家書爲已詳，唯五家史當立，德棻與岑文本、崔仁師次周史，李百藥次齊史，姚思廉次梁、陳史，魏徵次隋史，房玄齡總監而修撰之原，自德棻發之。

隋書八十五卷

唐祕書監魏徵、顏師古等撰。其十志，高宗時始成上，總梁、陳、齊、周之事，俗號「五代志」。

唐書二百卷

五代晉宰相涿郡劉昫等撰。

新唐書二百二十五卷　案：曾公亮進新唐書表及文獻通攷、鄭樵通志，所著卷並與此同。惟宋史藝文志作二百五十五卷，於李繪補注者仍作二百二十五卷，其互異所由，不可考。

翰林學士廬陵歐陽修永叔、端明殿學士安陸宋祁子京撰。初，慶曆中詔王堯臣、張方平等刊修，久而未就。至和初，乃命修爲紀、志，祁爲列傳，范鎮、王疇、宋敏求、吕夏卿、劉羲叟同編修，嘉祐五年上之。凡廢傳六十一，增傳三百三十一，志三，表四，故其進書上表曰：「其事則增於前，其文則省於舊。」第賞增秩訓詞，劉敞原父所行，最爲古雅。曰：「古之爲國者，法後王，爲其近於己，制度文物可觀故也。唐有天下且三百年，明君賢臣相與經營扶持之，其盛德顯功、美政善謀固已多矣，而史官非其人，記述失序，使興壞成敗之迹，晦而不章，朕甚恨之。肆擇廷臣筆削舊書，勒成一家，具官歐陽修、宋祁創立統紀，裁成大體，范鎮、王疇、宋敏求等網羅遺逸，厥協異同。凡十有七年，大典乃立，閎富精覈，度越諸子矣。校讎有功，朕將據古鑑今，以立時治，爲朕得法，其勞不可忘也。皆增秩一等，布其書於天下，使學者咸覩焉。」舊例，修書止著官高一人名銜。歐公曰：「宋公於我爲前輩，且於此書用力久且深，何可没也。」遂於紀、傳各著之。宋公感其退遜。今案舊史成於五代文氣卑陋之時，紀次無法，詳略失中，論贊多用儷語，固不足傳世。而新書不出一手，亦未得爲全善。本紀用春秋例，削去詔令，雖太略猶不失簡古，至列傳用字多奇澁，殆類虬户銑谿體，識者病之。歐公嘗卧聽藩鎮傳序曰：「使筆力皆如此，亦未易及也。」然其序全用杜牧罪言，實無宋公一語。然則歐公殆不滿於宋，名銜之著，固惡夫争名，抑亦以自表異耶？温公通鑑多據舊史，而唐庚子西直謂新唐書敢亂道而不好，雖過甚，亦不爲亡謂也。劉元城亦謂事增文省，正新書之失處云。論語記文簡云，進唐書表自言其文減於前，其事多於舊，此正其所爲不逮遷、固者，顧以自衒何哉！論語記夫子與弟子問答，率不過數語，而季氏將伐顓臾，記所詰對甚詳，不如是不足以見體要，各造其極也。今唐史務爲省文，而拾取小説私記，則皆附著無棄，其有官品尊崇而不預治亂，又無善惡可垂鑑戒者悉聚，徒繁無補，殆與古作者不侔。始，唐史置局時，其同僚約日著舊史所無者三事，則固立於不善矣，弊必至於此。然其名臣關國治亂者，如裴度、陸贄、魏徵傳，悉致其詳，則其有補亦不可掩。隨齋批注。

五代史一百五十卷

宰相薛居正子平撰。開寳中盧多遜、扈蒙、張澹、李昉等所修。居正蓋監修官也。

新五代史七十四卷

歐陽修撰。其爲説曰：「昔孔子作春秋，因亂世而立法；余爲本紀，以治法而正亂君。」發論必以「嗚呼」，曰：「此亂世之書也。」諸臣止事一朝，曰某臣傳，其更事歷代者，曰雜傳，尤足以爲世訓。然不爲韓瞠眼立傳，識者有以見作史之難。案韓通之死，太祖猶未踐極也，其當在周臣傳明矣。惟王皥唐餘雜史以入忠義傳云。

三朝國史一百五十卷

景德四年，詔王欽若、陳堯佐、趙安仁、晁迥、楊億等修太祖、太宗正史，王旦監修。祥符九年書成，凡爲紀六、志五十五、列傳五十九、目録一，共一百一十卷。天聖四年，吕夷簡、夏竦、陳堯佐修真宗正史，王曾提舉，八年上之。增紀爲十，志爲六十，傳爲八十。

兩朝國史一百二十卷

熙寧十年，詔修仁宗、英宗正史，宋敏求、蘇頌、王存、黄履等編修，吴充提舉。元豐五年，王珪、李清臣等上之。

四朝國史三百五十卷 案：文獻通攷作二百五十卷。

紹興二十八年置修國史院，修一〔一〕朝正史。三十一年提舉陳康伯奏紀成，乞選日進呈。至乾道二年閏九月，始與太上聖政同上。淳熙五年，同修史李燾言修四朝正史，開院已十七年，乞責以近限。七年十月，修史王希吕奏志成，十二月進呈。至十三年，修史洪邁奏昨得旨限一年内修成列傳，今已成書，十一月與會要同進。蓋首尾三十年，所歷史官，不知其幾矣。

〔一〕今按：宋史卷三十一有：「（紹興二十八年）八月戊子朔，置國史院，修神、哲、徽三朝正史。」據此，「一」應爲「三」。

史記音義二十卷

唐崇賢館學士劉伯莊撰。貞觀初，奉勑講授，采鄒誕生、徐廣及隋柳顧言音義爲此書。案：唐書藝文志有劉伯莊撰史記地名二十卷，又史記音義二十卷。袁凱謂或沿鄒誕生、徐廣舊名而並稱之。誤也。

史記索隱三十卷

唐弘文館學士河内司馬貞撰。採摭異聞，釋文演註。末二卷爲述贊，爲三皇本紀。世號小司馬史記。

附索隱史記一百三十卷

淳熙中廣漢張材介仲刊於桐川郡齋，削去褚少孫所續，而附以司馬貞索隱。其後，江陰耿秉直之復取所削者別刊之。

史記正義三十卷　案：唐宋藝文志俱作三十卷，此本作二十卷。疑誤，今改正。

唐諸王侍讀張守節撰。開元二十四年作序。

三劉漢書標注六卷

侍讀學士清江劉敞原父、中書舍人劉攽貢父、端明殿學士劉奉世仲馮撰。奉世，敞之子也。又本題公非先生刊誤，其實一書。案：宋史藝文志，三劉漢書標注六卷，劉攽漢書刊誤四卷。宋代著漢書刊誤者四家，張泌、余靖、劉攽，其一亡其名氏。劉氏之書，因宋仁宗讀後漢書見墾田皆作「墾」字，於是使侍中傳詔中書刊正之。攽爲學官，遂刊其誤。劉氏書凡四卷，趙希弁讀書附志止云東西漢各一卷，吴仁傑兩漢刊誤補遺，補劉氏之遺也。此書云其實一書，未知何據？公非，貢父自號也。漢書自顔監之後，舉世宗之，未有異其説者，至劉氏兄弟始爲此書，多所辨正發明。

唐書直筆新例四卷

修書官温陵吕夏卿撰。紀、傳、志各一卷，摘舊史繁闕，又爲新例須知附於後，略舉名數如目録之類。

唐書音訓四卷

宣義郎汶上竇苹叔野撰。

唐書糾繆二十卷

朝請大夫知蜀州成都吴縝廷珍撰。其父師孟，顯於熙、豐。序言修書之時，其失有八，而糾摘其繆誤，爲二十門。侍讀胡宗愈言於朝，紹聖元年上之。世傳縝父以不得預修書，故爲此。案：揮麈録，嘉祐中宋景文、歐陽文忠諸公重修唐書時，吴縝初登第，因范景仁而請於文忠，願預官屬之末。文忠以年少輕佻拒之。縝恚甚而去。迨新書成，乃指摘瑕疵，爲糾繆一書。此云世傳其父不能預修，故爲此，未知何據。

五代史纂誤五卷 案：宋史藝文志作三卷。雜録一卷

吴縝撰。宇文時中守吴興，以郡庠有二史板，遂取二書刻之，後皆取入國子監。初，郡人思溪王氏刻藏經有餘板，以刊二史寘郡庠。中興，監書多闕，遂取其板以往，今監本是也。

唐書列傳辨證二十卷

端明殿學士玉山汪應辰聖錫撰。專攻列傳，不及紀、志，以元祐名賢謂列傳記事，毀於鐫削，暗於藻

繪，故隨事辨證之。

西漢決疑五卷

國子司業宛邱王逨致君撰。案：文獻通攷作「王述」。一曰失寔，二曰引古，三曰異言，四曰雜證，五曰注釋。

西漢刊誤補遺十七卷 案：宋史藝文志作十卷。

國子博士吴仁傑斗南撰。補三劉之遺也。

别史類

南史八十卷、北史八十卷〔一〕

唐崇賢館學士鄴李延壽撰。初，延壽父大師多識舊事，常以宋、齊、梁、陳、魏、齊、周、隋天下分隔，南謂北爲「索虜」，北謂南爲「島夷」，詳略訾美失傳〔二〕，思所以改正刊究，未成而没。延壽追終先志，凡八代合二書，爲百八十篇。其書頗有條理，删落釀辭，過本書遠甚。

〔一〕盧校本「八十卷」爲「一百卷」。

〔二〕今案：「傳」字疑誤，文略見北史卷一百序傳，有「亦往往失實」之句，應爲陳振孫所據，則「失傳」當作「失實」。

高氏小史一百三十卷 案：唐書藝文志、文獻通攷俱作一百二十卷。

唐殿中丞高峻撰。本書六十卷，其子迥分爲一百二十。蓋鈔節歷代史也。司馬温公嘗稱其書，使學者觀之。今案國史志凡一百九卷，目録一卷。中興書目一百二十卷，止於文宗。今本多十卷，直至唐末。峻，元和人，則其書當止於德、順之間。迥之所序，但云分六十卷爲百二十，取其便易而已，初未嘗有所增加也。其止於文宗及唐末者，殆皆後人傅益之，非高氏本書。此書舊有杭本，今本用厚紙裝襀夾面，寫多錯誤，俟求杭本校之。

唐餘録史三十卷　案：文獻通攷作六十卷。

直集賢院益都王皞子融撰。寶元二年上。是時惟有薛居正五代舊史，歐陽修書未出。此書有紀，有志，有傳，又博采諸家小説，倣裴松之三國志注，附其下方，蓋五代別史也。其書列韓通於忠義傳，且表出本朝褒贈之典，新舊史皆不及此。館閣書目以入雜傳類，非是。皞，曾之弟，後以元昊反，乞以字爲名，仕至集賢院學士。

古史六十卷

門下侍郎眉山蘇轍子由撰。因馬遷之舊，上觀詩、書，下攷春秋及秦、漢雜録，爲七本紀，十六世家，三十七列傳。蓋漢世古文經未出，戰國諸子各自著書，或增損古事以自信其説，遷一切信之，甚者或采世俗相傳之語，以易古文舊説，故爲此史以正之。然其稱遷淺近而不學，踈略而多信，遷誠有可議者，而以爲不學淺近，則過矣。

東都事略一百五十卷

承議郎知龍州眉山王偁季平撰。其書紀、傳、附録略具體，但無志耳。附録用五代史例也。淳熙中上其書，得直祕閣。其所紀太簡略，未得爲全善。

新唐書略三十五卷

吕祖謙授徒，患新史難閲，摘要抹出，而門人鈔之。蓋節本之有倫理者也。

編年類

漢紀三十卷

漢侍中汝南荀悦仲豫撰。獻帝好典籍，常以班固漢書文繁難省，乃令悦依左氏傳體以爲漢紀，詔尚書給筆劄，辭約事詳，論辨多美。其自序曰：「立典有五志焉，曰達道義，章法式，通古今，著功勳，表賢能。」

後漢紀三十卷

晉東陽太守陽夏袁宏彦伯撰。以後漢書煩穢雜亂，撰集爲此記。

晉春秋略二十卷

唐祕書省正字杜延業撰。自王隱而下諸書及諸僭僞傳記，皆所詳究，而以蕭方等三十國春秋删緝爲此書。館閣書目作「杜光業」。案唐志亦曰「延業」。攷新舊史，他無所見，未詳何時人。

元經薛氏傳十五卷

稱王通撰，薛收傳，阮逸補并注。案河汾王氏諸書，自中説之外，皆唐藝文志所無。其傳出阮逸，或云皆逸僞作也。今攷唐神堯諱淵，其祖景皇，諱虎。故晉書戴淵、石虎，皆以字行。薛收唐人，於傳稱戴若思、石季龍宜也。元經作於隋世，而太興四年亦書曰「若思」，何哉？意逸之心勞日拙，自不能掩耶！此書始得於莆田，纔三卷，止晉成帝。後從石林葉氏得全本，録成之。

唐曆四十卷

唐集賢學士河東柳芳仲敷撰。芳所輯國史，敍天寶後事不倫，及謫黔中，會高力士同貶，因從之質開元、天寶禁中事本末，史已上送，不可追刊，乃用編年法作此書。起隋義寧元年，迄大曆十三年。

續唐曆二十二卷

唐監修國史崔龜從元吉撰。起大曆十三年春，盡元和十五年，以續柳芳之書也。藝文志載韋澳、蔣偕、李荀、張彦遠、崔瑄等撰，實大中時。

大唐統紀四十卷

唐江南西道觀察判官陳嶽撰。用荀、袁體，起武德，盡長慶，爲一百卷。今止武后如意，非全書也。

通曆十五卷

唐泉州別駕扶風馬總會元撰。書本十卷，止於隋代。今書直至五代，增五卷者，後人所續也。晁公武志續通曆十卷，孫光憲撰。太祖朝嘗詔毁其書。

唐年補録六十五卷

後晉起居郎史館修撰獲鹿賈緯撰。以武宗後無實録，故爲此書，終唐末，其實補實録之缺也。雖論次多缺誤，而事迹麤存，亦有補於史氏。

五代通録六十五卷

宰相昭文館大學士大名范質文素撰。亦以實録繁冗，節略而成此書。

帝王照略一卷　案：文獻通攷「照略」作「鏡略」。

唐洺州刺史劉軻撰。僞蜀馮鑑注，并續唐祚以後。唐志及館閣書目有劉軻帝王曆數歌一卷，疑即此書也。

紀年通譜十二卷

丞相宋庠公序撰。自漢文後元有年號之後，以甲子貫之，曰正、曰閏、曰僞、曰賊、曰蠻夷，以正爲主，而附列其左，號統元，爲十卷。其二卷曰類元，因文之同，各以彙别。慶曆中表上之。宣義郎畢仲荀續補一卷，止元符三年。

資治通鑑二百九十四卷、目録三十卷、考異三十卷

丞相温公河内〔一〕司馬光君實撰。初，光嘗約戰國至秦二世，如左氏體爲志八卷以進。英宗悦之，遂命論次歷代君臣事迹，起周威烈，迄乎五代，就祕閣置局。神宗御製序，賜名資治通鑑。及補外，聽以書局自隨。元豐七年書成。上曰：「賢於荀悦漢紀遠矣。」目録倣史記年表，年經國緯，用劉羲叟長曆氣朔，而撮新書精要散於其中。攷異參諸家異同，正其謬誤，而歸於一。總三百五十四卷。

〔一〕今案：張跋云：書録解題有歧出未能畫一者，如資治通鑑下云「丞相河内司馬光撰」，而别集傳家集下，又以爲涑水人。考東都事略作陝州夏縣人，嘗以涑水在夏縣，而河内則其祖籍，不足據也。

通鑑舉要曆八十卷

司馬光撰。通鑑既成，尚患本書浩大難領略，而目録無首尾，晚著是書，以絶二累。其藁在晁説之以道家。紹興初，謝克家任伯得而上之。

累代歷年二卷

司馬光撰。即所謂歷年圖也。治平初所進，自威烈王至顯德，本爲圖五卷，歷代皆有論。今本陳輝晦叔刻於章貢，爲方策以便觀覽，而自漢高帝始。

百官公卿表十五卷

司馬光撰。其序曰：「朝廷所以鼓舞羣倫，緝熙庶績者，曰官、曰差遣、曰職而已。所謂『官』者，乃古

之爵也；所謂『差遣』者，古之官也；所謂『職』者，古之加官也。自建隆以來，文官知雜御史以上，武官閤門使以上，内臣押班以上，遷轉黜免存其實，以先後相次爲表。」本入職官類，以稽古録序所謂「建隆接乎熙寧，臣又著之於百官表」，即謂此書，蓋與通鑑相爲表裏，故著之於此。案晁氏讀書志有一百四十二卷，未詳。

稽古録二十卷

司馬光撰。其表云：「由三晉開國，迄於顯德之末造，臣既具之於歷年圖；自六合爲宋，接於熙寧之元，臣又著之於百官表，乃〔一〕威烈丁丑而上，伏羲書契以來，悉從論纂，皆有依憑。」蓋元祐初所上也。此書始刻於越，其後再刻於潭。越本歷年圖諸論聚見第十六卷，蓋因圖之舊也；潭本諸論各繫於國亡之時，故第十六卷惟存總論。

〔一〕盧校本「乃」下有「若」字。

通鑑釋文二十卷　案：宋史藝文志作六卷。

司諫司馬康公休撰。温公之子也。

通鑑釋文三十卷

左宣義郎眉山史炤見可撰。馮時行爲之序。今攷之公休之書，大略同而加詳焉。蓋因其舊而附益之者也。

通鑑前例一卷、修書帖一卷、三十六條四圖共一卷

司馬光記集修書凡例，諸帖則與書局官屬劉恕、范祖禹往來書簡也。其曾孫侍郎伋季思裒爲一編，又以前例分爲三十六條，而攷其離合，稽其授受，推其甲子，括其卷帙，列爲四圖。

通鑑問疑一卷

高安劉羲仲壯輿纂集。其父道原與温公往復相難者，亦附修書帖後。

通鑑外紀十卷、目録三卷

祕書丞高安劉恕道原撰。司馬公修歷代君臣事迹，辟恕爲屬。嘗謂史記不及庖犧、神農，今歷代書不及威烈之前，欲爲前紀，而本朝爲後紀，將俟書成請於公。會道原病廢，絶意後紀，迺改前紀爲外紀云。通鑑書成，恕已亡，范淳父奏恕於此書用力最多，援黄鑑、梅堯臣例官其子，且以書賜其家。道原父涣凝之，家廬山。歐陽公所爲賦廬山高也。

疑年譜一卷、年略譜一卷、雜年號附

劉恕撰。謂春秋起周平、魯隱，史記本紀自軒轅，列傳首伯夷，年表起共和。共和至魯隱，其間七十一年，即與春秋相接矣。先儒敍庖犧、女媧，下逮三代，享國之歲，衆説不同，懼後人以疑事爲信書，穿鑿滋甚，故周厲王以前三千五百一十九年爲疑年譜，而共和以下至元祐壬申一千九百一十八年爲年略譜，大略不取正閏之説，而從實紀之。四夷及寇賊僭紀名號，附之於末。

唐史論斷三卷

天章閣待制陽翟孫甫之翰撰。甫以唐書煩冗遺略，多失體法，乃修爲唐史，用編年體。自康定元年逮嘉祐元年，成七十五卷，爲論九十二首。甫没，朝廷取其書留禁中，其從子察録以遺温公，而世亦罕見。聞蜀有刻本，偶未得之，今惟諸論存焉。

編年通載十五卷

集賢院學士建安章衡子平撰。編歷代帝系年號，始自唐、虞，迄於聖宋治平四年，總三千四百年。熙寧七年上之。其族父楶質夫爲之序。衡，嘉祐二年進士首選也。

唐鑑十二卷　案：文獻通攷作二十卷。

翰林學士成都范祖禹淳父撰。祖禹與修通鑑，分主唐史。元祐初上此書，攷其治亂興廢之由，爲三百六篇。

紹運圖一卷

諸葛深通甫撰。元祐中人，未詳爵里。其書頗行於世俗。

歷代帝王年運詮要十卷

左朝請大夫朱繪撰。紹興五年序，未詳何所人。

歷代紀年十卷

濟北晁公邁伯咎撰。詠之之子也，嘗爲提舉常平使者。其自爲序，當紹興七年。

讀史管見三十卷

禮部侍郎胡寅明仲撰。以通鑑事備而義少，故爲此書。議論宏偉嚴正，間有感於時事。其於熙、豐以來接於紹興權姦之禍，尤拳拳寓意焉。晦翁綱目亦多取之。案：朱子謂讀史管見乃致堂謫嶺表所作，當時無一册文子隨行，只是記憶，而議論儘有好處。與此所云宏偉嚴正，有感時事，大指相同。要之，其書不外通鑑立義。文獻通攷及宋史藝文志視解題分類較多，故不入編年，而入史評、史鈔。

皇王大紀八十卷

胡宏〔一〕撰。述三王、五帝至周赧王。前二卷自盤古至帝嚳，年不可攷信，姑載其事而已。自堯以後，用皇極經世曆，起甲辰，始著年紀。博采經傳，時有論說，自成一家之言。然或取莊周寓言以爲實，及敍邃〔二〕古之初，終於無徵不信云爾。案：趙希弁讀書附志云，五峰先生所述皇帝王霸之事，自堯以上六閼逢無紀，堯之初載迄于赧王乙巳，二千有三十年，貫通經典，采摭史傳，又因事而爲之論，所以述去取之原，釋疑似之惑者至矣。朱彝尊作皇王大紀跋謂譙周、蘇轍撰古史，胡衛撰通史緣起，羅泌撰路史，不盡出于雅馴，惟此書擇之精，而語之詳云。

〔一〕盧校本「撰」上有「仁仲」二字。

〔二〕盧校本「邃」爲「遂」。

經世紀年二卷

侍講廣漢張栻敬夫撰。用皇極經世譜編，有所發明則著之。其言邵氏以數推知去外丙、仲壬之年，乃合於尚書成湯既没太甲元年之説。今案孔氏正義正謂劉歆、班固不見古文，謬從史記，而章衡通載乃云以紀年推之外丙、仲壬合於歲次，尚書殘缺，而正義之説誤。蓋三代而上，帝王歷年遠而難攷類如此，劉道原所謂疑年者也。然孟子亦有明文，不得云史記謬。

通鑑論篤三卷

侍講廣漢張栻敬夫撰。取通鑑中言論之精確者，表而出之。多或全篇，少至一二語，去取甚嚴，可以見前輩讀書眼目之高。

通鑑紀事本末四十二卷

工部侍郎袁樞機仲撰。樞自太學官分教嚴陵爲此書。楊誠齋爲之序。

通鑑綱目五十九卷

侍講新安朱熹元晦撰。始，司馬公通鑑有目録舉要。其後，胡給事安國康侯又修爲舉要補遺。朱晦翁因别爲義例，表歲以首年，因年以著統，大書以提要，而分注以備言，自爲之序，乾道壬辰也。大書者爲綱，分注者爲目，綱如經，目如傳。此書嘗刻於温陵，别其綱謂之提要，今板在監中。廬陵所刊則綱目並列，不復别也。

國紀五十八卷

吏部侍郎睢陽徐度敦立撰。度，丞相處仁擇之之子也。其書詳略頗得中，而不大行於世。鄞學有魏邸舊書傳得之。

續通鑑長編一百六十八卷

禮部侍郎眉山李燾仁父撰。長編云者，司馬公之爲通鑑也，先命其屬爲叢目，既成，乃修長編，然後刪之以爲成書。唐長編六百卷，今通鑑惟八十卷爾。燾所上表自言未可謂之通鑑，止可謂之長編，故其書雖繁蕪而不嫌也。其卷數雖如此，而册數至餘三百。蓋逐卷又自分子卷或至十餘。

續通鑑長編舉要六十八卷

李燾撰。大略皆温公舊規也。

九朝通略一百六十八卷

起居郎建安熊克子復撰。

中興小曆四十一卷

熊克撰。克之爲書，往往疏略多牴牾，不稱良史。

中興遺史六十卷

從義郎趙甡之撰。慶元中上進。其書大抵記軍中事爲詳，而朝政則甚略，意必當時遊士往來邊陲、出入幕府者之所爲。及觀其記張浚攻濠州一段，自稱姓名曰開府張鑑。然則此書鑑爲之，而甡之竊以爲己有也。或曰鑑即甡之婦翁，未知信否？

丁未録二百卷

左修職郎昭武李丙撰。自治平丁未王安石初召用，迄於靖康童貫之誅，故以「丁未」名之。每事皆全載制詔章疏甚詳。原註：靖康亦丁未也。

思陵大事記三十六卷、阜陵大事記二卷

李燾撰。

建炎以來繫年要録二百卷

工部侍郎陵陽李心傳微之撰。蓋與李巽巖長編相續，亦嘗自隆興後相繼爲之。會蜀亂散失，不可復得。

大事記十二卷、解題十二卷、通釋一卷　案：宋史藝文志作二十七卷。

著作郎東萊吕祖謙伯恭撰。自敬王三十九年以下，采左氏傳、歷代史、皇極經世、通鑑、稽古録輯而廣之。雖上接獲麟，而書法則視太史公所録，不盡用策書凡例。解題者略具本末，或附以己意，多所發明。通釋者，經典綱要，孔、孟格言，以及歷代名儒大議論。初，意欲起春秋，接於五代，僅及漢武征和三年而止。東萊年方强仕而得末疾，平生論著大抵經始而未及成，如讀詩記、書説是已。是書之作，當淳熙七年，又二年而没。使天假之年，所傳於世者，寧止是哉！

建隆編一卷

陳傅良撰。蓋長編太祖一朝節略也。隨事攷訂，併及累朝始末。慶元初，在經筵所上。

讀書譜一卷

陳傅良撰。自伏羲迄春秋終，以易、書、詩、春秋諸經攷世代而附著之。共和而下始有年數。

紀年統紀論一卷

永嘉朱黼文昭撰。黼從陳止齋學，嘗著記年備遺，起陶唐，終顯德爲百卷。蓋亦本通鑑、稽古録，而擷其中論正統者爲統紀論。是編葉水心序之。

皇朝編年舉要三十卷、備要二十卷、案：文獻通攷備要亦作三十卷。中興編年舉要十四卷、備要十四卷

太學生莆田陳均平甫撰。均，丞相俊卿之從孫。端平初，有言於朝者，下福州取其書，由是得初品官。大抵依倣朱氏通鑑綱目。舉要者綱也，備要者目也。然去取無法，詳略失中，未爲善書。

續百官公卿表十卷、質疑十卷

兵部尚書永嘉蔡幼學行之撰。續温公舊書，起熙寧，至靖康。質疑者，攷異也。

續稽古録一卷

祕書丞歷陽龔頤正養正撰。以續司馬光前録，而序述繁釀。其記紹熙甲寅事，歸功於韓侂胄。頤正

本名敦頤，避崇陵諱改焉。嘗撰元祐黨籍譜傳得官。韓氏用事時，賜出身入館，非端士也。此書正以右韓也。

歷代帝王纂要譜括二卷

餘姚孫應符仲潛撰。蓋紹運圖之詳者也。

起居注類

唐志起居注類，實録、詔令皆附焉。今惟存穆天子傳及唐創業起居注二種，餘皆不存。故用中興館閣書目例，與實録共爲一類，而別出詔令。

穆天子傳六卷

晋武帝時汲冢所得書，其體制與起居注正同，郭璞爲之注。起居注者，案：原本脱此四字，今據文獻通攷補入。自漢明德馬皇后始，漢、魏以來因之。

唐創業起居注五卷 案：唐書藝文志作三卷。

唐工部尚書晋陽温大雅彦弘撰。所載自起義至受禪凡三百五十七日。其述神堯不受九錫，反復之語甚詳。愚嘗書其後曰「新史」。稱除隋之亂比迹湯武，湯武未易比也，唐之受命正與漢高帝等爾。其不受九錫，足以掃除魏、晋以來欺天罔人之態，而猶不免曰受隋禪者，乃以尊立代王之故，曾不若以子嬰屬吏之爲明白洞達也。

唐高祖實録二十卷

唐給事河東敬播撰。案志稱房玄齡監修，許敬宗删改。今本首題監修國史許敬宗奉勅定，而第十一卷題司空房玄齡奉勅撰，不詳其故。

唐太宗實録四十卷

案藝文志有今上實録二十卷，敬播等撰，房玄齡監修。又有長孫無忌太宗實録四十卷。今本惟題中書令許敬宗奉勅撰。蓋敬宗當高宗時用事，以私意竄改國史。中興書目言之詳矣。但今本既云許敬宗撰，而以爲恐止是玄齡、無忌所進，則不可攷也。

唐高宗後修實録十九卷

唐左散騎常侍彭城劉知幾子玄、恒王傅汴州吴兢撰。案志，令狐德棻撰，止乾封。知幾續成之。故號「後修」。書本三十卷，今闕十一卷。

唐則天實録二十卷

吴兢撰。案志，魏元忠等撰，劉知幾、吴兢删正。今惟題兢撰。武氏罪大惡極，固不應復入唐廟，而題主猶有「聖帝」之稱，至開元中，禮官有言，乃去之。武氏不應有實録，猶正史之不應有本紀。皆沿襲史、漢吕后例。惟沈既濟之論爲正，而范氏唐鑑用之。唐鑑中宗嗣聖元年書至二十一年（案神龍元年），黜武后光宅至長安並不用。

唐中宗實録二十卷

吴兢撰。

唐睿宗實録十卷

劉知幾撰。志有二録，五卷者爲吴兢。今此十卷，當是知幾也。館閣書目亦別有五卷者。

唐玄宗實録一百卷

題元載撰。蓋左拾遺令狐峘所爲，而載以宰相監修也。史稱事多漏略，拙於取棄，不稱良史。峘，德棻五世孫也。

唐肅宗實録三十卷 案：文獻通攷作二十卷。

亦元載監修，不見史官姓名。

唐代宗實録四十卷

令狐峘撰。尤爲漏略，不立房琯傳，不載顔真卿事跡。

唐建中實録十卷

唐史館修撰吴郡沈既濟撰。其書止於建中二年十月，既濟罷史官之日。

唐德宗實録五十卷

稱裴垍撰。亦監修宰相也。案志，蔣乂、樊紳、林寶、韋處厚、獨孤郁撰。垍，字弘中，河東人。

唐順宗實録五卷

唐史館修撰韓愈撰。見愈外集。案志稱韓愈、沈傳師、宇文籍撰，李吉父監修。新史謂議者鬨然不息，卒竄定無完篇，以閹官惡其書禁中事切直故也。

唐憲宗實録四十卷

題路隋撰。隋自長慶中與韋處厚同修撰，歷年久而未成，至文宗太和中，隋爲監修，迺上之。案志稱沈傳師、鄭澣、宇文籍、蔣繫、李漢、陳夷行、蘇景胤案：唐書藝文志注作「蘇景允」。撰，蓋前後史官也。又稱杜元穎、韋處厚、路隋監修，亦前後宰相也。

唐穆宗實録二十卷

亦路隋監修，史官則蘇景胤、王彦威、楊漢公、蘇滌、裴休也。

唐敬宗實録十卷

監修李讓夷，史官陳商、鄭亞。

唐文宗實録四十卷

監修魏謩，史官盧耽、蔣偕、王渢、盧告、牛叢也。

唐武宗實録三十卷

監修韋保衡。案：原本脱此句，今據唐書藝文志校補。

宣宗實録三十卷

懿宗實録二十五卷

僖宗實録三十卷

昭宗實録三十卷

哀帝實録八卷

案：唐志惟有武宗實録三十卷，其後皆未嘗修纂。更五代，武録亦不存，邯鄲書目惟存一卷而已。五録者，龍圖閣直學士常山宋敏求次道追述爲書。案兩朝史志初爲一百卷，其後增益爲一百四十八卷。今案懿録三十五卷，止有二十五卷，而始終皆備，非闕也。實一百四十三卷〔一〕。館閣書目又言闕第九一卷，今本亦不闕云。

〔一〕盧校本「一百四十三卷」爲「一百二十三卷」。

後唐莊宗實録三十卷

監修趙鳳，史官張昭遠撰。天成四年上。

後唐明宗實録三十卷

監修姚顗，史官張昭遠等撰。清泰三年上。

後唐廢帝實録十七卷

張昭、案：東都事略本傳舊名「昭遠」，避漢祖諱，止稱「昭」。尹拙、劉温叟撰。案昭本傳撰梁均王、郢王、後唐愍帝、廢帝、漢隱帝實録，惟梁二王年祀浸遠，事皆遺失，遂不修。餘三帝實録皆藏史閣，周世宗時也。蓋昭本撰周祖實録，以其歷試之迹，多在漢隱帝時，故請先修隱録，因併及前代云。

晉高祖實録三十卷

晉少帝實録二十卷

監修竇正固，史官賈緯、王伸、竇儼等撰。周廣順元年上。正固字體仁，同州人。相漢至周，罷歸洛陽，國初卒。

漢高祖實録十七卷

監修蘇逢吉，史官賈緯等撰。乾祐二年上。書本十二卷，今缺末三卷。中興書目作十卷。

漢隱帝實録十五卷

張昭等撰。事已見前。

周太祖實録三十卷

張昭等撰。顯德五年上。昭即昭遠，字潛夫，濮上人。避漢祖諱，止稱昭。逮事本朝，爲吏部尚書。開寶四年卒。案：宋史本傳開寶五年卒。

周世宗實録四十卷

監修官晉陽王溥齊物，修撰范陽扈蒙日用撰。

太祖實録五十卷

監修國史肥鄉李沆太初，史官集賢院學士河南錢若水淡成等重修。初，淳化中，命李至、張洎等修太祖史未成，及咸平元年，太祖實録成書，以太祖朝事多漏略，故再命若水修撰。二年書成，上之。卷首有沆進書表，敍前録之失及新書刊修條目甚詳。同修者直館饒陽李宗諤昌武、東平梁顥太素、直集賢院河南趙安仁樂道。李燾云，世傳太祖自陳橋推戴馬上，約束諸將本太祖聖意，前録無太宗叩馬之語，乃後録所增也。前録既不傳，今不可攷矣。李燾長編且載，而云舊録所無，今從新録。然則燾亦嘗見舊録也耶？近聞士大夫家亦多有之，求之未獲也。

太宗實録八十卷

錢若水等以至道三年十一月受命，咸平元年八月上之。九月而畢，人難其速。同修撰者給事中濟陰柴成務寶臣、祕閣校理丹陽吴淑正儀、直集賢院建安楊億大年。案億傳，書凡八十篇，而億獨草五十六卷。

真宗實録一百五十卷

學士承旨肥鄉李維仲方、學士臨川晏殊同叔撰。乾興元年受詔，天聖二年，監修新喻王欽若定國上之。同修者侍講博平孫奭宗古、知制誥趙郡宋綬公垂、度支副使閬中陳堯佐舜元、校理真定王舉正伯中、校勘河南李淑獻臣。

仁宗實録二百卷

學士華陽王珪禹玉、范鎮景仁、知制誥常山宋敏求次道撰。嘉祐八年奉詔，歷治平至熙寧二年七月書成。宰臣韓琦提舉。

英宗實録三十卷

學士壽春吕公著晦叔、長社韓維持國、知制誥浦城吴充沖卿撰。熙寧元年正月奉詔，二年七月宰臣提舉曾公亮上之。

英宗實録，熙寧元年曾宣靖提舉，王荆公時已入翰林，請自爲之，兼實録修撰，不置官屬。成書三十卷，出於一手。東坡先生嘗語劉壯輿羲仲云，此書詞簡而事備，文古而意明，爲國朝諸史之冠。揮麈第三録。晁氏讀書志云，熙寧元年正月，詔曾公亮提舉，吕公著、韓維修撰，孫覺、曾鞏檢討，三月，又以錢藻檢討，四月，又以王安石、吴充爲修撰。二年七月，書成上之。隨齋批注。

神宗實録朱墨本二百卷 案：宋史藝文志作三百卷。

元祐中，兵部侍郎青社趙彦若元攷、著作郎成都范祖禹淳甫、豫章黄庭堅魯直撰。紹聖中，中書舍人莆田蔡卞元度、長樂林希子中等重修。其朱書繫新修，黄字繫删去，墨字繫舊文，其增改删易處則又有籤貼，前史官由是得罪。卞，王安石之壻，大抵以安石日録爲主。陳瓘所謂尊私史而壓宗廟者也。

神宗實録考異二百卷

監修解梁趙鼎元鎮、史官成都范沖元長等撰。建炎初，有詔重修，紹興六年，先進呈五十卷，六年正月書成。攷異者，備朱、墨、黄三書，而明著其去取之意也。闕百六十一至百七十一卷。初，蔡卞既改舊録，每一卷成，納之禁中，蓋將盡泯其迹，而使新録獨行。謂朱墨本者，世不可得而見也。及梁師成用事，自謂蘇氏遺體，頗招延元祐諸家子孫，若范温、秦湛之流。師成在禁中見其書，爲諸人道之。諸人幸其書之出，因曰此不可不録也。師成如其言。及敗，没入。有得其書者，攜以渡江，遂傳於世。嗚呼，此可謂非天乎！

哲宗實録一百五十卷

監修趙鼎、史官范沖等重修。紹興四年三月，思陵嘗謂宰臣朱勝非等曰：「神宗、哲宗史録，事多失實，當別修定。范祖禹之子沖已有詔命〔一〕，可趣來令兼史職。」沖至，以宗正少卿兼直史館。辭，不許。上謂勝非等曰：「此事朕何敢私？頃歲昭慈誕辰，宮中置酒，從容語及前朝事，曰吾逮事宣仁，求之古今，母后之賢，未見其比，姦臣私憤誣謗，雖嘗下詔辨明，而史録未經删改，豈足貽信後世？吾意在天之靈，不無望也。朕每念及此，惕然于懷，欲降一語〔二〕，具載昭慈遺旨，庶使中外知朕修史之本意。」於是以聖語繫之哲録之末。

〔一〕盧校本「詔命」爲「召命」。

〔二〕盧校本「語」爲「詔」。

徽宗實録一百五十卷

監修宰相湯思退等上。自紹興七年詔修，十一年先成六十卷，至二十八年書成。修撰官歷年既久，前後非一人。至乾道五年，祕書少監李燾請重修。淳熙四年成二百卷，攷異百五十卷，目録二十五卷。今百五十卷者，前本也。

欽宗實録四十卷

乾道四年修撰洪邁等進。

高宗實録五百卷

慶元三年，修撰濟源傅伯壽景仁撰。初進二百八十卷，止紹興十六年。嘉泰二年，修撰建安袁説友起巖等又進二百二十卷，止三十二年。

孝宗實録五百卷

嘉泰二年，修撰傅伯壽等撰進。中興以來，兩朝五十餘載事迹，置院既久，不以時成，涉筆之臣，乍遷忽徙，不可殫紀。及有詔趣進，則匆遽鈔録，甚者一委吏手，卷帙猥多，而紀載無法，疎略牴牾，不復可稽據。故二録比之前世，最爲缺典，觀者爲之太息。

直齋書録解題卷五

詔令類

西漢詔令十二卷

吴郡林虙德祖編。采括志傳，參之本紀，以示信安程俱致道。俱以世次先後各爲一卷，差比歲月，纂而成書，且爲之序。虙嘗試中詞學，爲開封府掾，尹以佞幸進，有所不樂，引疾納禄去，遂終於家。

東漢詔令十一卷

宗正寺主簿鄞樓昉暘叔編。大抵用林氏舊體，自爲之序。帝王之制具在百篇，後世不可及矣。兩漢猶爲近古，愚未冠時，無書可觀，雖二史亦從人借。嘗於班書志、傳録出諸詔，與紀中相附，以便覽閲。既仕於越，乃得見林氏書，而樓氏書近出，其爲好古博雅，斯以勤矣。惟平、獻二朝，莽、操用事，如錫莽及廢伏后之類，皆當削去，莽時尤多也。

本朝大詔令二百四十卷

寶謨閣直學士，案：原本誤作「實録閣」，今據文獻通攷改正。豫章李大異伯珍刻於建寧，云紹興間宋宣獻家子孫所編纂也，而不著其名。始自國初，迄於宣、政，分門別類，凡目至爲詳也。

玉堂制草十卷

參政鉅野李邴漢老編。承平以前制誥。

中興玉堂制草六十四卷

同知樞密鄱陽洪遵景嚴編。起建炎，迄紹興末。

中興續玉堂制草三十卷

丞相益文忠公東里周必大子充爲學士院時編進。始嘗進言，加上德壽尊號，不以表而以議，且稱「嗣皇帝」爲非是，遂革之。今書以尊號表爲卷首，而增附館職策問於後。起隆興，迄淳熙改元。自後未有續者。

綸言集三十一卷

宇文粹中、虚中兄弟所編集。

中興綸言集二十八卷

左司郎中莆田鄭寅子敬編。寅，知樞密院僑之子，靖重博洽，藏書數萬卷，於本朝典故尤熟。

僞史類

淝上英雄小録二卷

信都鎬撰。案：鄭樵通志作「僞吴信都鎬撰」。所録楊行密將吏有勳名者四十人，其二十四人皆淝上〔一〕，餘諸道人，又有僧、道、漁、樵之屬十人，録其小事，故名「小録」。

〔一〕盧校本「上」爲「人」。

江淮異人録二卷

吴淑撰。所紀道流、俠客、術士之類，凡二十五人。

南唐烈祖開基誌十卷

南唐滁州刺史王顔撰。起天祐乙丑，止昇元癸卯，合三十九年。

南唐烈祖實録十三卷

南唐史館修撰高遠撰。闕第八、第十二卷。遠又嘗爲吴録二十卷。而徐鉉、鄭文寶皆云，開寶中，遠始緝昇元以來事，書未成而疾，悉焚其草，故事多遺落。

江南録十卷

給事中廣陵徐鉉鼎臣、光禄卿池陽湯悦德川撰。二人皆唐舊臣，故太宗命之撰次。悦即殷崇義，避宣祖諱及太宗舊名，并姓改焉。

南唐近事二卷

工部郎江南鄭文寶撰。序云三世四十年，起天福己酉〔一〕，終開寶乙亥。案：宋太祖在位十七年，首庚申，盡丙子，乙亥乃開寶八年，原本作「己亥」，誤。今改正。然泛記雜事，實小説傳記之類耳。

〔一〕盧校本「己酉」爲「丁酉」。

江表志三卷

鄭文寶撰。序言徐鉉、湯悦所録，事多遺落，無年可編。然前録固爲簡略，而猶以年月紀事，今此書亦止雜記，如事實之類爾。近事稱太平興國二年丁丑，今稱庚戌者，大中祥符三年也。

南唐書三十卷

陽羨馬令撰。序言其祖太博元康世家金陵，多知南唐故事，未及撰次，今纂先志而成之，實崇寧乙酉。其書略備紀傳體，而亦言徐鉉、湯悦之疎略云。

江南餘載二卷

不著姓名。序言徐鉉始奉詔爲江南録，其後王舉、路振、陳彭年、楊億皆有書。大概六家皆不足以史稱，而龍袞爲尤甚。熙寧八年，得鄭君所述於楚州，其事迹有六家所遺或小異者，删落是正，取百九十五段，以類相從。鄭君者，莫知何人，豈即文寶也耶？

新修南唐書十五卷

寶謨閣待制山陰陸游務觀撰。采獲諸書，頗有史法。

前蜀紀事二卷

後蜀學士毛文錫平珪撰。起廣明庚子，盡天福〔一〕甲子，凡二十五年。文錫，唐太僕卿龜範之子，十四登進士第，入蜀，仕建至判樞密院，隨衍入洛而卒。

〔一〕盧校本「天福」爲「天祐」。

後蜀紀事二卷

直史館太常博士董淳撰。惟記孟昶事。

蜀檮杌十卷

殿中侍御史裏行新建張唐英次功撰。唐英自號黄松子，商英天覺之兄也。

吴越備史九卷

吴越掌書記范坰、巡官林禹撰。按中興書目，其初十二卷，盡開寶三年，後又增三卷，至雍熙四年。今書止石晋開運，比初本尚闕三卷。

吴越備史遺事五卷

全州觀察使錢儼撰。俶之弟也。其序言備史亦其所作，託名林、范，而遺名墜迹，殊聞異見，闕漏未盡者，復爲是編。時皇宋平南海之二年吴興西齋序。蓋開寳五年也。儼以三年代其兄偡刺湖州。

閩中實録十卷

周顯德中，揚州永貞縣令蔣文惲記王審知父子及將吏、儒士、僧道事迹，末亦略及山川土物。

閩王列傳一卷

祕書監晋江陳致雍撰。二世七主，通六十年。

閩王事迹一卷

不知何人作。卷末稱光啓二年至天聖九〔一〕年，一百三十八年。其所記頗詳。案：閩亡於五代之末，其世紀不得至天聖九年，疑有誤。

〔一〕盧校本「九」爲「元」。

三楚新録三卷

知貴州修仁縣周羽沖撰。上卷爲湖南馬殷，中卷爲武陵周行逢，下卷爲荆南高季興。

湖南故事十卷

不知作者。記馬氏至周行逢事。館閣書目作十三卷，蓋爲列傳十三篇，其實十卷也。文辭鄙甚。

五國故事二卷

不知作者。記吴、蜀、閩、漢諸國事。

九國志五十一卷

右正言知制誥祁陽路振子發撰。九國者，謂吴、唐、二蜀、東南二漢、閩、楚、吴越，各爲世家、列傳，凡四十九卷。末二卷爲北楚，書高季興事，張唐英所補撰也。

十國紀年四十卷

劉恕撰。十國者，即前九國之外，益以荆南，張唐英所謂北楚也。

天下大定録一卷

殿中丞通判桂州王皞撰。景祐間人。始高季興，終劉繼元。其所記疎略，獨江南稍詳。書本十卷，今但爲一卷，恐非全書也。

陰山雜録十六卷

不著名氏。莆田鄭氏書目云趙志忠撰。志忠者，遼中書舍人，得罪於宗真，挺身來歸。歐公歸田録云，志忠本華人，自幼陷虜，爲人明敏，在虜中舉進士至顯官，歸國，能述虜中君臣世次、山川風物甚詳。今觀此書，可概見矣。

燕北雜録五卷、西征寨地圖附

思卿武珪記。嘉祐六年，宫苑使知雄州趙案：此處原本闕一字。進於朝。珪〔一〕自契丹逃歸，事見國史傳。

〔一〕今案：文獻通攷「珪」下有「亦」字。

契丹録一卷

即陰山雜録之首卷也。

匈奴須知一卷

歸明人田緯編次。録契丹地理官制。

辨鴂録一卷

不著名氏。契丹譯語也。凡八篇。

虜廷須知一卷

左藏庫副使知安肅軍陳昉撰。熙寧元年，集賢校理鄭穆爲之序，凡二十一條目。案：文獻通攷作「胡穆爲之序」。

西夏須知一卷

内殿承制鄜延都監劉温潤撰。凡十五條目。

金人亡遼録二卷

燕山史愿撰。或稱遼國遺事。

松漠記聞二卷

徽猷閣直學士鄱陽洪皓光弼撰。皓奉使留敵中録所聞雜事。

征蒙記一卷

金人明威將軍登州刺史李大諒撰。建炎鉅寇之子，隨其父成降金者也。所記家〔一〕人跳梁，自其全盛時，已不能制矣。

〔一〕盧校本「家」爲「蒙」。

金國志二卷

承奉郎張棣撰。淳熙中歸明人，記金國事頗詳。

金國志一卷

不著名氏。似節略張棣書。其末又雜録金國事宜，及海陵以後事。

金國節要三卷

右從事郎兖人張匯東卿撰。宣和中隨父官保州，陷金十五年，至紹興十年歸朝。

僞楚録二卷

不著名氏。

僞齊録二卷

不著名氏。

金人南遷録一卷

稱僞著作郎張師顔撰。頃初見此書，疑非北人語，其間有曉然傅會者，或曰華岳所爲也。近扣之汴人張總管翼，則云歲月皆牴牾不合，益證其妄。

雜史類

越絶書十六卷

無撰人名氏，相傳以爲子貢者，非也。其書雜記吴、越事，下及秦、漢，直至建武二十八年。蓋戰國後人所爲，而漢人又附益之耳。越絶之義曰：「聖人發一隅，辯士宣其辭；聖文越於彼，辯士絶於此。」故題曰「越絶」。雖則云然，而終未可曉也。

越者，國之氏也；絶者，絶也，謂勾踐時也；絶者，絶也，絶惡反之於善。越專其功，故曰「越絶」，並見本書。文簡批編尾云：越絶書譌不可讀，如樂架之有啞鍾。漁父辭劍事，見於此書。

隨齋批注。

戰國策三十卷

司馬遷史記所本，劉向所校者也。但無撰人名氏。後漢高誘注。自東周至中山十二國，凡三十三篇。

鮑氏校定戰國策十卷

尚書郎括蒼鮑彪注。以西周正統所在，易爲卷首。其注凡四易藁乃定。

九州春秋九卷

晉司馬彪紹統撰。漢末州部之亂，司、冀、徐、兖、青、荆、揚、梁、幽，凡盜賊僭叛皆紀之。

華陽國志二十卷〔一〕案：唐書藝文志華陽國志作十三卷。

晉散騎常侍蜀郡常璩道將撰。志巴、蜀地理、風俗、人物及公孫述、劉焉、劉璋、先後主以及李特等事迹。末卷爲序志，云肇自開闢，終乎永和三年。原註：劉璋乃焉之子。

〔一〕盧校本「二十卷」爲「十二卷」。

後魏國典三十卷

唐太常少卿元行沖撰。行沖以系出拓跋，乃撰魏典三十篇，文約事詳，學者尚之。此本從莆田劉氏借録，卷帙多寡不同，歲月首尾不具，殆類鈔節，似非全書。

大業雜記十卷

唐著作郎杜寶撰。紀煬帝一代事。序言貞觀修史未盡實録，故爲此書，以彌縫闕漏。

建康實録二十卷

唐許嵩撰。載吴、晉、宋、齊、梁、陳六朝都建康者，編年附傳，大略用實録體。

行在河洛記十卷

唐宰相尉氏劉仁軌正則撰。記李密、王世充事。末二卷記隋都城、宮殿、池苑。按唐志作行年記二十卷。

河洛春秋二卷

唐洋州司功包諝撰。記安史之亂。

明皇雜録一卷

唐校書郎鄭處誨撰。雜記明皇時事。大中九年序。處誨，太和八年進士也。

開天傳信記一卷

唐吏部員外郎鄭棨撰。雜記開元、天寶時事。

安禄山事迹三卷

唐華陰尉姚汝龍撰。案：唐書藝文志作「姚汝能」。

開元昇平源一卷

唐史官吴兢撰。敍姚崇十事。

廬陵王傳一卷

唐彭王傅會稽徐浩季海撰。敍狄仁傑五王事。

奉天録四卷

唐趙元一撰。起建中四年涇原叛命，終興元元年克復神都。

燕南記三卷

唐恒州司户魏郡谷況撰。專記成德一鎮事。自建中二年至太和七年，起張孝忠，案：唐書建中二年九月李納陷宋州，李惟岳將張孝忠以易、定二州降。原本作「張志忠」，誤。今改正。終王承元。古語有「燕南垂，趙北際」，今以其在燕之南，故名。然河北諸鎮連叛事迹，大略具矣。

建中河朔記六卷

唐李公佐撰。序言與從弟正封讀國史至建中、貞元之際，序述河朔故事，未甚詳備，以舊聞於老僧智融及谷況燕南記所説略同，參錯會要，以補史闕。

邠志三卷案：唐書藝文志作二卷。

唐殿中侍御史凌準宗一撰。邠軍即朔方軍也。此本從盱江[一]晁氏借録，其末題曰：「文忠修唐史，求此書不獲，今得於忠憲范公之孫伯高。其中尚多誤，當訪求正之。紹興乙丑晁公鄴。」

〔一〕盧校本「盱江」爲「盱江」。

涼國公平蔡録一卷

唐山南東道掌書記鄭澥蘊士撰。涼國公者，李愬也。

國史補三卷

唐學士李肇撰。

大唐新語十三卷

唐江都縣主簿劉肅撰。自武德迄大曆，分類編纂，凡三十類。元和丁亥歲序。

太和野史三卷

不著名氏。但稱大中戊辰陳郡袁濤序。自鄭注而下十七人，本共爲一軸，濤分之爲三卷。

太和摧兇記一卷

文與上同，而不分卷，豈其初本耶？

野史甘露記二卷

不著名氏。上卷記甘露之禍，下卷敍諸臣本末。

乙卯記一卷

唐布衣李潛用撰。末又有吴郡李寔者，述訓、注本謀附益之。乙卯者，太和九年也。

兩朝獻替記三卷

唐宰相李德裕文饒撰。敍文、武兩朝相位奏對事迹。

會昌伐叛記一卷

李德裕撰。記平澤潞事。

次柳氏舊聞一卷

李德裕撰。記柳芳所聞於高力士者，凡十七條。上元中，芳謫黔中，力士徙巫州。芳從力士問禁中事。德裕父吉甫從芳子冕聞之。

四夷朝貢録十卷

唐給事中渤海高少逸撰。會昌中，宰相李德裕以黠戛斯朝貢，莫知其國本原，詔爲此書。凡二百一十國，本二十卷，合之爲十卷。

東觀奏記三卷

唐右補闕裴延裕案：文獻通攷作「裴廷裕」。膺餘撰。記宣宗朝事，凡八十九條。

貞陵遺事二卷、續一卷

唐中書舍人令狐澄撰。吏部侍郎柳玭續之。澄所記十七事，玭所續十四事。

咸通庚寅解圍録一卷

唐成都少尹張雲景之撰。言南詔圍城扞禦事。

金鑾密記三卷

唐翰林學士承旨京兆韓偓致堯撰。具述在翰苑時事，危疑艱險甚矣。昭宗屢欲相之，卒不果而貶，竟終於閩。非不幸也，不然與崔垂休輩駢肩就戮於朱温之手矣。

廣陵妖亂志三卷

唐晉陽鄭延晦撰〔一〕。案：唐書藝文志作「郭廷誨」撰。言高駢、吕用之、畢師鐸等事。

〔一〕盧校本「鄭延晦」爲「郭廷晦」。

汴水滔天録一卷

唐左拾遺王振撰。言朱温篡逆事。

朱梁興創遺編二十卷

梁宰相馮翊敬翔子振撰。自廣明巢賊之亂、朱温事迹，讫於天祐弑逆，大書特書，不以爲愧也。其辭亦鄙俚。

莊宗召禍記一卷

後唐中書舍人黄彬撰。

三朝見聞録八卷

不知作者。起乾符戊戌，至天祐末年，及莊宗中興，後唐、河東事跡。三朝者，僖、昭、莊也。其文直述多鄙俚。

大唐補記三卷

南唐程匡柔撰。案：馬令南唐書作程匡柔，原本作「臣柔」，誤。今改正。序言懿宗朝有焦璐者撰年代紀，述神堯，止宣宗。匡柔襲三百年曆，補足十九朝。起咸通戊子，止癸巳，附璐書中。乾符以後備存補紀。末有後論一篇，文辭雖拙，論議亦正。

賈氏備史六卷

漢諫議大夫賈緯撰。敍石晋禍亂，每一事爲一詩系之。

晋太康平吴記二卷

周兵部尚書張昭撰。世宗將討江南，昭采晋武平孫皓事迹，爲書上之。

晋朝陷蕃記四卷

宰相大名范質文素撰，據莆田鄭氏書目云爾。本傳不載，故館閣書目云不知作者。未悉鄭氏何所據也。

五代補録五卷

尋陽陶岳撰。每代爲一卷，凡一百七條。岳，雍熙二年進士。

五代史闕文一卷

翰林學士鉅野王禹偁元之撰。

建隆遺事一卷

王禹偁撰。其記陳橋驛前戒誓諸將事元出熙陵，而序文云近取實録，入禁中親自筆削。然則此書之作，誠有謂也。邵氏聞見録亦嘗表而出之，而或者亦辨此書之僞，是見於王明清揮麈録者，尤有據，當考。原註：又名篋中記。案：揮麈録：建隆遺事世稱王元之所述，其間率多誣謗之詞，如稱趙普、盧多遜受遺詔昌陵，尤爲舛謬。韓王以開寶六年八月免相，至太平興國六年九月始再秉衡鈞。當太祖升遐時，普政在外，何緣前一日與盧丞相同見於寢？又稱太祖長子德昭爲南陽王，初未嘗有此事，且載秦王傳中云云。安有淳化三年而見三朝國史耶？李燾亦譏此書鄙悖，不類禹偁平日之文。則此書之非禹偁作，益足信也！

甘陵伐叛記一卷

題文升撰，不知何人。末有論，稱甘陵人蘇朔爲余言其大父慶曆中陷賊，親見則初叛時事。原註：則蓋王則也。按中興書目有甘陵誅叛録，稱殿中丞王起撰。起時爲文彦博幕客。然則别自一書也。

涑水記聞十卷

司馬光撰。此書行於世久矣，其間記吕文靖數事，吕氏子孫頗以爲諱，蓋嘗辨之以爲非温公全書。而公之曾孫侍郎伋季思遂從而實之，上章乞毁板。識者以爲譏。

書壬戌事一卷

不知何人作。其記永樂之事甚詳。

逸史二十卷

丞相楊羨〔一〕蔣芾子禮撰。其曾祖魏公之奇潁叔所記逸史，殆數百册，兵火散失，捃摭遺藁，得六百六十事，爲十九門。淳熙改元書成，爲之序。

〔一〕盧校本「楊羨」爲「陽羨」。

林氏野史八卷

同知樞密院長樂林希子中撰。希不得志於元祐，起從章惇，甘心下遷西掖，草諸賢謫詞者也。而此書記熙寧、元豐以來事，頗平直，不類其所爲。或言此書作於元祐之前，其後時事既變，希亦隨之，書藏不毁。久而時事復變，其孫懋於紹興中始序而行之耳。

元和録三卷

池州石埭縣尉維揚馬永錫明叟撰。自元和三年牛、李對策，以至大中十三年令狐綯罷相，唐朋黨本末具矣。永錫嘗著唐職林、實賓録等書，崇、觀、政和間人也。又有馬永卿大年者，從劉元城游，大觀三年進士，當是其羣從。館閣書目以永錫爲唐人，大誤也。

邵氏辨誣三卷

右奉直大夫河南邵伯温子文撰。專辨紹聖羣小誣謗宣仁事本末。紹興中，其子待制溥上之。

邵氏聞見録二十卷

邵伯温撰。多記國朝事。又有後録三十卷，其子溥所作，不專紀事。在子録小説類。

康節兩孫溥、博。嘗見川本邵氏聞見後録，名博，今作溥，未知直齋何所據？恐博是。蓋刊本不應誤也。隨齋批注。

國史後補五卷

蔡絛撰。絛，京之愛子。京末年事皆出絛。絛兄攸既叛父，亦與絛不咸。此書大略爲其父自解，而滔天之惡，終有不能隱蓋者。其間所載宫闈禁密，非臣庶所得知，亦非臣庶所宜言，既出絛筆，事遂傳世，殆非人力也。

北征紀實二卷

蔡絛撰。敍伐燕本末。歸罪童貫、蔡攸，亦欲爲京文飾，然京之罪不可掩也。

靖康要録五卷

不著撰人名氏。自欽廟潛邸，迄靖康元年十二月事。

朝野僉言二卷

不著名氏。有序。建炎元年八月繫年録稱夏少曾，未詳何人。

靖康傳信録一卷

丞相李綱伯紀撰。丁未二月。

靖康奉使録一卷

鄭望之撰。

靖康拾遺録一卷

何烈撰。又名草史。

孤臣泣血録三卷、拾遺一卷

丁特起撰。

裔夷謀夏録七卷

翰林學士新安汪藻彦章撰。

陷燕記一卷

賈子莊撰。記燕山初陷事。子莊，不知其名，蔡靖客也。

南歸録一卷

直祕閣沈琯撰。亦記燕山事。

靖康録一卷

太學生朱邦基撰。

金人犯闕記一卷

草茅方冠撰。

汴都記一卷

無名氏。

靖康遺録一卷

太學生沈良撰。

靖康野録一卷

無名氏。

避戎夜話一卷

吴興石茂良太初撰。

靖康小史一卷

不著名氏。其末稱名曰烈。即何烈草史也。

痛定録一卷

不著名氏。

悲喜記一卷

圍城中人作書與所親曰中美知府者，具述喪亂本末，自稱名曰暘，皆不知何人也。嘗見一書，名皇旋陷虜記，中間載祕書少監趙暘與姚太守書云云，雖無中美之稱，恐即此書也。隨齋批注。

建炎中興記一卷

耿延禧撰。

建炎中興日曆五卷

宰相新安汪伯彦廷俊撰。敍元帥開府至南都踐極。

呂忠穆答客問一卷

宰相濟南呂頤浩元直撰。

呂忠穆勤王記一卷

左宣教郎臧梓撰。記建炎復辟事。

渡江遭變録一卷

丞相上蔡朱勝非藏一撰。記苗、劉作難至復辟事。

建炎復辟記一卷

無名氏。

建炎通問録一卷

宣教郎傅雱撰。建炎初，李丞相綱所進。

北狩聞見録一卷

幹當龍德宫曹勛功顯撰。勛扈從北狩，以徽廟御札，間道走行在所，以建炎二年七月至南京。

北狩行録一卷

蔡鞗、王若沖撰。

戊申維揚録一卷

無名氏。

維揚過江録一卷

尚書左丞葉夢得少藴撰。

己酉航海記一卷

中書舍人李正民撰。又名建炎居邠記。

建炎假道高麗録一卷

楊應誠撰。取道遼東，奉使金虜，不達而還。

紹興講和録二卷

無名氏。

亂華編三十三卷

知盱眙軍東平劉荀子卿編。其前有小序數語云：「方敬塘〔一〕割幽、燕遺契丹之日，孰知爲本朝造禍之原哉！逮王安石創新法爲闢國之謀，又孰知紹述者召禍之酷哉！」所集雜史、傳記近三十種。荀，忠肅丞相諸孫也。

〔一〕盧校本「敬塘」爲「敬瑭」。

元祐黨籍列傳譜述一百卷

龔頤正撰。以諸臣本傳及誌、狀、家傳、遺事之類集成之。其事跡微晦，史不可見者，則采拾諸書爲之補傳，凡三百九人，其闕者四人而已。淳熙中，史院取其書以修四朝國史。洪邁奏乞甄録，補和州文學，後賜出身。詳見「編年類」。頤正，給事中原之曾孫也。

紹興正論二卷

序稱瀟湘野夫，不著名氏。録文武官不附和議及忤秦檜得罪者。

紹興正論小傳二十卷

宗正寺主簿鄞樓昉暘叔撰。以正論中姓名，倣元祐黨傳爲之。

三朝北盟會編二百五十卷

直祕閣清江徐夢莘商老撰。輯諸書二百餘家，分上、中、下。上爲政、宣二十五卷，中爲靖康七十五卷，下爲炎、興百五十卷。

北盟集補五十卷

夢莘以前書詮載不盡者五家，續編次於中、下二帙，以補其闕。靖康、炎、興各爲二十五卷。

中興十三處戰功録一卷

参政眉山李璧季章撰。中興以來，禦寇立功惟此十三處，編爲一書，所謂司勳藏其貳者也。開禧乙丑，北事將作，其書成。

建炎以來朝野雜記甲乙集共四十卷

李心傳撰。上自帝系、帝德、朝政、國典，下及見聞瑣碎，皆録之。蓋南渡以後野史之最詳者。

西陲泰定録九十卷

李心傳撰。記吴曦叛逆以及削平本末，起嘉泰辛酉，迄嘉定辛未，爲三十七卷。其後蜀事益多，又增修至辛巳之冬，通爲九十卷。仍頗用太史公年表例，併記國家大政令、邊防大節目。首尾二十年。

典故類

貞觀政要十卷

唐吴兢撰。前題衛尉少卿兼修國史，按新舊書列傳，兢未嘗爲此官，而書亦不記歲月。但其首稱良相侍中安陽公、中書令河東公，亦未詳爲何人。館閣書目云神龍中所進，當攷。

魏鄭公諫録五卷

唐尚書吏部郎中瑯邪王綝撰。綝，字方慶，以字行。相武后，其爲吏部當在高宗時。館閣書目作王琳，誤也。所録魏公進諫奏對之語，又名魏文貞公故事〔一〕。

〔一〕盧校注：末八字疑通攷所益，唐志自有王方慶文貞公事録，在故事門。

翰林盛事一卷

唐剡尉常山張著處晦撰。紀儒臣盛事，自武德中迄于天寶。首載張文成七登科者，即著之祖也。

衣冠盛事一卷

唐武功蘇特撰。

李司空論事一卷〔一〕

唐大中史官蔣偕録。司空者，李絳深之，元和宰相也。

〔一〕盧校注：晁志有李司空論諫集，乃其甥夏侯孜所編，蔣偕爲序。

太和辨謗略三卷

唐宰相李德裕撰。初，憲宗命令狐楚等爲元和辨謗略十卷，録周、秦、漢、魏迄隋忠賢罹讒謗事迹。德裕等删其繁蕪，益以唐事，裁成三卷，太和中上之。集賢學士裴潾爲之序。元和書今不存，邯鄲書目亦止有前五卷。

秦傳玉璽譜一卷

題博陵崔逢修，協律郎嚴士元重修，河中少尹魏德謨潤色。案：文獻通攷、宋史藝文志俱作魏德謨，原本作「德謩」，誤。今改正。

國璽傳一卷、傳國璽記一卷

傳，無名氏所記，止唐肅宗。記，稱嚴士元，與前大同小異。

玉璽雜記一卷

徐景撰。乾元元年七月記。唐志有徐景玉璽正録，即此書也。

楚寶傳一卷

杜確撰。肅宗乾元二年，楚州尼真如獻寶事。

八寶記一卷

無名氏。大觀二年。

唐文宗朝備問一卷

不著名氏。雜録唐朝典故。

通典二百卷

唐宰相京兆杜佑君卿撰。採五經、羣史、歷代沿革廢置、羣士論議，迄於天寶，凡爲八門，曰食貨、選舉、職官、禮、樂、兵刑法〔一〕、州郡、邊防。貞元中表上之，李翰爲之序。初，劉秩爲政典三十五篇，佑以爲未盡，廣而成之。

〔一〕盧校本無「兵」字。

續通典二百卷

翰林學士承旨大名宋白太素等撰。咸平三年奉詔，四年九月書成。起唐至德初，迄周顯德末。王欽若言杜佑通典上下數千載，爲二百卷，而其中四十卷爲開元禮。今之所載二百餘年，亦如前書卷數，時論非其重複。

國朝通典二百卷

不著名氏，或言魏鶴山所爲，似方草創未成書也。凡通典、會要，前志及館閣書目皆列之類書。按通典載古今制度沿革，會要專述典故，非類書也。

唐會要一百卷

司空平章事晉陽王溥齊物撰。初，唐德宗時，蘇冕撰四十卷，武宗朝，崔鉉續四十卷，至是溥又采宣宗以降故事，共成百卷。建隆二年正月上之。按唐志蘇冕會要四十卷，續會要四十卷，楊紹復等撰，崔鉉監修。而會要稱杭州刺史蘇弁與兄冕纂國朝故事爲是書。弁聚書至二萬卷，次於集賢、芸閣。弁字元容，武功人，武后宰相良嗣之從孫。冕仕爲京兆士曹，弁判度支，以腐粟給邊坐貶，冕亦廢。

五代會要三十卷

王溥撰。

六朝國朝會要三百卷

監修國史華陽王珪禹玉撰。始，仁宗命纂修，自建隆至慶曆四年，成八十五卷。熙寧三年，珪爲學士承旨，乞續修至熙寧十年，總二十一類，八百五十五門，案：文獻通攷作總一十一類，八百五十八門。舊書亦略增損，爲三百卷。

政和重修國朝會要百十卷

先是王禹玉監修，自建隆至熙寧，凡三百卷。崇寧中重修，僅成吉禮百十卷，政和進呈。餘四類，編治垂成，宣和庚子罷局，遂成散漫。紹興間，少蓬程俱申請就知桂州許中家借抄之。許中嘗與崇寧修書，故存此本，得以備中禁之採録。今重修本題淮康軍節度使充禮制局詳議官蔡攸等奉勅重修。

續會要三百卷

監修仙井虞允文并甫等上。自紹興十年編修，起元豐元年，迄靖康之末。乾道六年書成。

中興會要二百卷

監修晋江梁克家叔子等上。乾道六年，既進續會要，有旨自建炎元年續修，止紹興三十二年。九月成書。

國朝會要總類五百八十八卷

李心傳所編，合三書爲一。刻於蜀中，其板今在國子監。

三朝寶訓三十卷

翰林學士李淑等撰。天聖五年，監修國史青社王曾孝先奏，乞用唐吴兢貞觀政要故事，取三朝聖語、政事及臣僚奏對不入正史者，別爲一書，與國史、實録並行。至十年書成，詔以「寶訓」爲名。其後進讀於邇英、延義。今館閣書目以爲二十卷，富弼所上者，非也，乃政要爾。

三朝訓鑑圖十卷

學士李淑、楊偉等修纂。慶曆八年，偉初奉旨檢討三朝事迹，乞與淑共編，且乞製序。皇祐元年書成。頃在莆田，有售此書者，亟求觀之，則已爲好事者所得，蓋當時御府刻本也。卷爲一册，凡十事，事爲一圖，飾以青赤。亟命工傳録，凡字大小、行廣狹、設色規模，一切從其舊，斂袵鋪觀，如生慶曆、皇祐間，目覩聖作明述之盛也。按館閣書目載此書云繪采皆闕，至續書目乃云得其全。未知果當時刻本乎，抑亦摹傳也？

三朝政要二十卷

宰相河南富弼彦國撰。慶曆三年，弼爲樞副，上言選官置局，以三朝典故分門類聚，編成一書，以爲模範。命王洙、余靖、孫甫、歐陽修同共編纂，四年書成，名太平故事，凡九十六門，每事之後各釋其意。至紹興八年，右朝議大夫吕源得舊印本，刊正增廣，名政要釋明策備上之於朝。館閣書目指政要爲寶訓，非也。

兩朝寶訓二十卷

禮部郎中長樂林希子中編進，用天聖故事也。元豐六年表上。

仁皇訓典六卷

翰林侍講范祖禹撰。元祐八年經筵所上。凡三百十七條，大略亦用「寶訓」體。

歷代年號并宫殿等名一卷

丞相饒陽李昉明叔在翰苑時所纂。

朝制要覽五十卷

屯田郎中宋咸撰。此書傳於陸放翁氏，放翁書其後曰：「先君會稽公晚歲喜觀，間爲子弟講論因革，率至夜分。」會稽公者，其父宰元鈞也。其書作於嘉祐中，皆國初故實，觀之使人有感焉。

景德會計録六卷

丞相吴郡丁謂謂之撰。時爲三司使。序言歲收兩京十七路帳籍四萬四百有七，日入疾徐事一千五百，文移倍之。倣李吉甫國計簿、賈耽國要圖，總其目得四十，列爲六卷，一户賦，二郡縣，三課入，四歲用，五禄食，六雜記。大抵取景德中一年爲準。

皇祐會計録六卷

樞密信都田況元均權三司使時所撰。倣景德之舊，取一歲最中者爲準。又爲儲運一篇，以補其闕。

春明退朝録三卷

龍圖閣直學士常山宋敏求次道撰。所記多故實。其父宣獻公綬居第在春明坊，如晁氏稱昭德也。

先朝政範一卷

直集賢院徂徠石介守道編進。自任將至悔過凡十二篇。

尊號録一卷

丞相安陸宋庠公序撰。大意以爲徽號夸詡非古，而我祖宗往往謙遜不居，猶願超然遠覽，盡屏前號。其愛君以德者歟？至神宗遂卻不受，至於今行之。

輔弼名對四十卷

天禧中前進士劉顔編。自漢迄五代爲四十門。

青社賑濟録一卷

丞相富文忠公弼，青州捄荒施行文牘也。

元豐問事録二卷

光禄寺丞李德芻撰。德芻，邯鄲李淑之子，元豐中爲詳定官制檢討文字，詔旨所問奏藁，録爲此書。

官制局紀事一卷

李德芻奉旨編。録置局以來命官等事。

中書備對十卷

太常丞檢正户房公事管城畢仲衍夷仲撰。凡一百二十五門，附五十八事。

吕申公掌記一卷

丞相申國吕公著晦叔撰。在相位所記人材已用、未用名姓，及事當行、已行條目。

元祐榮觀集五卷

左朝奉大夫權太學正汪浹撰。記元祐六年視學本末，并羣臣所上詩、賦、頌、表之類。張舜民芸叟爲之序。

泰陵故事二十卷

不著名氏。皆敍宣仁臨朝九年中制誥、表章、奏議之屬。

四明尊堯集一卷

司諫延平陳瓘瑩中撰。專辨王安石日録之誣僭不孫，與配食坐像之爲不恭。瓘初在諫省，未以安石爲非，合浦所著尊堯集猶回隱不直，末乃悔之，復爲此書。以謂蔡卞專用日録以修神宗實録，薄神考而厚安石，尊私史而壓宗廟，以是編類其語得六十五條，總而論之。坐此羈管台州。

尊堯録八卷

延平羅從彦仲素撰。從彦師事楊時，而李侗又師從彦，所謂南劍三先生者也。從彦當靖康初，以爲本朝之禍，起於熙、豐不遵祖宗故事，故採四朝事爲此録，及李沆、寇準、王旦、王曾、杜衍、韓琦、范仲淹、富弼、司馬光、程顥名輔巨儒十人言行，附於其後。末有別録一卷，專載司馬光論王安石、陳瓘論蔡京奏疏，欲上之朝，不果。嘉定中，太守劉允濟得其書奏之，且爲版行。

本朝事實三十卷

右承議郎李攸撰。案：文獻通攷作「李攸」。雜録故事，不成條貫統紀〔一〕。

〔一〕盧校注：趙希弁志三十五卷。攸字好德，瀘州人。今四庫館搜輯尚有二十卷。

皇朝治迹統類七十三卷

眉山彭百川叔融撰。略用袁樞通鑑本末條例，爲前集四十卷，中興後事爲後集三十三卷。

皇朝事類樞要二百五十卷

蜀人張和卿編集。爲一百五十門。蓋舉子答策之具也。

東家雜記二卷

右朝議大夫孔傳撰。歷代追崇先聖故事，及孔林古跡。傳，蓋先聖四十七世孫也。

長樂財賦志十六卷

知漳州長樂何萬一之撰。往在鄞學，訪同官薛師雍子然，几案間有書一編，大略述三山一郡財計，而累朝詔令申明沿革甚詳。其書雖爲一郡設，於天下實相通。問所從得，薛曰：「外舅陳止齋修圖經，欲以爲財賦一門，後緣卷帙多，不果入。」因借録之，書無標目，以意命之曰三山財計本末。及來莆田，爲鄭寅子敬道之，鄭曰：「家有何一之長樂財賦志，豈此耶？」復借觀之，良是。其間亦微有增損，末又有安撫司一卷。併鈔録附益爲全書。

內治聖監〔一〕二十卷

起居舍人兼嘉王府贊讀清江彭龜年子壽撰。取列聖修身齊家教子、訓齊宗室、防制外戚宦官暬御等事，以紹熙五年表上之。光宗稱善，且曰：「祖宗家法最善，漢、唐所不及也。」

〔一〕盧校注：通攷「監」作「鑑」。

高宗聖政草一卷

陸游在隆興初奉詔修高宗聖政，草創凡例，多出其手，未成而去，私篋不敢留藁。他日追記得此，録之而書其後，凡二十條。

高宗孝宗聖政編要二十卷

高宗聖政五十卷，孝宗聖政五十卷，乾道、淳熙中所修，皆有御製序。此二帙，書坊鈔節以便舉子應用之儲者也。

孝宗聖政十二卷

亦書坊鈔節，比前爲稍詳。

會稽和買事宜録七卷

浙東帥鄱陽洪邁景盧、提舉常平三山鄭湜補之集。初，承平時，預買令下，守越者無遠慮，凡一路州縣所不受之數，悉受之，故越之額特重，以匹計者十四萬六千九百，居浙東之半。人户百計規免，皆詭爲第五等户，而四等以上户之害日益甚。於是有爲畝頭均科之説者，帥鄭丙少嘉、憲邱崇〔一〕宗卿、張詔君卿頗主之，由淳熙十一年以後略施行，而議者多以創科五等户爲不便。參政李彦穎秀叔、尚書王希吕仲行先後帥越皆言之，而王畫八事尤力。會光廟亦以爲貽貧弱之害，户部尚書葉翥叔羽奏乞先減四萬四千餘匹，止以十萬爲額，而後議均敷。詔從之，仍令侍從集議，皆乞闞併詭挾。案：文獻通攷「闞」字作「關」，誤。遂詔邁、湜措置，既畢，以施行次第類成此書，時紹熙元年也。

〔一〕盧校本改「崇」爲「崈」。

劉忠肅救荒録五卷

王居仁撰。淳熙乙未，樞密劉珙共父帥江東救荒本末，嘉定乙亥真景元刻之漕司，以配富鄭公青社之編，而以劉公行狀、謚議附録於後。

西漢會要七十卷、東漢會要四十卷

武學博士清江徐天麟仲祥撰。以二史所載漢家制度、典章，散於紀、傳、表、志者，倣唐以來「會要」體，分門編纂，其用力勤矣。其言范蔚宗志藁，爲謝儼蠟以覆車，劉昭因蔚宗遺緒注而補之。夫既曰蠟以覆車，安得復有遺緒？蓋未攷昭之所著〔一〕，實司馬紹統續漢書志也。仲祥，乙丑進士，世有史學。其世父夢莘商老著北盟會編，案：著北盟會編者乃徐夢莘，原本作「夢華」，誤。今改正。父得之思叔爲左氏國紀，兄筠孟堅作漢官攷，皆行於世。

〔一〕今案：張跋云：「蓋未考昭之所注」訛作「著」。

漢制叢録三十二卷 案：宋史藝文志作二十卷，文獻通攷作三十三卷。

袁夢麟應祥撰。以二漢所記典故，分門編類，凡二十五門。

平陽會四卷

通直郎知平陽縣汪季良子駉撰。平陽號難治，爲浙東「三陽」之冠，季良治有聲。迺以一邑財計，自兩稅而下，爲二十一篇，終於歲會，旁通沿革，本末大略備矣。又爲外篇五條，如砧基副本、催科檢放及書手除科斂之類，以爲此財用所從出也。季良，端明應辰之孫，佳士，且能吏也。得年不永，士論惜之。

唐昌計二卷 案：「計」字，文獻通攷作「記」。

知昌化縣趙希𡸁克家撰。

直齋書録解題卷六

職官類

漢官儀一卷、續補一卷

後漢軍謀校尉汝南應邵仲遠撰。按唐志有漢官五卷，漢官儀十卷。今惟存此一卷，載三公官名及名姓、州里而已。其全書亡矣，李埴季允嘗續補一卷。

漢官典儀一卷、續補一卷

漢衛尉蔡質撰。雜記官制及上書謁見禮式。隋志有漢官典職儀式二卷。今存一卷，李埴亦補一卷。其續者皆出於史中採拾。

漢官舊儀三卷　案：隋書經籍志、唐書藝文志俱作四卷。

漢議郎東海衛宏敬仲撰。或云胡廣。按宏本傳作漢舊儀四篇，以載西京雜事，不名漢官。今此惟三卷，而又有漢官之目，未知果當時本書否？唐志亦無「官」字，舊在儀注類，以其載官制爲多，故著於此。案：陳氏因是書有漢官之名，疑非衛宏作。又疑以爲胡廣作。考漢書注中頗有稱「胡廣曰」者，與漢舊儀互引，其文亦絶不相合。惟廣傳載廣詩、賦、銘、頌及解詁二十二篇，而史注所引別有漢書解詁之名，蓋即廣所作。而舊儀之出衛宏手當無疑也。其稱「漢官舊儀」者，或後人因其所載官制，而妄加之耳。

唐六典三十卷

題御撰，李林甫等奉勅注。按韋述集賢記注，開元十年，起居舍人陸堅被旨修六典，上手寫白麻紙凡六條，曰理、教、禮、政、刑、事典〔一〕，令以類相從，撰録以進。張説以其事委徐堅，思之歷年，未知所適。又委毋煚、余欽、韋述，始以令式入六司，象周禮六官之制，其沿革並入注，然用功艱難。其後，張九齡又以委苑咸，二十六年奏草上。至今在書院，亦不行〔二〕。案：唐書藝文志張説以其事委徐堅，經歲無規制，乃命毋煚、余欽、咸廙業、孫季良、韋述參撰。及蕭嵩知院，加劉鄭蘭、蕭晟、盧若虚。張九齡知院，加陸善經。李林甫代九齡，加苑咸。委苑咸者，乃李林甫也。至云二十六年奏草上，考新舊唐書，九齡以二十四年罷知政事，尋謫荆州。程大昌謂書成於九齡爲相之日，當在二十四年。林甫注成奏進當在二十七年。故是書卷首止列李林甫而不及九齡也。今案新書百官志皆取此書，即太宗貞觀六年所定官令也。周官六職視周禮六典，已有邦土、邦事之殊，不可攷證，唐志内外官與周制迥然不同，而强名「六典」可乎？善乎范太史祖禹之言曰：「既有太尉、司徒、司空，而又有尚書省，是政出於二也；既有尚書省，而又有九寺，是政出於三也。」本朝裕陵好觀六典，元豐官制盡用之，中書造命，門下審覆，尚書奉行，機事往往留滯，上意頗以爲悔云。

〔一〕盧校本「曰理、教、禮、政、刑、事典」爲「曰理典、教典、禮典、政典、刑典、事典」。

〔二〕盧校本「行」下有「用」字。

元和百司舉要二卷

唐宰相趙郡李吉甫弘憲撰。首稱文班八十四司，四百六十員，武班二十六司，一百八十員，都計六百四十員。末稱在京文武官及府縣總三千七百九十九員。意者當時實數也。

具員故事十卷

唐鳳閣舍人梁載言撰。以唐官具員附之歷代事迹。蓋後人職林、職官分紀之類所從始也。或稱職總聯珠，崇文總目又作具員事迹。中興書目惟有七卷，三卷闕。案：唐書藝文志梁載言具員故事十卷，又具員事迹十卷，乃二書也。

官品纂要十卷

唐樂安任戩撰。以官品令爲主，而階職、勳爵隨品具列，歷代沿革頗著其要。戩舉進士不第。爲此書當太和丁未。

御史臺記十二卷

唐殿中侍御史南陽韓琬茂貞撰。自唐初迄開元五年，御史姓名、行事及官制沿革，皆詳著之。第八卷爲琬著傳，九卷以後爲右臺。右臺創於武后，廢於中宗，歲月蓋不久也。末有雜説五十七條。

御史臺故事三卷

唐朝集使洺州録事參軍李結撰。

結本名構，避光堯御諱。隨齋批注。

御史臺記五卷

不知何人作。記本朝御史臺事，至崇、觀間。

集賢注記三卷

唐集賢院學士京兆韋述撰。敍置院始末、學士名氏及院中故事。

史館故事録三卷

不著名氏。凡爲六門，曰敍事、史例、編修、直筆、曲筆，而終之以雜録。末稱皇朝廣順，則是周朝史官也。

翰林志一卷

唐學士李肇撰。

承旨學士院記一卷

唐承旨河南元稹微之撰。專載承旨姓名，自貞元二十一年鄭絪，至元和十五年杜元穎，并稹爲十二人。末又有李德裕、李紳、韋處厚三人。蓋後人所益也。

翰林學士記一卷

唐侍講學士萬年韋處厚德載撰。

翰林院故事一卷

唐學士京兆韋執誼撰。

翰林學士院舊規一卷

唐學士馮翊楊鉅文碩撰。雜記院中事例及文書格式，其祠祭、祝版、社稷、宗廟，上至天地，用「伏惟尚饗」，嶽、瀆而降只曰「尚饗」，此例今人皆莫之知，則施之尊卑無别矣。鉅，宰相收之子，其爲學士在昭宗時。

重修翰林壁記一卷

唐學士丁居晦撰。開元二年也。所記姓名迄於咸通，而獨無天寶、大曆學士，爲不可曉。

金坡遺事三卷

學士吴越錢惟演希聖撰。題名自建隆至天聖四年，凡四十七人；自開元而下合三百一十五人。其他典故，視前記詳矣。

别書金坡遺事一卷

學士澶淵晁迥昭遠撰。因錢惟演寄示遺事，別書真宗待遇恩禮三則於後。案：「別書」以下原本闕，今據文獻通攷補入。

翰苑雜記一卷

學士饒陽李宗諤昌武撰。

續翰林志一卷、次續志一卷

學士承旨梓潼蘇易簡太簡撰。以續唐李肇之書。其子耆又以其父遭遇恩禮之盛，續於其後。

翰苑羣書三卷

學士承旨鄱陽洪遵景嚴撰。自李肇而下十一家及年表、中興後題名共爲一書，而以其所録遺事附其末，總爲三卷。遵後至簽樞，父皓、兄适、弟邁，四人入翰苑，可謂盛矣。

翰林遺事一卷

洪遵撰。已見上録諸書所未及者。

掖垣叢志三卷

丞相安陸宋庠公序撰。時爲正字。

職林二十卷

集賢院學士錢唐楊侃撰。咸平二年所序。有胡昉者，明道二年作後序，增益事實七百四十五條，而以新續標之。侃，端拱進士，晚爲知制誥，避真宗舊諱，更名大雅。歐陽公其婿也，集中有墓誌。

職官分紀五十卷

富春孫逢吉彦同撰。大抵本職林而增廣之，其條例精密，事實詳備矣。秦少游序之，元祐七年也。

官制、學制各一卷

司馬光撰。

唐職林三十卷

石埭尉維揚馬永錫明叟撰。以唐六典爲主，而附以新史所載事實，頗采傳記歌詩之屬。政和乙未天台左譽序。

朝集院須知一卷

無名氏録承平時京朝官得替回朝見禮式。

皇宋館閣録五卷

不著名氏所記，止於元祐。中興館閣書目云祕閣校理宋匪躬撰；又云共八門，原十五卷，存十一卷。今本止五卷，不見門類，前三卷又混而爲一，意未必全書也。

蓬山志五卷

祕書少監劍川羅畸疇老撰。凡十五門，崇寧四年序。

麟臺故事五卷

中書舍人信安程俱致道撰。中興之初，復置館職，俱爲少蓬，采摭舊聞，參攷裁定條上。既略施行，而爲書十有二篇以進。俱在承平時，凡三入省，故其見聞爲詳。

中興館閣録十卷、續十卷

祕書監天台陳騤叔進撰。淳熙中，騤長蓬山，與同僚録建炎以來事爲此書。李燾仁父爲之序。續録者，後人因舊文增附之〔一〕。案：續録乃嘉定三年館閣重行編次，後人次第補録，迄於咸淳者。

〔一〕盧校本「之」下有「耳」字。

續史館故事一卷

著作佐郎曲阿洪興祖慶善撰。記國朝史館事迹，以續舊編。

祖宗官制舊典三卷

直龍圖閣東萊蔡惇元道撰。案：元道原本作「元通」，今據宋史藝文志校改。大略以爲元豐用官階寄禄，雖號正名，而流品混淆，爵位輕濫，故以祖宗舊典與新制參稽並〔一〕攷而論其得失。元道，文忠公參政齊之姪孫，而翰林學士延慶之子，渡江卒於涪陵。尹和靖焞嘗題其墓。

〔一〕盧校本「並」爲「互」。

官制舊典正誤一卷

無名氏。

國朝官制沿革一卷

黄琮元禮撰。

職官記一卷

大理少卿張縯季長撰。專載新舊遷轉之異，亦以寄禄爲未然也。以上三家皆附蔡氏書後。縯，蜀人，陸務觀與之厚善。

官制新典十卷

熊克撰。其書以元豐新制爲主，而元祐之略加通變，崇、政之恣爲紛更，皆具列焉。

聖朝職略二十卷

熊克撰。倣馬永錫唐職林，攷其廢置因革，亦頗采故事，摘舊制誥中語附焉。其書猶草創未成，蓋應用之具也。

宰輔拜罷録二十四卷

史館修撰范沖元長等撰。起建隆元年，止紹興六年。宰相自范質至張浚，執政自趙普至折彦質，各記除授年月、訓詞，亦略敘在位本末於後。

國朝相輔年表一卷、續一卷

同知太常禮院開封陳繹和叔撰。自建隆庚申迄治平丙午。續自丁未迄紹興十四年，稱臣易記，而不著姓，當是李易也，時方自給事中奉祠，其曰「私題臣繹之次」者，其書蓋未必上，而私續之云爾。自後接於嘉定，則後人所益也。

職源五十卷

大理司直金華王益之行甫撰。亦簡牘應用之書，而專以今日見行官制爲主。蓋中興以後，於舊制多所併省故也。

元輔表一卷

龔頤正撰。專録宰相，不及執政。

漢官攷六卷

知金州清江徐筠孟堅撰。以百官表官制爲主，而紀、傳及注家所載，皆輯而録之。

漢官總録十卷

王益之撰。大較亦如前書。

縣法一卷

北京留守温陵吕惠卿吉甫撰。曰法令、詞訟、刑獄、簿歷、催科、給納、災傷、盜賊、勸課、教化凡十門，爲縣之法，備於此矣。雖今古事殊，而大體不能越也。惠卿小人之雄，於材術固優，然法令居首，而教化乃居其末，不曰俗吏而謂之何哉！

縣務綱目二十卷

贛陽劉鵬撰。凡四十四門，四百七十餘事。其説不止於作縣，而事關縣務者爲多焉。元符庚辰敍。

作邑自箴十卷

李元弼持國撰。政和丁酉序。

中興百官題名五十卷

監察御史臨川何異同叔撰。首卷爲宰輔拜罷録，餘以次列之，刻板浙漕。其後以時增附。渡江之初，庶務草創，諸司間有不可攷者，多闕之。

齊齋臺諫論二卷

尚書霅川倪思正父撰。嘉定初更化，矯韓氏用事之弊，於是爲論三篇，言爲之鷹犬者，罪在臺諫。已而，其弊自若也，則又爲續論六篇，言其情狀益精詳。凡爲臺諫之所以得，所以失者，至矣，盡矣。

金國官制

虜雍僞大定年所頒。竊取唐及本朝舊制，以文其腥羶之俗，馬非馬，驢非驢，龜茲王所謂蠃者耶〔一〕。

〔一〕今案：此條據盧校本補入。

禮注類

獨斷二卷

漢議郎陳留蔡邕伯喈撰。記漢世制度、禮文、車服及諸帝世次，而兼及前代禮樂。舒、台二郡皆有刻本。向在莆田嘗録李氏本，大略與二本同，而上下卷前後錯互，因並存之。

開元禮一百五十卷

唐集賢院學士蕭嵩、王仲丘等撰。唐初有貞觀、顯慶禮，儀注不同，而顯慶又出於許敬宗希旨傅會，不足施用。開元十四年，通事舍人王嵒請刪禮記舊文，而益以今事。張説以爲禮記不可改易，宜折衷貞觀、顯慶以爲唐禮。乃詔徐堅、李鋭、施敬本撰述，蕭嵩、王仲丘繼之。書成，唐之五禮之文始備，於是遂以設科取士。新史禮樂志大略采摭著于篇。然唐初已降凶禮於五禮之末，至顯慶，遂削去國恤一篇。則敬宗諂諛諱惡鄙陋亡稽，卒不能正也。案：唐書藝文志開元禮乃賈登、張烜、施敬本、李鋭、王仲丘、陸善經、洪孝昌撰輯，蕭嵩總之。不著徐堅姓氏。

開元禮百問二卷

不著名氏。案：唐志亦稱蕭嵩撰。以古今異制，設爲問答，凡百條。

大唐郊祀録十卷

唐太常禮院修撰王涇撰。考次歷代郊廟沿革之制，及其工歌祝號，而圖其壇屋陟降之序。貞元中上之。

禮閣新儀三十卷

唐太常修撰京兆韋公肅撰。録開元以後禮文損益，至元和十年。其一卷爲目録。按館閣書目云卷數雖存，而書不全，又復差互重出。今本不爾，但目録稍誤。

續曲臺禮三十卷

唐太常博士太原王彦威撰。案：宋史藝文志注云：「一本作崔靈恩。」元和十三年，嘗獻曲臺新禮三十卷。至長慶中，又自元和之末次第編録，下及公卿、士庶昏姻、喪祭之禮，并目録爲三十卷，通前爲六十一卷。案此惟續書，而亦無目録，全〔一〕書則未之見也。館閣書目亦無之。文宗朝，彦威仕爲尚書節度使。

〔一〕盧校注：應爲「前」，館訛「全」。

開元通禮二百卷

御史中丞洛陽劉温叟永齡等撰。開寶四年五月，命温叟及李昉、盧多遜、扈蒙、楊昭儉、賈黄中、和峴、陳諤以開元禮重加損益，以成此書。

太常新禮四十卷

提舉編修賈昌朝子明等上。景祐四年，同知太常禮院浦城吳育春卿言本院所藏禮文故事未經刊修，請擇官參定。至慶曆四年始成。凡通禮所存，悉仍其舊。裒其異者，列之爲一百二十篇。編修官孫祖德、李宥、張方平、呂公綽、曾公亮、王洙、孫瑜、余靖、刁約。

天聖鹵簿圖記十卷

翰林學士常山宋綬公垂撰。始，太祖朝鹵簿以繡易畫，號「繡衣鹵簿」。真宗時，王欽若爲記三卷，闕於繪事，弗可詳識。綬與馮元、孫奭受詔質正古義，傅以新制，車騎、人物、器服之品，皆繪其首者，名同飾異，亦别出焉。天聖六年十一月上之，其攷訂援證，詳洽可稽。

大饗明堂記二十卷、紀要二卷

宰相河汾文彦博寬夫等撰。國朝開創以來，三歲親郊，未嘗躬行大饗之禮。皇祐二年三月，詔以季秋擇日有事於明堂，而罷冬至郊祀。直龍圖閣王洙言，國家每歲大饗，止於南郊寓祭，不合典禮。古者明堂、宗廟、路寢同制，今大慶殿即路寢也，九月親祀，當於大慶殿行禮。詔用其言。禮成，命彦博及次相宋庠、參預高若訥編修爲記，案：宋史作高若訥，原本作「君納」誤。今改正。上親製序文。已而彦博以簡牘繁多，别爲紀要。首載聖訓，欲以大慶爲明堂禮官之議，適與聖意合云。

元豐郊廟奉祀禮文三十卷

崇文院校書楊完撰。初，元豐元年，詔以郊廟奉祀禮文訛舛，就太常寺置局，命陳襄、李清臣、王存、黄履等詳定，完及何洵直、孫諤檢討。其後，本局乞令原檢討官楊完編類上進，至五年四月書成奏御。

閤門儀制十二卷

學士李淑等修定。皆朝廷禮式也。

政和五禮新儀二百四十卷、目録五卷

議禮局官知樞密院鄭居中、尚書白時中、慕容彦逢、學士强淵明等撰。首卷祐陵御製序文，次九卷御筆指揮，次十卷御製冠禮，餘二百二十卷，局官所修也。

政和五禮撮要十五卷

紹興中，有范其姓者爲湖北漕，取品官、士庶冠昏、喪祭爲一編，刻板學宫，不著名。以武昌志考之，爲漕者有范正國、范寅秩，不知其爲誰也。

政和冠昏喪祭禮十五卷

紹熙中，南康黄灝商伯爲禮官，請於政和五禮内掇取品官、庶人禮摹印頒之郡縣，從之。其實即前十五卷書也。

訓俗書一卷

許洞洞夫撰。述廟祭、冠笄之禮，而拜掃附於末。謝絳希深、王舉正皆有序跋。洞，淳化三年進士，希深之舅也。

孟氏家祭禮一卷

唐侍御史平昌孟銑撰。曰正祭、節祠、薦新、義例，凡四篇。

徐氏家祭禮一卷

唐左金吾衛倉曹參軍徐潤撰。

鄭氏祠享禮一卷

唐侍御史鄭正則撰。

范氏寢堂時饗禮一卷

唐涇縣尉南陽范傳式、殿中侍御史傳〔一〕正修定。

〔一〕盧校本「傅」爲「傳」。

賈氏家祭禮一卷

唐武功縣尉賈頊撰。

新定寢祀禮一卷

不知作者。中興館閣書目有此書，云前後有序，題太常博士陳致雍撰集。今此本亦前後有序，意其是也。致雍，晋江人，及仕本朝。

孫氏仲享儀一卷 案：文獻通攷作「祭享禮」〔一〕。

檢校左散騎常侍孫日用撰。周顯德中博士，後仕本朝。開寶時作此書。

〔一〕盧校注：天子諸侯祭用孟月，臣下用仲月。通攷改爲祭享禮，非是。

杜氏四時祭享禮一卷

丞相山陰杜衍世昌撰。

韓氏古今家祭式一卷

司徒兼侍中相臺韓琦稚圭撰。

橫渠張氏祭禮一卷

張載子厚撰。末有呂大鈞和叔説數條附焉。

伊川程氏祭禮一卷

程頤正叔撰。首載作主式。

呂氏家祭禮一卷

丞相京兆呂大防微仲、正字大臨與叔撰。

范氏家祭禮一卷

范祖禹淳甫撰。

温公書儀一卷

司馬光撰。前一卷爲表章、書啓式，餘則冠昏、喪祭之禮詳焉。

居家雜禮一卷

司馬光撰。

吕氏鄉約一卷、鄉儀一卷

吕大鈞和叔撰。

高氏送終禮一卷

禮部侍郎高閌抑崇撰。

四家禮範五卷

張栻、朱熹所集司馬、程、張、吕氏諸家，而建安劉珙刻於金陵。

古今家祭禮二十卷

朱熹集通典、會要所載，以及唐、本朝諸家祭禮皆在焉。

朱氏家禮一卷

朱熹撰。

十書類編三卷

不知何人所集。十書者，管子弟子職、曹昭女誡、韓氏家祭式、司馬温公居家雜禮、吕氏鄉禮、范氏義莊規、高氏送終禮、高登修學門庭、朱氏重定鄉約社倉約束也。雖不專爲禮，而禮居多，故附之於此。

廟儀〔一〕一卷

吏部侍郎趙粹中撰進。專爲太祖未正東鄉之位，乃裒董弅、王普、趙涣首議，案：文獻通攷作「趙漢」。與一時討論本末上之。時淳熙中也。

〔一〕盧校本「儀」爲「議」。

奉常雜録一卷、樂章一卷

無名氏。雜録禮寺牲牢、樂舞、祝辭。其樂章則祠祭見行用者。

服飾變古元録三卷

唐翰林學士汝南袁郊之儀撰。郊，宰相滋之子。唐志作一卷。

古今服飾儀一卷

題蜀人樊建。紹興癸酉序。

時令類

前史時令之書，皆入「子部農家類」。今案諸書上自國家典禮，下及里閭風俗悉載之，不專農事也。故中興館閣書目别爲一類，列之「史部」，是矣。今從之。

夏小正傳四卷

漢戴德傳，給事中山陰傅崧卿注。此書本在大戴禮，鄭康成注禮運「夏時」曰：「夏四時之書也，其存者有小正。」後人於大戴禮鈔出别行。崧卿以正文與傳相雜，倣左氏經傳，列正文其前，而附以傳，且爲之注。

荆楚歲時記六卷 案：唐宋藝文志俱作一卷。

梁吏部尚書宗懔撰。記荆楚風物故事。

錦帶一卷

梁元帝撰。比事儷語，若法帖中章草、月儀之類也。案：今本作錦帶書，題梁昭明太子蕭統撰。

玉燭寶典十二卷

隋著作郎博陵杜臺卿少山撰。以月令爲主，觸類而廣之，博采諸書，旁及時俗，月爲一卷，頗號詳洽。開皇中所上。

金谷園記一卷

題李邕撰。館閣書目云唐中散大夫。按邕字泰和，江都人，至北海太守，世號李北海。其父善，注文選者也。中散大夫，唐文散階，本傳不載，不知書目别何所據？唐世不應有兩李邕也。

秦中歲時記一卷

唐膳部郎中趙郡李綽撰。綽别未見，此據中興書目云爾。其序曰：「緬思庚子之歲，洊周戊辰之年。」庚子，唐廣明元年；戊辰，梁開平二年也。又曰：「偶記昔年皇居舊事，絶筆自歎，横襟出涕。」然則，唐之舊臣國亡之後，傷感疇昔，而爲此書也。按朱藏一紺珠集、曾端伯類説載此書，有杏園探花使、端午扇市、歲除儺公儺母及太和八年無名子詩數事，今皆無之，豈别一書乎？

咸鎬故事一卷

唐韋慎微撰。其書與前大同小異，竟不知何人作也。卷末卻有鬼神大者號儺公儺母一語。案館閣書目秦中歲時記一名咸鎬歲時記。

千金月令三卷

唐孫思邈撰。

韋氏月録一卷

唐右領軍衛兵曹韋行規撰。李翱爲之序。

歲華紀麗七卷　案：唐書藝文志作二卷，宋史藝文志作四卷。

唐韓鄂撰。采經、子、史傳歲時事類聚，而以儷語間之。

國朝時令集解十二卷

左僕射真定賈昌朝子明撰。唐因禮記月令舊文增損爲禮記首篇。天寶中改名時令。景祐初，始命復禮記舊文，其唐之時令，别爲一篇，遂命禮院修書官丁度、李淑、宋祁、王洙、鄭戩及昌朝，約唐時令撰定爲國朝時令，以便宣讀。蓋自唐以來有明堂讀時令之禮也。及昌朝解相印治郡，五臣者皆已淪没，乃采經、史諸書及祖宗詔令典式，爲之集解而上之。

歲時雜記二卷

侍講東萊吕希哲原明撰。希哲，正獻公公著之子，號滎陽公。在歷陽時與子孫講誦，遇節日則休，學者雜記風俗之舊，然後團坐飲酒以爲樂，久而成編。承平舊事，猶有攷焉。

直齋書録解題卷七

傳記類

古列女傳九卷 案：此書篇目與文獻通攷異。通攷作古列女傳八卷，續列女傳一卷，載王回序，略云：以頌考之，每篇皆十五傳耳。則凡無頌者，疑皆非向本書，不特自程嬰〔一〕母爲斷也。故并録其目而以頌證之，删爲八篇，號古列女傳。餘十二傳又以時次之，别爲一篇，號續列女傳。此本卷數正與王氏所分同，而不别出續列女傳之目。蓋書則王本，而名則仍其舊耳。

漢護都水使者光禄大夫劉向子政撰。成帝時，趙氏姊弟起微賤，踰禮制。向以爲王教由内及外，故採取詩、書所載賢妃貞婦，興國顯家可法則及孼亂亡者，序次爲八篇，以戒天子。其〔二〕七篇，篇十五人，爲一百五人。第八篇爲頌義。隋、唐志及崇文總目皆十五卷，蓋以七篇分爲上下，并頌爲十五卷，而自陳嬰母以下十六人附入其中，或與向同時，或在向後者，皆好事者所益也。王回、曾鞏二序辨訂詳矣。鞏之言曰：「後世自學問之士多徇於外物，而不安其守，其室家既不見可法，故競於邪侈，豈獨無相成之道哉！士之苟於自恣，顧利冒恥而不知反已者，往往以家自累故也。故曰身不行道，不行於妻子。況於南鄉天下之主哉！」愚嘗三復其言而志之。向書傳於世鮮矣，惟此書獨全。其稱詩茉苢、柏舟、大車之類，與今説詩者乖異，蓋齊、魯、韓之學，固不盡與毛氏同也。

〔一〕今案：「程嬰」應爲「陳嬰」。

〔二〕盧校注：「其」字是通攷用。

東觀漢紀十卷

漢謁者僕射劉珍、校書郎劉騊駼等撰。初，班固在顯宗朝嘗撰世祖本紀、功臣列傳、載記二十八篇。至永初中，珍、騊駼等著作東觀，撰集漢紀。其後，盧植、蔡邕、馬日磾等皆嘗補續。唐藝文志〔一〕一百二十七卷。案：隋志作百四十三卷，唐志百二十七卷，原本作百二十卷，誤。今改正。今所存〔二〕惟吴漢、賈復、耿弇、寇恂、馮異、祭遵及〔三〕景丹、蓋延九人列傳而已。其卷第凡十二〔四〕，而闕第七、八二卷，未知果當時之遺否也〔五〕？

〔一〕今案：通攷「唐藝文志」下有「著録者」三字。

〔二〕盧校本「存」下有「者」字。

〔三〕盧校本「及」爲「傅俊」。

〔四〕盧校本「十」下無「二」字。

〔五〕盧校注：聞見後録云神宗末高麗來上。

高士傳十卷

晉徵士安定皇甫謐士安撰。序稱自堯至魏咸熙，二千四百餘載，得九十餘人。今自被衣至管寧惟八十七人。

黄帝内傳一卷

序云籛鏗遊衡山得之石室，劉向校中秘書傳於世，誕妄不經，方士輩所託也。

飛燕外傳一卷

稱漢河東都尉伶玄子于撰。自言與揚雄同時，而史無所見。或云僞書也。然通德擁髻等事，文士多用之；而禍水滅火一語，司馬公載之通鑑矣。

西京雜記六卷

晉句漏令丹陽葛洪稚川撰〔一〕。其卷末言洪家有劉子駿書百卷，先父傳之〔二〕。歆欲撰漢書，雜録漢事，未及而亡。試以此記考校班固所作，殆是全取劉書，少有異同耳。固所不取〔三〕不過二萬餘言，今鈔出爲二卷，以裨漢書之闕。所謂先父者，歆之於向也。而館閣書目以爲洪父傳之，非是。唐藝文志亦只二卷，今六卷者，後人分之也。按洪博聞深學，江左絶倫，所著書幾五百卷，本傳具載其目，不聞有此書。而向、歆父子亦不聞其嘗作史傳於世，使班固有所因述，亦不應全没不著也。殆有可疑者，豈惟非向、歆所傳，亦未必洪之作也。案：晁公武讀書志云：此書江左人皆以爲吴均依託爲之。

〔一〕盧校注：漢劉歆撰。

〔二〕盧校本「先父傳之」爲「先公傳云」。注曰：商氏稗海改作「先公傳云」。

〔三〕盧校本「不取」爲「遺」。

襄陽耆舊傳五卷

晉榮〔一〕陽太守襄陽習鑿齒彦威撰。

〔一〕盧校本「榮」爲「滎」。

談藪二卷

北齊秘書省正字北平陽玠松撰。事綜南北，時更八代。隋開皇中所述也。

梁四公記一卷

唐張説撰。案館閣書目稱梁載言纂。唐志作盧詵，注云一作梁載言。邯鄲書目云載言得之臨淄田通，又云别本題張説，或爲盧詵。今按此書卷末所云田通事跡，信然，而首題張説，不可曉也。其所記多誕妄，而四公名姓尤怪異無稽，不足深辨。載言，上元二年進士也。

景龍文館記八卷

案：唐書藝文志作十卷。

唐修文館學士武甄平一撰。中宗初置學士以後館中雜事，及諸學士應制、倡和篇什雜文之屬。亦頗記中宗君臣宴褻無度，以及暴崩。其後三卷，爲諸學士傳。今闕二卷。平一，以字行。

狄梁公家傳三卷

唐海州刺史江都李邕泰和撰。

高力士外傳一卷

唐大理司直郭湜撰。案：唐書藝文志作郭湜撰。大曆中大理司直。原本作「鄭湜」，誤。今改正。

北征雜記一卷

唐宰相趙憬撰。貞元四年，咸安公主下降回紇，憬副關播爲册禮使，作此書紀行。

唐年小録八卷　案：宋史藝文志作六卷。

唐户部尚書扶風馬總會元撰。記唐以來雜事，分爲七門，末卷爲雜録。舊有一本略甚，復得程文簡本傳之，始爲全書。

陵園記一卷

唐宗正丞李原註：失其名。撰。光化元年序。

鳳池歷二卷

不著名氏。記長孫無忌歷官本末及家世子孫。按唐志馮宇鳳池録五十卷，李淑書目惟存五卷。記宰相名次事跡，非此書。

鄴侯家傳十卷

唐亳州刺史京兆李繁撰。繁，宰相泌之子。坐事下獄，知且死，恐先人功業泯滅，從吏求廢紙拙筆爲傳。按中興書目有柳玭後序，今無之。繁嘗爲通州〔一〕，韓退之送諸葛覺詩所謂「鄴侯家多書，插架三萬軸」者也，其曰「行年餘五十，出守數已六；屢爲丞相言，雖懇不見録」則韓公于繁亦拳拳矣。新舊史本傳稱繁無行，漏言裴延齡以誤陽城，師事梁肅而烝其室，殆非人類。然則韓公無乃溢美，而所述其父事，庸可盡信乎！

〔一〕盧校本「通州」爲「隨州」。

牛羊日曆一卷

唐劉軻撰。牛，指僧孺；羊，謂虞卿漢公也，是不遜甚矣。

西南備邊録一卷

唐宰相李德裕文饒撰。太和中鎮蜀所作。内州縣、城鎮、兵食之數，大略具矣。

異域歸忠傳二卷

李德裕撰。會昌二年，嗢没斯内附。德裕奉詔采秦、漢以來由絶域歸中國，以名節自著、功業始終者，凡三十人，爲之傳。

蠻書十卷

唐安南宣慰使樊綽撰。記南詔事。咸通五年奏之。

閩川名士傳一卷

唐崇文館校書郎黄璞所記人物，自薛令之而下，凡五十四人。

崔氏日録一卷

不著名氏。殘缺無始末。末有跋尾，不知何人，言此書出宋敏求家。考訂年月及所載人名姓甚詳。蓋廣明元年崔沆爲相，非其子弟即其門人爲之。字畫清麗，而其所記不過蒱飲、交通、評議，有以見唐末風俗之獘云。

開元天寶遺事二卷 案：文獻通攷作四卷。

五代太子少保天水王仁裕德輦撰。所記一百五十九條。

入洛記一卷

王仁裕撰。仁裕仕前蜀。國亡入洛記行。

中朝故事二卷

僞唐給事中尉遲偓撰。載唐末雜事。

燉煌新録一卷

有序稱天成四年沙州傳舍集，而不著名氏，蓋當時奉使者。敍張義潮本末及彼土風物甚詳。涼武昭王時有劉昞者，著燉煌實録二十卷，故此號新録。

唐末汎聞録一卷

題常山閻自若撰。案：宋史藝文志作「高自若」。記五代及諸僭僞事。其序自言乾德中得於先人及舅氏聞見。且曰：「傳者難驗，見者易憑，考之史策，不若詢之耆舊也。」然所記亦時有不同者，如李濤納命事，本謂張彦澤，今乃云謁周高祖。未詳孰是。

楊妃外傳一卷

直史館臨川樂史子正撰。

渚宫故事五卷

後周太子校書郎余知古撰。載荆楚事，自鬻熊至唐末。本十卷，今止晋代，闕後五卷。案：唐書藝文志，余知古渚宫故事十卷，注唐文宗時人。晁公武讀書志亦云唐余古撰，脱「知」字。此云後周，未知何據。

錦里耆舊傳八卷、續傳十卷

前應靈縣令平陽句延慶昌裔撰。開寳三年，秘書丞劉蔚知榮州得此傳。其詞蕪穢，請延慶修之，改曰成都理亂記。天成之後，別加編次，起咸通九載，迄乾德四年，百餘年蜀事，大略具矣。續傳蜀人張緒所撰。起乾德乙丑，迄祥符己酉。自平蜀之後，朝廷命令、官僚姓名及政事因革，以至李順、王均、劉昕作亂之迹，皆略載之。知新繁縣太常博士張約爲之序〔一〕。

〔一〕盧校注：此書今不全。

平蜀實録一卷

左藏庫副使康延澤撰。平蜀之役，延澤以内染院使爲鳳州路馬軍都監。王全斌等既得罪，延澤亦貶唐州團練使。按本傳載蜀軍二萬七千人，諸將慮其爲全師雄内應，欲盡殺之。延澤請簡老弱疾病七千人釋之，餘以兵衛浮江而下，諸將不能用。此書敘述甚詳。邯鄲書目云不知作者。館閣書目亦然。考王元之所撰延澤墓誌，知其所爲也。

秦王貢奉録二卷

樞密使吴越錢惟演希聖撰。記其父俶貢獻及錫賚之物。

家王故事一卷

錢惟演撰。記其父遺事二十二事上之，以送史院。

戊申英政録一卷

婺州刺史錢儼撰。記其兄俶事迹。俶以戊申正月嗣位。

玉堂逢辰録二卷

錢惟演撰。其載祥符八年四月榮王宫火，一旦二夜所焚屋宇二千餘間。左藏、内藏、香藥諸庫及秘閣、史館，香聞數十里。三館圖籍一時俱盡，大風或飄至汴水之南。惟演獻禮賢宅以處諸王。以此觀之，唐末、五代書籍之僅存者，又厄於此火，可爲太息也！

南部新書十卷

翰林學士錢易希白撰。倧之子也。所記多唐遺事。

唐登科記十五卷

丞相鄱陽洪适景伯編集。按唐藝文志有崔氏顯慶登科記五卷，姚康科第録十六卷，李奕登科記二卷。崔氏書有趙僋序，而失崔名。所載至周顯德，固非崔氏本書。而李奕書亦不存。洪忠宣得姚康書五卷於北方，而丞相又得別本起武德終太和於毗陵錢氏〔一〕，乃以三本輯爲一書，而用姚氏爲正。三書皆有序。姚字汝諧，南仲孫也，元和十五年進士。本書録武德至長慶爲十一卷。其曰十六卷者，亦後人所續。

〔一〕盧校本「氏」上有「伸仲」二字。

五代登科記一卷

不著名氏。前所謂崔氏書至周顯德止者，殆即此耶？館中有此書。洪丞相以國初卿相多在其中，故併傳之。

大宋登科記三十二卷　案：題解云二十一卷，宋史藝文志同，此蓋誤作三十二卷。

洪适編。始，吴興郡學有鋟板，不分卷第，止述進士一科。适始倣姚康録制舉詞科，自建隆庚申迄紹興庚辰，二萬三千六百人有奇，爲二十一卷。自後皆續書之。

中興登科小録三卷、姓類一卷

通判徽州江都李椿撰。新安舊有登科記，但逐榜全録姓名而已。椿家藏小録，自建炎戊申至嘉熙戊戌，節取名字鄉貫及三代諱刊之後，以韻類其姓，凡一萬五千八百人有奇。太守吴興倪祖常子武刻之，以備前記之闕文。

乘軺録一卷

知制誥祁陽路振子發撰。祥符中使契丹，歸進此録。

奉使别録一卷

丞相河南富弼彦國撰。慶曆使契丹，歸爲語録以進，機宜事節則具於此録。又一本有兩朝往來書附於末。

劉氏西行録一卷

直昭文館保塞劉涣仲章撰。按康定二年，朝廷議遣使通河西唃氏。涣以屯田郎知晋州，請行。以十月十九日出界，慶曆元年三月十日回秦州。此其行紀也。唃氏自此與中國通，而元昊始病於牽制矣。涣後擢刺史，歷典數州至留後，以工部尚書致仕。

契丹講和記一卷

不著名氏。載契丹初講和本末。末有慶曆增幣後北國誓書。

慶曆正旦國信語録一卷

余靖慶曆三年使遼所記。

熙寧正旦國信録一卷

天章閣待制竇卞熙寧八年使遼所記。

接伴送語録一卷

集賢校理沈季長熙寧九年接伴送遼使耶律運所記。

使遼見聞録二卷

尚書膳部郎中李罕撰。

奉使雞林志三十卷

宣德郎王雲撰。崇寧元年，雲以書狀從劉逵、吴栻使高麗，歸而爲此書以進。自元豐創通高麗以後事實，皆詳載之。

宣和使金録一卷

太常少卿安陸連南夫鵬舉弔祭阿骨打奉使所記。時宣和六年。

奉使雜録一卷

紹興十二年，何鑄使金所録禮物、名銜、表章之屬。

館伴日録一卷

無名氏。紹興二十四年。

隆興奉使審議録一卷

左奉議郎雍希稷堯佐撰。隆興二年，編修官胡昉、閤門祇候楊由義使金人軍前，審議海、泗、唐、鄧等事，不屈而歸。希稷，其禮物官也。所記抗辯〔一〕應對之語，多出由義。

〔一〕盧校本「辯」爲「辨」。

攬轡録一卷

參政吴郡范成大至能乾道六年使金所記聞見。

北行日録一卷

參政四明樓鑰大防，乾道己丑，待次温州教授，以書狀官從其舅汪大猷仲嘉使金紀行。

乾道奉使録一卷

參政諸暨姚憲令則乾道壬辰使金日記。

奉使執禮録一卷

進士鄭儼撰。淳熙己酉中書舍人莆田鄭僑惠叔使金賀正，會其主雍病篤，欲令于閤門進國書，僑不可。已而雍殂，遂回。

使燕録一卷

尚書户部郎龍游余嶸景瞻撰。嘉定辛未，嶸使金賀生辰，會有韃寇，行至涿州定興縣而回。

李公談録一卷

翰林學士饒陽李宗諤昌武撰。記其父昉之言，凡三十七事。

丁晋公談録一卷

不知何人作。

賈公談録一卷

序言庚午銜命宋都，聞於補闕賈黄中，凡二十六條，而不著其名。别本題清輝殿學士張洎。蓋洎自江南奉使也。庚午實開寶三年。黄中，晋開運中以七歲爲童子關頭，案：宋史本傳六歲舉童子科。十六歲進士及第第三人。

王沂公筆録一卷

丞相沂公青社王曾孝先撰。記開國以來雜事，凡三十六條。

沂公言行録一卷

天章閣待制王皞子融撰。沂公之弟也。前有葉清臣案：文獻通攷作「李清臣」。序文，後有晏殊、杜杞答書。

王文正家録一卷

端明殿學士王素仲儀記其父旦言行遺事。

寇萊公遺事一卷

不知何人作。

乖崖政行語録三卷　案：文獻通攷作張忠定公語録四卷〔一〕。

虞部員外郎成都李畋撰。述張忠定公詠治蜀政事及言行。

〔一〕盧校注：通攷所載是晁志。

安定先生言行録二卷

雜録胡瑗翼之事及告祠、誌、表、祭文等。其間有賢惠録、孝行録，蓋其父訥所爲也。孝行録別見，賢惠録記婦人之賢者。

曹武惠別傳一卷

知石州曹偃撰。武惠曾孫也。

韓魏公家傳十卷　案：文獻通攷作二卷。

不著名氏。當是其家所傳也。案：晁公武讀書志稱韓忠彦撰録其父琦平生行事。

韓忠獻遺事一卷

覃〔一〕牧判官錢塘强至幾聖撰。至，魏公之客也。

〔一〕原誤作「郡」，據盧校改。

魏公語録一卷〔一〕

與别録小異而寔同。别録分四卷，此總爲一編。先後次第亦不同，而末一則别録所無，姑並存之。

〔一〕盧校注：此當在下條後。

魏公别録四卷

樞密大名王巖叟彦霖撰。亦魏公客。

杜祁公語録一卷

不知何人作。

文潞公私記一卷

記至和請建儲及元豐褒賞事。

唐質肅遺事一卷

無名氏。所記唐介子方事也。

韓莊敏遺事一卷

秘書丞韓宗武文若撰。記其父丞相縝玉汝事。末亦雜記他事。宗武，即少年遇洋客者也，年八十二乃卒。此編亦載其詩，云熙寧間得異疾，與神物遇。

范忠宣言行録二十卷

不著姓名〔一〕，其家所録也。

〔一〕盧校本「姓名」爲「名氏」。

范太史遺事一卷

翰林學士范沖元長記其父事。

傅獻簡佳話一卷

不知何人作。記傅堯俞所談。

杜公談録一卷

雷澤杜師益等録其父務滋之言。王廣淵作序。

道鄉語録一卷

不知作者。記鄒浩志完語。

豐清敏遺事一卷

給事中章貢李朴先之撰。記豐稷相之事，朱熹爲之後序。

宗忠簡遺事三卷

不著名氏。録留守開封宗澤汝霖事。亦其家子孫所爲也。

吕忠穆家傳一卷、逢辰記一卷、遺事一卷

記建炎丞相吕頤浩元直事。孫昭問刻之廣德軍。

褒德集二卷、易學辨惑一卷

邵伯温撰。録其父誥命〔一〕、謚議、行狀、墓誌之屬。辨惑述傳授源流，辨鄭夬之妄。

〔一〕盧校本「誥命」爲「告命」。

吕氏家塾記一卷

侍講吕希哲原明撰。

桐陰舊話十卷

吏部尚書潁川韓元吉无咎撰。記其家世舊事，以京師第門有桐木故云。元吉，門下侍郎維之四世孫也。

熙寧日録四十卷

丞相王安石撰。本朝禍亂萌于此書，陳瓘所謂尊私史而壓宗廟者。其彊愎堅辯，足以熒惑主聽，鉗制人言。當其垂死，欲秉畀炎火，豈非其心亦有所愧悔歟！既不克焚，流毒遺禍至今爲梗，悲夫！書本有八十卷，今止有其半。

温公日記一卷

司馬光熙寧在朝所記。凡朝廷政事、臣僚差除及前後奏對、上所宣諭之語，以及聞見雜事皆記之。起熙寧元年正月，至三年十月出知永興軍而止。

趙康靖日記一卷

參政睢陽趙槩叔平所記治平乙巳、丙午間在政府事〔一〕。

〔一〕盧校本改作「在政路初事」。

劉忠肅行年記一卷

丞相東平劉摯莘老撰。

紹聖甲戌日録一卷、元符庚辰日録一卷

丞相南豐曾布子宣撰。記在政府奏對施行及宮禁朝廷〔一〕。

〔一〕盧校本「朝廷」下加「事」。

文昌雜録六卷

主客郎中南京龐元英懋賢撰。官制初行，元英爲郎，在省四年，記一時見聞及古今典故可觀覽。元

英，丞相莊敏公籍之子。

聞見近録一卷

宗正丞三槐王鞏定國撰。

辨欺録一卷

韓忠彦記其父嘉祐末命事與文、富諸公辨。

回天録一卷

宣教郎秦湛處度撰。記吕好問圍城中事。好問除右丞，誥詞有「回天之力」語，故以名録。後有好問謝其祖公著復官表及遺表。

盡忠補過録一卷

修職郎穆伯芻撰。記張孝純在僞齊時所上本朝書。

吴丞相手録一卷

吴敏元忠撰。記靖康初元事。

岳飛事實六卷、辨誣五卷

飛之孫珂撰。

丁卯實編一卷

成忠郎李珙撰。誅曦之功，楊巨源爲多，安丙忌而殺之。珙爲作傳上之於朝，以昭其功，而伸其寃。

孔子編年五卷

新安胡仔元任撰。其父待制舜陟命仔采摭經傳爲之。

諸葛武侯傳一卷

侍講張栻撰。以陳壽作史私且陋，裒集他傳及裴松之所注爲此傳，而削去管樂自許一則。朱晦翁以爲不然，又爲後論，以達其意。謂其體正大而學未至，使得游洙泗之門，所就不止此。

韓文公歷官記一卷

新安張敦頤撰。頗疏略。其最誤者，序言擒吴元濟、出牛元翼爲一事，此大謬也。爲裴度行軍司馬，在憲宗元和時；奉使鎮州王庭湊，在穆宗長慶時。

歐公本末四卷

吕祖謙編。蓋因觀歐陽公集，考其歷仕歲月、同官同朝之人，略著其事迹。而集中詩文亦隨時附見，非獨歐公本末，而時事、時賢之本末，亦大略可觀矣。故以入傳記類。

皇祐平蠻記二卷

殿中丞馮炳撰。記儂智高事。

孫威敏征南録一卷

學士睢陽滕甫元發撰。言平南之功，皆本孫沔元規，狄青之至，莫能出其右者。余靖歸美於青，非實也。甫時通判潮州。

喻廝囉傳一卷

不著作者。

陝西聚米圖經五卷

閤門通事舍人雄州趙珣撰。珣父振，博州防禦使，久在西邊。珣訪得五路徼外山川道里，康定二年爲此書。韓魏公經略言於朝，詔取其書，召見。執政吕許公、宋莒公言用兵以來，策士之言以千數，無如珣者。擢涇原都監，定川之敗死焉。珣勁特好學，恂恂類儒者，人皆惜之。

元豐平蠻録三卷

金部員外郎知鳳翔府家安國撰。記乞弟、韓存寶事。

元祐分疆録三卷

直龍圖閣京兆游師雄景叔撰。元祐初，議棄西邊四寨，執政召師雄問之，對曰：「先帝棄之可也，主上棄之則不可。且示弱夷狄，反益邊患。」争之甚力，不聽，卒棄之。四寨者：葭蘆、米脂、浮屠、安疆也。案：宋史作「米脂」，原本作「乘脂」，今改正。夏人以事出望外，萌侵侮之心，連年犯順，皆如師雄所料。此書前三卷記當時論辨本末，後一卷行實，不知何人作也。是歲，師雄被命行邊，請以便宜行事。夏人與鬼章謀寇熙河。師雄説劉舜卿出師，种誼遂破洮州，擒鬼章以獻，其功偉矣。元祐諸老固欲休兵息民，師雄言既不行，功復不賞，殆以專反熙、豐，失于偏滯，終成紹述之禍，亦有以也。師雄，治平二年進士。

青唐録一卷

右班殿直李遠撰。元符中取邈川、青唐，已而皆棄之。遠，紹聖武舉人，官鎮洮，奉檄軍前，記其經歷見聞之實，燦然可觀。

交趾事迹十卷

知新州趙勰撰。

占城國録一卷

不著名氏。

雞林類事三卷

不著名氏。

政和大理入貢録一卷

右迪功郎錢塘周邦撰。其祖穜爲集賢修撰知桂州時，歸明人黄璘招來大理國入貢，詔穜考究其真僞。穜言僞妄不可憑，乞依熙寧故事支馬價發還。璘至京師，力主其事，穜落職奉祠。久而覺其詐，乃改正。復職知廣州。

安南表狀一卷

紹興二十五年李天祚進貢，自靖康二年以後，至是始通也。

邊和録五卷

承議郎河東陳伯疆撰。載胡世將承公宣撫川陜事。

建炎德安守禦録三卷

郡丞東平劉荀子卿編次。建炎初，高密陳規元則守德安禦羣盗事迹功狀。規，後守順昌與劉錡共成卻敵之功者也，以樞密直學士知廬州而卒。

淮西從軍記一卷

不著名氏。記紹興十年金人敗盟，淮西諸帥守禦事。

順昌破敵録一卷

不著名氏。記劉錡信叔守禦戰勝本末。

滕公守台録一卷

不著名氏。睢陽滕膺子勤爲台州户曹，方臘之亂，仙居人吕師囊應之，攻城甚急。膺佐太守備禦，卒全一城，郡人德之，至今廟食。行狀事實，聚見此編。膺後至直秘閣京西漕而終。

二楊歸朝録一卷

楊堯弼、楊載紹興八年所與達賚、烏珠〔一〕書。時僞齊初廢也。末有探報金事數十條。

〔一〕盧校注：撻辣、兀朮今定爲達賚、烏珠。

逆臣劉豫傳一卷

楊堯弼等撰。二楊事迹當考。前録題銜稱宣義郎、迪功郎，並爲大總管府官屬。此傳堯弼爲右從事郎，載爲右迪功郎。

許右丞行狀一卷

吏部員外郎許忻撰。許公翰字崧老，襄邑人，爲尚書右丞。忻其弟也。

李忠定行狀一卷

通判洪州李綸撰。其兄丞相綱伯紀事狀。葉適正則所作謚議附於後。

翟忠惠家傳一卷

翟耆年伯壽述其父汝文公巽事實。忠惠者，私謚也。耆年實邢恕外孫。

艾軒家傳一卷

莆田林成季述其季父工部侍郎光朝謙之事實。

夾漈家傳一卷、所著書目附

莆田鄭翁歸述其父樵漁仲事跡。樵死時，翁歸年八歲，安貧不競，頃佐莆郡時猶識之。

葉丞相行狀一卷

閣學廬陵楊萬里廷秀撰。丞相莆田葉顒子昂，乾道丁亥冬雷罷相，至建寧而薨。

謝修撰行狀墓誌一卷

昭武謝師稷務本奉使閩部，有惠愛，没而民祠之。行狀，里人黄適〔一〕景聲撰，案：文獻通攷「黄適」作「黄通」。墓誌，永嘉陳謙益之撰。其廟曰昭應。

〔一〕盧校本「黄適」爲「黄適」。

朱侍講行狀一卷

奉議郎三山黄幹〔一〕直卿撰。其高第弟子且子壻也。

〔一〕盧校本「黄幹」爲「黄榦」。

紫陽年譜三卷

朱侍講門人通判辰州昭武李方子公晦撰。

篤行事實一卷

丞相趙汝愚子直編其父善應彦遠事狀，而羅願、朱熹所撰行狀、墓銘及諸賢哀詞、題跋之屬，萃爲一編。「篤行」者，陳福公題其墓云爾。吕太史跋語有云：「處者易持，出者難工。」朱侍講取其意以爲銘，所以勉其子之意深矣。

趙丞相行實一卷、附録二卷

知静江府趙崇憲履常編集。忠定長子也。其一時諸賢祭文、輓歌與嘉定更化之後昭雪誣枉、改正史牒本末，皆見附録。

趙忠定行狀一卷、謚議一卷

知光州鄱陽柴中行與之撰。其謚議劉允濟全之、楊方子直所爲也。

倪文節言行録三卷、遺奏誌狀碑銘謚議一卷

户部郎中倪祖常子武輯其父尚書遺事。行狀，錫山蔣重珍良貴撰；碑〔一〕銘，臨邛魏了翁華甫撰。

〔一〕今案：館本「撰」「碑」倒置，今據盧校本改正。

趙華文行狀一卷

文林郎趙山李燔敬子撰。忠定之子，吏部崇憲履常也。

八朝名臣言行録二十四卷

侍講朱熹撰。以近代文集及傳記所載本朝名臣言行，掇取其要，輯爲此録。前五朝五十五人，後三朝四十二人。

中興忠義録三卷

襲頤正撰。自建炎至紹興辛巳，上自李若水、劉韐貴臣、名士，下及一婦人、卒伍之微，皆録之。

孝史五十卷

太學博士新喻謝諤昌國撰集。曰君紀五、后德一、宗表五、臣傳三十五、文類二、夷附一。諤後至御史中丞，淳熙名臣，樂易君子也。

孝行録三卷

京兆胡訥撰。始得此書，不知訥何人也。所記多國初人，已而知其爲安定先生翼之之父，仕爲寧海節度推官。

古今孝悌録二十四卷

廬陵王紹珪唐卿撰。

廉吏傳十卷

成都費樞伯樞撰。自春秋至唐，凡百十有四人。宣和乙巳爲序。

南陽先民傳二十卷

題南陽王襄元祐癸酉歲序。所記鄧州人物自百里奚、直不疑而下至唐范傳正、韓翃，凡一百六十人。

典刑録十二卷

苕溪吴宏編。凡五十二門，大略於言行録中鈔出。

近世厚德録四卷

題百鍊真隱李元綱國紀編。沈濬道原爲作序。

救荒活民書三卷

從政郎鄱陽董煟編進。煟，紹熙五年進士，嘗知瑞安縣。

仁和〔一〕活民書二卷 案：文獻通攷仁和作「仁政」。

秀州司户會稽丁鋭集。

〔一〕盧校本「仁和」爲「仁政」。

折獄龜鑑三卷 案：文獻通攷作決獄龜鑑二十卷。

承直郎開封鄭克武子撰。初，五代宰相和凝有疑獄集，其子水部郎和㠓〔一〕續爲三卷，六十七條。克因和氏之書分爲二十門推廣之，凡二百七十六條，三百九十五事。起鄭子産，迄於本朝。

〔一〕盧校本「和㠓」爲「和幪」。

明刑盡心録二卷

丁鋭爲鄂州司理，又集此書。

好還集一卷

秀水婁伯高元龍編報應之事，爲十門。

先賢施仁濟世録一卷

奉化丞山陰諸葛興編。凡十門，皆本朝諸賢事實也。

莆陽人物志三卷

知興化軍永嘉林紘文伯撰。以圖志不敍人物，故特爲是編。莆壤地褊小，而人物特盛。

卧遊録一卷

吕祖謙撰。晚歲病廢卧家，取史傳所載古今人境勝處録之，而以宗少文卧遊之語，寘諸卷首。

上庠録十卷

光州助教吕榮義撰。雜記京師太學故事。

上庠後録十二卷

三山周士貴撰。記中興太學事，頗疏略。

昭明太子事實二卷

知池州趙彦博富文編。昭明廟食於池，頗著靈響。元祐始賜額曰「文孝」。案：元祐賜額曰「文孝」，原本誤作「文序」，今改正。

祠山家世編年一卷

詹仁澤、曾樵編輯廣德横山神張王事跡。

海神靈應録一卷

永嘉貢士陸維則撰。太守韓彦直子温爲之序。初，元祐中太守直龍圖閣范峋夢海神曰：「吾唐李德裕也。」郡城東北隅，海仙壇之上有廟，初不知其爲何代人。峋明日往謁，其像即夢中所見。自是多響應。然封爵訓詞惟曰「海神」而已。

鄂國金陀粹編二十八卷、續編三十卷

岳珂撰。

法令類

律文十二卷、音義一卷

自魏李悝、漢蕭何以來，更三國、六朝、隋、唐，因革損益備矣。本朝天聖中，孫奭等始撰音義，自名例至斷獄，歷代異名皆著之。

唐令三十卷、式二十卷

唐開元中宋璟、蘇頲、盧從愿等所删定。考藝文志卷數同，更同光、天福校定，至本朝淳化中右贊善大夫潘憲、著作郎王泗校勘其篇目、條例，頗與今見行令式有不同者。

刑統三十卷

判大理寺燕山竇儀可象詳定。初，范質既相周，建議律條繁廣，輕重無據，特詔詳定，號大周刑統，凡二十一卷。至是重加詳定，建隆四年頒行。

紹興刑統申明一卷

開寶以來累朝訂正與刑統並行者。

嘉祐驛令三卷

三司使梁國張方平安道等修定。前一卷爲條貫勑，後二卷爲則例令。官吏、幫支、驛券、衙官、傔從之類，皆據此也。

慶元勑十二卷、令五十卷、格三十卷、式三十卷、目録一百二十二卷、隨勑申明十二卷，總二百五十六卷

丞相豫章京鏜仲遠等慶元四年表上。國朝自建隆以來，世有編勑，每更修定，號爲「新書」。中興至此，凡三修矣。其有續降指揮，謂之「後勑」，以待他時修入云。

紹興貢舉法五十卷

丞相万俟卨等紹興二十六年表上。

紹興監學法二十六卷、目録二十五卷、申明七卷、對修釐正條法四卷，共六十二卷

宰相秦檜等紹興十三年表上。

嘉泰條法事類八十卷

宰相天台謝深甫子肅等嘉泰二年表上。初，吏部七司有條法總類，淳熙新書既成，孝宗詔倣七司體分門修纂，别爲一書，以「事類」爲名，至是以慶元新書修定頒降。此書便於檢閲引用，惜乎不併及刑統也。

嘉定吏部條法總類五十卷

嘉定中，以開禧重修七司法并慶元海行法、在京通用法、大宗正司法參定，凡改正四百六十餘條。視淳熙總類增多十卷，七年二月頒行。

役法撮要一百八十九卷

提舉編修宰相京鏜等慶元六年上。自紹興十七年正月以後，至慶元五年七月以前，爲五十五門，又八十二小門，門爲一卷外，爲參詳目録等。卷雖多而文甚少。其書於州縣差役，極便於引用。

刑名斷例十卷

不著名氏。以刑統、勑令總爲一書，惜有未備也。

營造法式三十四卷、看詳一卷

將作少監李誡編修。初，熙寧中，始詔修定，至元祐六年成書。紹聖四年命誡重修，元符三年上，崇寧二年頒印。前二卷爲總釋，其後曰制度、曰功限、曰料例、曰圖樣，而壕寨石作，大小木雕鏇〔一〕鋸作，泥瓦、彩畫刷飾，又名〔二〕分類，匠事備矣。

〔一〕盧校本「鏃」爲「鏇」。

〔二〕盧校本「名」爲「各」。

修城法式條約二卷〔一〕

判軍器監沈括、知監丞吕和卿等所修敵樓馬面團敵式様，并申明條約。熙寧八年上。

〔一〕盧校注：修城法式一條，通攷失載。

宣和軍馬司勑十三卷、令一卷

宣和所修。

金科類要二卷 案：宋史藝文志作一卷。

不著名氏。

元豐刑部敍法通用一卷

末載申明，至紹興、淳熙以後。

直齋書録解題卷八

譜牒類

姓源韻譜一卷

唐張九齡撰。依春秋正典、柳氏萬姓録、世本圖，捃摭諸書，纂爲此譜，分四聲以便尋閲。古者賜姓別之，黄帝之子得姓者十四人是也；後世賜姓合之，漢高帝命婁敬、項伯爲劉氏是也。惟其別之也，則離析，故古者論姓氏，推其本同；惟其合之也，則亂，故後世論姓氏，識其本異。自五胡亂華，百宗蕩析，夷夏之裔與夫冠冕輿臺之子孫，混爲一區，不可遽知。此周、齊以來譜牒之學，所以貴於世也歟？

元和姓纂十卷

唐太常博士三原林寶撰。元和中，朔方別帥天水閻某者，封邑太原以爲言。上謂宰相李吉甫曰：「有司之誤，不可再也。宜使儒生條其源系，考其郡望，子孫職任，並總緝之。每加爵邑，則令閱視。」吉甫以命竇，二十旬而成。此書絶無善本，頃在莆田以數本參校，僅得七八，後又得蜀本校之，互有得失，然粗完整矣。

李氏皇室維城録一卷

屯田郎中李衢、沔王長史林贊修，止於僖宗。蓋昭宗時所録也。

李氏房從譜一卷

唐洛陽主簿李匡文撰。時爲圖譜官。

聖唐偕日譜一卷

前賀州刺史李匡文撰。序言前守職圖籍日，撰天潢源派譜統，務在省略，直取相承一葉，旁附首分諸房。今特從聖唐以來列聖下諸王、公主，逐帝書出，號曰「偕日」，與日齊行之義也。匡文字濟翁，又有資暇集見於録。

唐宰相甲族一卷

唐韋述、蕭穎士等撰。自王方慶而下，十有四家。

唐相門甲族、諸郡氏譜共一卷

不著名氏。甲族八十六家，氏譜自京兆八姓而下，凡三百五十姓。

唐杜氏家譜一卷

唐太子賓客杜信撰。

天下郡望氏族譜一卷

唐李林甫等天寶八年所纂，並附五音於後。

姓苑二卷

不著名氏。古有何承天姓苑。今此以李爲卷首，當是唐人所爲。

姓解三卷

雁門邵思撰。以偏旁字類爲一百七十門，二千五百六十八氏。景祐二年序。

千姓編一卷

不著名氏。末云嘉祐八年采真子記。以姓苑、姓源等書，撮取千姓，以四字爲句，每字爲一姓，題曰千姓編。三字亦三姓也。逐句文義亦頗相屬，殆千字文之比云。

陳郡袁氏譜一卷

袁陟世弼録。

陶氏家譜一卷

懷州教授陶直夫録。侃之後也。

帝王系譜一卷

武夷吴逵案：文獻通攷作「吴達」。公路撰。政和壬辰也。自漢迄周顯德，每代略具數語。其論曹操迫脇君后，無復臣禮，逆節已顯。會其病死，故簒竊之惡，漏在身後。昔人謂其不敢危漢者，亦不覈其情耳。此論與愚意脗合。

羣史姓簒韻譜六卷案：文獻通攷作羣史姓簒韻譜，原本誤作「羣吏」，今改正。

永福黄邦先宋顯撰。凡史傳所有姓氏皆有韻，類聚而著其所出。建炎元年，其兄邦俊宋英爲之序。

古今姓氏書辨證四十卷

校書郎史館校勘臨川鄧名世元亞撰。其子椿年緒成之。

皇朝百族譜四卷

長沙丁維皋撰。周益公爲之序。時紹興末也。僅得百二十有三家，其闕遺尚多，未有能續裒集者。

米氏譜一卷

奉直大夫米憲録。蓋國初勳臣米信之後。信五世爲芾元章，又三世爲憲。

目録類

唐藝文志四卷

新唐書中録出别行。監中有印本。

崇文總目一卷

景祐初，學士王堯臣同聶冠卿、郭縝、案：文獻通攷作「稹」。吕公綽、王洙、歐陽修等撰定，凡六十六卷〔一〕。諸儒皆有論議，歐公文集頗見數條，今此惟六十六卷之目耳。題云紹興改定。案：晁公武讀書志，是書刊正訛謬條次之，凡四十六類，計三萬六百六十九卷。通攷作總目六十四卷，此云一卷者，或因鄭漁仲之言，以排比諸儒每書之下必出新意著説，嫌其繁蕪無用，故紹興中從而去其序釋，僅存其目也。

〔一〕盧校注：文獻通攷標目從晁志作六十四卷，而此處仍作六十六。

秘書省四庫闕書目一卷

亦紹興改定。其闕者，注「闕」字於逐書之下。

邯鄲書目十卷

學士河南李淑獻臣撰，號圖書十志。皇祐己丑自作序以示子孫曰朋、圭、芻者，其子壽朋、復圭、德芻也。

京兆金石録六卷

北平田概纂。元豐五年王欽臣爲序，自爲後序。皆記京兆府縣古碑所在，覽之使人慨然。

集古録跋尾十卷

歐陽修撰。編述之意，序文詳之，世所共知，不復著。

集古目録二十卷

公子禮部郎官棐叔弼撰。公既爲跋尾二百九十六篇，命棐撮其大要，别爲目録。棐之序云爾。今考集中凡三百五十餘跋。案：以上三條，文獻通攷引陳氏之言，原本俱脱去，今補入。

太宗御製御書目一卷

玉宸殿所藏，兼有真宗御製序十四篇。又〔一〕本稍多，而無序文。

〔一〕盧校本「又」改「今」。

真宗御製碑頌石本目録一卷

凡九十名件。乾興所刊板。

龍圖閣瑞物寶目、六閣書籍圖畫目共一卷　玉宸殿書數附。

已上平江虎邱寺御書閣有原〔一〕頒降印本，傳寫得之。

〔一〕盧校本「原」爲「元」。

羣書備檢三卷　案：文獻通攷作十卷。

不知名氏。皆經、史、子、集目録〔一〕。

〔一〕盧校注：今别有羣書備檢，乃篆隸文，非目録。

廣川藏書志二十六卷

徽猷閣待制董逌彦遠撰。以其家藏書考其本末，而爲之論説，及於諸子而止。蓋其本意專爲經設也。

廣川書跋十卷、畫跋五卷

董逌撰。

寶墨待訪録二卷

禮部員外郎米芾元章撰。記承平時故家所藏晋唐遺跡。

金石録三十卷

東武趙明誠德甫撰其所藏二千卷。蓋倣歐陽集古，而數則倍之。本朝諸家蓄古器物款式〔一〕，其考訂詳洽，如劉原父、吕與叔、黄長睿多矣，大抵好附會古人名字，如「丁」字，即以爲祖丁；「舉」字，即以爲伍舉；「方鼎」，即以爲子産；「仲吉匜」，即以爲偪姞之類。邃古以來，人之生世夥矣，而僅見於簡册者幾何？器物之用於人亦夥矣，而僅存於今世者幾何？迺以其姓字、名物之偶同而實焉，余嘗竊笑之。惟其附會之過，併與其詳洽者，皆不足取信矣。惟此書跋尾獨不然，好古之通人也。明誠，宰相挺之之子。其妻易安居士李氏爲作後序，頗可觀。案：此條文獻通攷引陳氏之言，原本誤脱，今補入。

〔一〕盧校本「式」爲「識」。

考古圖十卷

汲郡呂大臨與叔撰。其書作於元祐七年，所紀目〔一〕御府之外，凡三十六家所藏古器物，皆圖而録之。

〔一〕盧校本「目」改爲「自」。

博古圖説十一卷

祕書郎邵武黄伯思長睿撰。有序。凡諸器五十九品，其數五百二十七；印章十七品，其數二百四十五。案李丞相伯紀爲長睿志墓，言所著古器説四百二十六篇，悉載博古圖。今以圖説攷之，博古不固多出於伯思，亦有不盡然者。又其名物亦頗不同，錢、鑑二品至多，此所載二錢、二鑑而已。其書大載印章，而此印章最夥。蓋長睿没於政和八年，其後修博古圖頗采用之，而亦有所删改云爾。大抵好傳古人名字，説已見前。

宣和博古圖三十卷

宣和殿所藏古器物，圖其形製而記其名物，録其款識。品有總説，以舉其凡。而物物攷訂，則其目詳焉。然亦不無牽合也。

羣書會記二十六卷　案：文獻通攷作三十六卷。

鄭樵撰。大略記世間所有之書，非必其家皆有之也。

夾漈書目一卷、圖書志一卷

鄭樵記其平生所自著之書。志者，蓋述其著作之意也。

秦氏書目一卷

濡須秦氏，元祐二年，有爲金部員外郎者，聞於朝，請以宅舍及文籍不許子孫分割。

藏六堂書目一卷

莆田李氏云唐江王之後，有家藏誥命。其藏書目承平時。今浸以散逸矣。

吴氏書目一卷

奉議郎漳浦吴與可權家藏。閩中不經兵火，故家文籍多完具，然地濕苦蠹損。

晁氏讀書志二十卷 案：宋史藝文志作四卷。

昭德晁公武子止撰。其序言得南陽公書五十篋，合其家舊藏得二萬四千五百卷。其守榮州，日夕讎校，每終篇輒論其大指。時紹興二十一年也。其所發明有足觀者。南陽公未知何人，或云井度憲孟也。案：井度文獻通攷作「丌度」〔一〕。

〔一〕盧校注：此有兩本，此二十卷者衢州本也。文獻通攷所引皆此本。宋史藝文志作四卷，袁州本也。鄭樵云井氏望出扶風及南陽。此書序跋皆作「井」字，不作「丌」。

遂初堂書目一卷

錫山尤氏尚書袤延之，淳熙名臣，藏書至多，法書尤富。嘗燼於火，今其存亡幾矣。

中興館閣書目三十卷

祕書監臨海陳騤叔進等撰。淳熙五年上之。中興以來庶事草創，網羅遺逸，中祕所藏，視前世獨無歉焉，殆且過之。大凡著録四萬四千四百八十六卷。蓋亦盛矣。其間攷究疏謬，亦不免焉。

館閣續書目三十卷

祕書丞吴郡張攀從龍等撰。嘉定十三年上。以淳熙後所得書，纂續前録，草率尤甚。凡一萬四千九百四十三卷。

隸釋二十七卷、隸續二十一卷

丞相鄱陽洪适景伯撰。凡漢刻之存於世者，以今文寫之，而爲之釋。又爲之世代譜及物象圖碑，形式悉具之。魏初近古者亦附焉。年來北方舊刻不可復得，覽此猶可慨想。

法寶標目十卷

户部尚書三槐王右〔一〕敏仲撰。以釋藏諸函隨其次第爲之目録，而釋其因緣。凡佛會之先後，華譯之異同，皆具著之。右，旦之曾孫，入元祐黨籍。

〔一〕盧校本「王右」爲「王古」，下同。

鄭氏書目七卷

莆田鄭寅子敬以所藏書爲七録，曰經，曰史，曰子，曰藝，曰方技，曰文，曰類。寅，知樞密院僑之子，博文彊記，多識典故。端平初召爲都司，執法守正，出爲漳州以没。

集古系時録十卷、系地録十一卷

鄭樵撰。大抵因集古之舊，詳考其時與地而系之，二書相爲表裏。案：此條文獻通攷引陳氏之言，原本脱，今補入。

寶刻叢編二十卷

臨安書肆陳思者，以諸家集古書録，用九域志京、府、州、縣繫其名物，而昔人辨證審定之語，具著其下，其不詳所在，附末卷。

釋書品次録一卷

題唐僧從梵集。末有黎陽張暈跋，稱大定丁未。蓋北方板本也。

地理類

山海經十八卷

漢侍中奉車都尉臣秀所校祕書。秀，即劉歆也。晋郭璞注。案唐志二十三卷，音二卷〔一〕。今本錫山尤袤延之校定。世傳禹、益所作，其事見吴越春秋，曰：「禹東巡，登南岳，得金簡玉字，通水之理，遂行四瀆，與益共謀，所至使益疏而記之，名山海經。」此其爲説，恢誕不典。司馬遷曰：「言九州山川，尚書近之矣。至禹本紀、山海經所書怪物，余不敢言之也。」可謂名言，孰曰多愛乎！故尤跋明其爲非禹、伯翳所作，而以爲先秦古書無疑。然莫能名其爲何人也。洪慶善補注楚辭，引山海經、淮南子以釋天問。而朱晦翁則曰：「古今説天問者，皆本此二書，今以文意考之，疑此二書本皆緣解天問而作。」可以破千載之惑。古今相傳既久，姑以冠地理書之録。

〔一〕盧校本「音二卷」上有「圖讚二卷」。

水經三卷、水經注四十卷

桑欽撰。後魏御史中尉范陽酈道元善長注。桑欽，不知何人。邯鄲書目以爲漢人。晁公武曰成帝時人，當有所據。案唐志注或云郭璞撰。又杜氏通典案，水經，晋郭璞注，二卷。後魏酈道元注，四十卷。皆不詳所撰者名氏，亦不知何代之書。佑謂二子博贍，解釋固應精當。然其經云，濟水過壽張，則前漢壽良縣，光武更名；又東北過臨濟，則前漢狄縣，安帝更名；又云菏水過湖陸，則前漢湖陵縣，章帝更名；又云汾水過河東郡永安，則前漢彘縣，順帝更名，故知順帝以後纂序也。詳水經所作，殊爲詭誕，全無憑據。案後漢郡國志濟水，王莽末，因旱渠塞，不復截河南過，統順帝時所撰，都不詳悉，其餘可知。景純注解，又甚疎略，亦爲迂怪，以其僻書，人多不覩，謂其審正未之精也。案：「成帝時人」以下原本俱脱漏，今據文獻通攷所引陳氏之言補入。

唐十道圖十卷

唐宰相趙郡李吉甫弘憲撰。首載州縣總數、文武官員數、俸料。唐志云十卷，今不分卷。

元和郡縣志四十卷　案：新唐書藝文志李吉甫元和郡縣圖誌五十四卷〔一〕。

李吉甫撰。自京兆至隴右，凡四十七鎮。篇首有圖，今不存〔二〕。

〔一〕盧校注：吉甫自序亦止四十卷。新唐書藝文志作五十四卷，然程大昌、洪邁所見，其卷數皆與此同。今所傳抄者又缺六卷。

〔二〕盧校本「篇首有圖，今不存」爲「篇首皆有圖，今圖不存」。

唐十道四蕃志十卷　案：文獻通攷作十三卷。

唐太府少卿梁載言撰。其書廣記備言頗可觀。載言不見於史〔一〕，又有具員故事，題「鳳閣舍人」，及梁四公記，亦云載言所録。

〔一〕盧校注：「不見於史」下，通攷作「未定爲何朝人」。此書有大和以後沿革，當是唐末人。與此不同。

太平寰宇記二百卷

太常博士直史館宜黄樂史子正撰。起自河南，周於海外。當太宗朝上之〔一〕。

〔一〕盧校注：今不全。

元豐九域志十卷

知制誥丹陽王存正仲、集賢校理南豐曾肇子開、官制所檢討邯鄲李德芻等删定，總二十三路、四京、十府、二百四十二州、三十七軍、四監、一千一百三十五縣。

輿地廣記三十八卷

廬陵歐陽忞撰。政和中作，其前三卷以今之郡縣系於前代郡國之下。其序曰：「以今州縣求於漢，則爲郡；以漢郡縣求於三代，則爲州。三代之九州，散而爲漢之六十餘郡，又分而爲今之三百餘州，雖或離或合不可討究，而吾胸中則已了然矣。」漢郡國一百三，今云六十餘郡，不可曉也。忞爲文忠族孫，行名皆連「心」字。

地理指掌圖一卷

蜀人税安禮撰。元符中欲上之朝，未及而卒。書肆所刊，皆不著名氏，亦頗闕不備。此蜀本有涪右任慥序，言之頗詳。

歷代疆域志十卷

臨川布衣吴澥撰。

輿地紀勝二百卷

知江寧縣金華王象之撰。蓋以諸郡圖經，節其要略，而山川景物、碑刻詩詠初無所遺，行在宫闕、官寺實冠其首，關河版圖之未復者，猶不與焉。眉山李説齋季允爲之序。

輿地圖十六卷

王象之撰。紀勝逐州爲卷，圖逐路爲卷，其搜求亦勤矣。至西蜀諸郡尤詳。其兄觀之漕夔門時所得也。

皇朝方域志二百卷

東陽布衣王希先撰。凡前代謂之譜，十六譜爲八十卷；本朝謂之志，爲一百二十卷。譜敘當時事實，而注以今之郡縣；志述今日疆理，而系於古之州國。古今參考，譜、志互見，地理學之詳明者，無以過此矣。嘉熙二年上于朝，得永免文解。其父玲，本建寧人，己未進士，試詞科不中，頗該洽。希先述其遺稾，以成此書。

東京記三卷

龍圖閣直學士宋敏求次道撰。上卷爲宫城，周五里，唐時宣武節度使治所，建隆三年廣城之北隅，用洛陽宫殿之制修之；中卷爲舊城，周二十一里一百五十步，唐汴州城也，號「闕城」，亦曰「裏城」；下卷爲新城，周四十八里二百三十三步，周世宗所築羅城也，號曰「國城」，又曰「外城」。三城之内宫殿、官府、坊巷、第宅、寺觀、營房次第記之。

河南志二十卷

宋敏求撰。司馬温公序之，時元豐六年，次道殁矣。

長安志二十卷

宋敏求撰。趙彦若元考爲之序。二書凡例微不同，然漢、唐舊都遺事詳矣。

關中記一卷

晋葛洪稚川撰。所載殊簡略。

三輔黄圖二卷

不著名氏。案唐志一卷，今分上下卷。載秦、漢間宫室、苑囿甚詳，多引用應劭漢書解，而如淳、顔師古復引此書爲據，意漢、魏間人所作。然中興書目以爲崇文總目及國史志不載，疑非本書也。程氏雍録辨之尤悉。

長安圖記一卷　案：吕大防著長安圖記，此本作長安國記，誤。今改正。

丞相汲公吕大防知永興軍，以爲正長安故圖，著其説於上。今信安郡有此圖，而别録其説爲一編。

雍録十卷〔一〕

吏部尚書新安程大昌泰之撰。周、秦、漢、隋、唐五代皆都雍，故以名。録前史及黄圖、宋志異同，往往辨訂。其辨黄圖有唐縣名，且晋灼所引黄圖皆今書所無，蓋唐人續成之，非見漢事者。

〔一〕今案：此條據盧校本補入。

洛陽伽藍記五卷

後魏撫軍司馬楊衒之撰。專記洛陽城内外寺院。爾朱之亂，城郭邱墟，追述斯記。

洛陽名園記一卷

禮部員外郎濟南李格非文叔撰。記開國以來卿公〔一〕家園囿之盛，其末言天下治亂之候，在洛陽之盛衰；洛陽盛衰之候，在名園之興廢，使人感慨。格非以不肯與編元祐章奏，入黨籍。國史文苑有傳。世所謂易安居士清照者，其女也，格非苦心爲文，而集不傳，館中亦無有，惟錫山尤氏有之。文鑑僅存此跋，蓋亦未嘗見其全集也。

〔一〕盧校本「卿公」爲「公卿」。

鄴中記一卷

案：唐書藝文志有陸翽鄴中記二卷，疑即是書〔一〕。

不著名氏。記自魏而下，及僭僞都鄴者六家宫殿事迹。案唐志有鄴都故事二卷，肅、代時馬温所作。今書多引之。

〔一〕盧校注：陸翽在唐以前，而此書引及肅代人，安得云即是書？此案可删。

晋陽事跡雜記十卷

唐河東節度使李璋纂。序言四十卷，唐志亦同，今删爲十卷。蓋治平中太原府所刻本也，從莆田李氏借録。自南渡以來，關河阻絶，圖志泯亡，得見一二僅存者，猶足以發傷今思古之歎。然唐并州治晋陽、太原二縣，國初克復，徙治陽曲，而墟其故〔一〕。二縣後皆併省，則唐之故跡，皆不復存矣。

〔一〕盧校本「而墟其故」爲「而虚其故城」。

燕吴行役記二卷

不著名氏。大中九年崔鉉鎮淮南，諸鎮畢賀，爲此記者，燕帥所遣僚佐，道中紀所經行郡縣道里及事迹也。其曰我府張公者，時張允中方帥燕也。唐志稱張氏宣宗時人，失其名。「張」者，其帥之姓爾。未審何以知使者之亦爲張氏也。

江行録一卷〔一〕

真州教授句穎紹聖三年所序云，太守張公所修也。張不著名。自真而上直抵荆南，自岳而分，旁徹衡、永，自湖口而别，則東入鄱陽，南至廬陵，程期岸次、風雲占候、時日吉凶，與夫港派灘磧磯洑，莫不具載。江行者賴之。

〔一〕今案：此條據盧校本補入。

臨安志十五卷

府帥吴興周淙彦廣撰。首卷爲行在所，於宫闕殿閣全不記載，籍曰〔一〕禁省嚴祕，不敢明著。其視宋次道東京記，何其大不侔。其他沿革，亦多疏略。然淙有才具，其尹京開湖濬河，皆有成緒。今城中河道通利，民户爲脚船以濟行旅者，蓋自此始。

〔一〕盧校注：當是「藉口」。

吳興統記十卷

攝湖州長史左文質撰。分門别類，古事頗詳。序稱甲辰歲者，本朝景德元年也。

吳興志二十卷

樞密院編修郡人談鑰元時撰。案：文獻通攷作談鑰撰。原本誤作「論」，今改正。嘉泰元年也。其爲書草率，未得爲盡善。

蘇州圖經六卷

翰林學士饒陽李宗諤昌武等撰。景德四年，詔以四方郡縣所上圖經，刊修校定爲一千五百六十六卷。以大中祥符四年頒下，今皆散亡，館中僅存九十八卷。余家所有惟蘇、越、黄三州刻本耳。

吳郡圖經續記三卷

祕書省正字郡人朱長文伯原撰。記祥符以後事，亦頗補前志之闕遺。長文，吳中名士，病廢不仕，自號樂圃，卒於元符元年。

吳地記一卷

唐陸廣微撰。郡人也。多記古吳國事。唐末有秀州，天禧中始割嘉興縣置，故此記合二郡爲一。

吳郡志五十卷

參政郡人范成大至能撰。書始成未行，而石湖没。有求附見某事而弗得者，譁曰此非石湖筆也。太守不能決，藏其書學官。然周益公爲范墓碑，述所著書目有焉。及紹定初，桐川李壽朋僊老爲守，始取而刻之。而書止於紹熙，案：文獻通攷作其書止於紹興。其後事實俾寮屬用褚少孫史記例補成之。趙南塘履常作序，訂其爲石湖書不疑。且謂郡士龔頤正、案：宋史藝文志作龔頤正，此本誤作「順正」，今改正。滕宬、周南皆嘗薦所聞於公者，而龔尤多。

鎮江志三十卷

教授天台盧憲子章撰。

新定志八卷

郡守東平董弅令升撰。紹興己未也。淳熙甲辰，武義陳公亮重修。

嘉禾志五卷、故事一卷

郡守毗陵張元成撰。爲書極草草。

毗陵志十二卷

教授三山鄒補之撰。

越州圖經九卷

李宗諤祥符所上也。末有祕閣校理李垂、邵焕修案：宋史藝文志作邵焕修，此本作「撰修」，誤，今改正。及覆修名銜。然則書成於衆手，而宗諤特提總其凡耳。

會稽志二十卷

通判吴興施宿武子、郡人馮景中、陸子虛〔一〕、朱鼐、王度等撰。陸放翁爲之序。首稱禹會諸侯，而以思陵巡狩，陸府配之，氣壯文雅，蓋奇作也。嘉泰辛酉，陸年已七十七矣。未幾，始落致仕爲史官，至八十五歲乃終。其筆力老而不衰，於此序見之。

〔一〕今案：嘉泰會稽志「虚」作「虞」，是。

會稽續志八卷

梁國張淏撰。續記辛酉後事，而亦補前志之遺。前志無進士題名，此其尤不可遺者也。

赤城志四十卷

國子司業郡人陳耆卿壽老撰。其前爲圖十有三。

赤城續志八卷

郡人吴子良拾其所遺續載之。

赤城三志四卷

郡人林表民逢吉撰。紹定己丑，水壞城，修治興築，本末詳焉。

四明志二十一卷

贛州録事參軍廬陵羅濬修。時胡榘仲方尚書爲守，濬其鄉人也。

永嘉譜二十四卷

禮部侍郎郡人曹叔遠器遠撰。曰年譜、地譜、名譜、人譜。時紹熙三年，太守宛陵孫楙屬器遠裒集，創爲義例如此。器遠，庚戌進士，蓋初第時也。

永寧編十五卷

待制郡人陳謙益之撰。漢分章安之東甌鄉爲永寧，今永嘉四邑是也，故以名編。時嘉定九年，留元剛茂潛爲太守。

東陽志十卷

樞密鄱陽洪遵景嚴撰。紹興二十四年案：文獻通攷作紹興二十四年，此本作三十四年，誤。紹興止有三十二年也。今改正。爲通判時所作。

括蒼志七卷

教授曾賁撰。乾道六年，太守四明樓璩叔韞序。鑰之父也。

括蒼志續〔一〕一卷

郡人陳百朋撰。

〔一〕盧校本「志續」改「續志」。

信安志十六卷

教授衛玠撰。太守四明劉垕也。寶慶丁亥。

信安續志二卷

教授葉汝明撰。太守四明袁甫廣微。紹定初也。

建康志十卷

府帥史正志志道撰。時乾道五年。

建康續志十卷

府帥吴琚居父以郡人朱舜庸所編銓次，與前志並行。時慶元六年。

六朝事迹二卷、南朝宫苑記二卷

不知何人作。記六朝故都事迹頗詳。

姑孰志五卷

教授長樂林椈子長撰。太守楊愿原仲也。寔淳熙五年。

新安志十卷

通判贛州郡人羅愿撰。時淳熙二年，太守則趙不悔也。

秋浦志八卷

太守南昌胡兆乾道八年修。

秋浦新志十六卷

三山王伯大幼學以前志缺陋重修。時以庾節攝郡事，端平丙申也。

南康志八卷

郡守朱端章撰。淳熙十二年。

桐汭新志二十卷

教授錢塘趙子直撰。紹熙五年也。太守林棐序。案：文獻通攷作紹定五年。

豫章職方乘三卷、後乘十二卷

郡人洪芻駒父宣和己亥撰。乘，取晋乘爲名。後乘淳熙十一年太守程叔達序。

潯〔一〕陽志十二卷

迪功郎晁百揆元采撰。淳熙三年，太守開封曹訓爲之序。

〔一〕盧校本「潯」爲「尋」。

宜春志十卷

袁州教授南城童宗説修。太守李觀民也。

盱〔二〕江志十卷、續十卷

郡守胡舜舉紹興戊寅俾郡人童宗説、黄敷忠爲之。續志，慶元五年三山陳岐修，亦郡守也。

〔一〕盧校本「盱」爲「肝」。

富川志六卷

軍學教授括蒼潘廷立撰。太守趙善宣，紹熙四年也。軍治永興，本富川縣，故名。

南安志二十卷、補遺一卷

太守方崧卿、教授許開修。

廣陵志十二卷

教授三山鄭少魏、江都尉會稽姚一謙撰。紹熙元年，太守鄭興裔也。

楚州圖經二卷

教授霅川吴莘商卿撰。太守毗陵錢之望大受，時淳熙十三年。

永陽志三十五卷

滁守林嶾命法曹龔維蕃修。

吴陵志十卷

不著名氏。淳熙壬寅所修。後三年乙巳，太守錢塘萬鍾元亨屬僚佐參正而刻之。泰州在唐爲吴陵縣。

高郵志三卷、續修十卷

興化縣主簿孫祖義撰。郡守趙不慙刻之。淳熙四五年間也。其書在圖志中最爲疏略。嘉定中，守汪綱再修，稍詳定矣。

都梁志八卷

郡守霍箎、教授周之瑞修。紹熙元年也。

續志一卷

嘉泰壬戌郡守耿與義序。案：「郡守」以下原本闕，今據文獻通攷補。

合肥志四卷

合肥主簿唐錡撰。郡守鄭興裔也。時淳熙十五年。

同安志十卷

毗陵錢紳仲仲撰。宣和五年，太守曰曾元禮。未幾而有狄難。至紹興十三年，太守張彦聲始取而刻之。

歷陽志十卷

郡守九華程九萬鵬飛、教授天台黄宜達之撰。慶元元年。

黄州圖經四卷、附録一卷

李宗諤祥符所修圖經，亦頗有後人附益者。郡守李訦又以近事爲附録焉。訦，參政邴漢老之子也。

齊安志二十卷

郡守呂昭問俾教授厲居正重修。慶元己未也。

濠梁志三卷

郡守永嘉張季樗撰。時嘉泰初元。

無爲志三卷

教授宋宜之纂。太守柴瑾爲之序。

襄陽志四十卷

郡守朐山高夔命教授吴興劉宗、幕官上蔡任涝編纂。爲書既詳備，而刊刻亦精緻，圖志之佳者。

襄沔記三卷

唐吴從政撰。删宗懍荆楚歲時記、盛宏之荆州記、鄒閎甫楚國先賢傳、習鑿齒襄陽耆舊傳、郭仲産襄陽記、鮑堅南雍州記集成此書，其紀襄、漢事迹詳矣。景龍中人，自號棲閑子。

房州圖志三卷

郡守毗陵陳宇撰。

義陽志八卷

郡守河内關良臣撰。紹熙二年也。信陽軍，唐申州，所謂申、光、蔡，吴元濟所據，竭天下之力以取之者。

長沙志五十二卷

郡守趙善俊以紹熙二年命教授褚孝錫等七人撰。時陳止齋將漕，相與攷訂商略，故序言當與長樂志並也。

續長沙志十一卷

不著名氏。録紹興〔一〕以後事。

〔一〕盧校本「紹興」爲「紹熙」。

長沙土風碑一卷

唐潭州刺史河南張謂撰。前有碑銘，後有湘中記，載事迹七十件。

衡州圖經三卷

郡守三山孫德輿行之撰。嘉定戊寅刻。

零陵志十卷

郡守徐自明嘉定己卯重修。

舂陵圖志十卷

教授臨江章穎茂憲撰。淳熙六年，太守趙汝誼。

九疑攷古二卷

道州崇道主簿吴致堯格甫撰。取春陵志所紀，而爲詩以記之。宣和甲辰序。

清湘志六卷

郡守永嘉陳峴壽南俾教授林瀛修。案：文獻通攷作林瀛，原本誤作「灑」，今改正。嘉泰二年也。

武昌志三十卷

郡守括蒼王信成之命教授許中應等撰。

武昌土俗編二卷

武昌令永嘉薛季宣撰。記一縣之事頗詳。紹興辛巳、壬午間也。其邑今爲壽昌軍。

鄖城志十二卷

教授傅巖撰。慶元戊午，太守李楫。

岳陽志甲二卷、乙三卷

甲集建安馬子嚴莊父、乙集永嘉張聲道聲之所修，皆郡守也。

岳陽風土記一卷

宣德郎監商税務建安危致明晦叔撰。案：文獻通攷作「范致明」。元符進士第二人，仕至次對，其在岳，蓋謫官也。

辰州風土記六卷

教授縉雲田渭伯清撰。隆興二年，郡守徐彭年。

成都古今集記三十卷

知府事信安趙抃閱道撰。清獻自慶曆將漕之後，凡四入蜀，知蜀事爲詳，故成此書。熙寧七年也。

續成都古今集記二十二卷

知府事王剛中居正撰。寔紹興三十年。余嘗手寫洛陽名園記而題其後曰：「晋王右軍聞成都有漢時講堂，秦時城池、門屋、樓觀，慨然遠想，欲一遊目。其與周益州帖，蓋數致意焉。近時吕太史有感於宗少文卧遊之語，凡昔人紀載人境之勝，録爲一編。其奉祠亳社也，自以爲譙、沛真源，恍然在目，而究之太極、嵩之崇福、華之雲臺，皆將卧遊之。噫嘻！弧矢四方之志，高人達士之懷，古今一也。顧南北分裂，蜀在境内，雖遠，患不往爾，往則至矣。亳、兗、嵩、華視蜀猶邇封也，欲往其可得乎？然則太史之情其可悲也已！余近得此記，手寫一通，與東京記、長安、河南志，夢華録諸書並藏，而時自覽焉。是亦卧遊之意云爾。于時歲在己丑，蜀故亡恙也。後七年而有虜禍，秦、漢故跡，焚蕩無遺，今其可見者，惟此二記耳。而板本亦不可復得矣。嗚呼，悲夫！」己丑，實理宗紹定二年也〔一〕。後七年，即理宗端平三年丙申歲。是年，自九月二十九日夜，沔利都統兼關外四川安撫、知沔州曹友聞戰死之後，十二月，北兵入普州、順慶、潼川府，破成都，掠眉州，五十四州俱陷破，獨夔州一路及瀘、果、合數州僅存。友聞初以明經登丙戌科，緜谷縣尉。制置桂如淵擢爲天水教授，與田遂、陳璃俱招忠義，官至員外郎。自乞換武，積官至眉州防禦使、左驍衛大將軍。朝廷贈龍圖學士、大中大夫，賜廟褒忠，謚曰節。所部皆精鋭，虜畏之，目爲「短曹遍身膽」，時人稱之曰：「元戎制勝世間有，教授提兵天下無。」是役也，北之主將統兵者，四太子并達海也。

〔一〕盧校注：「悲夫」下館本此下空一字。「己丑實理宗紹定二年也」下，此段不似陳氏本文，當亦隨齋語耳。文獻通攷無之。

蜀記二卷

唐鄭暐撰。雜記蜀事、人物、古跡、寺觀之屬。未詳何人。

梁益記十卷

著作佐郎益州知録事參軍任弁撰。天禧四年自爲序。

長樂志四十卷

府帥清源梁克家叔子撰。淳熙九年序。時永嘉陳傅良君舉通判州事，大略皆出其手。

閩中記十卷

唐林諝撰。本朝慶曆中有林世程者重修，其兄世矩作序。諝，郡人，養高不仕，當大中時。世程，亦郡人也。其言永嘉之亂，中原仕族林、黄、陳、鄭四姓先入閩，可以證閩人皆稱光州固始之妄。

建安志二十四卷、續志一卷

删定官郡人林光撰。慶元四年，郡守永嘉張叔椿俾僚屬成之。續志，嘉定十二年府學士人所録。

清源志七卷

通判州事永嘉戴溪肖望撰。時慶元己未，太守信安劉潁也。

延平志十卷

郡守新安胡舜舉汝士與郡人廖拱、廖挺裒集，時紹興庚辰也。序言與盱江志並行，蓋其爲建昌寺，亦嘗修圖志云。

清漳新志十卷

司理參軍方杰撰。嘉定六年，太守趙汝譫蹈中也。

鄞江志八卷 汀州

郡守古靈陳曄日華俾昭武士人李臯爲之。時慶元戊午。郡有鄞江溪，故名。

莆陽志十五卷

郡守趙彦勵懋訓，紹熙三年集郡士爲之。

武陽志十卷

教授葛元隲撰。太守廖遲元達，乾道六年也。

晋江海物異名記三卷

祕書監莆田陳致雍撰。致雍仕僞閩，南唐後歸朝。

廣州圖經二卷

教授王中行撰。

南越志七卷

宋武康令吴興沈懷遠撰。此五嶺諸書之最在前者也。懷遠，懷充之弟，見宋書。

番禺雜記一卷

攝南海主簿鄭熊撰。國初人也。莆田借李氏本録之。蓋承平時舊書，末有「河南少尹家藏」六字，不知何人也。

桂林志一卷

静江教授江文叔編。時乾道五年，張維爲帥。撰次疏略，刊刻草率，亦不分卷次。

桂林風土記一卷 案：唐書藝文志作三卷。

唐融州刺史權知春州莫休符撰。昭宗光化二年也。

桂梅虞衡志二卷

府帥吴郡范成大至能撰。范自桂移蜀，道中追記昔游。

高涼志七卷

教授莆田劉棠撰。太守春陵義太初，嘉泰壬戌也。

邕管雜記一卷

庫部員外郎范旻撰。旻，國初宰相質之子。嶺南初平，旻知邕州，兼轉運使。

嶺外代答十卷

永嘉周去非直夫撰。去非，癸未進士，至郡倅。所記皆廣西事。

南方草木狀一卷

晉襄陽太守嵇含撰。

黄巖志十六卷

知縣永嘉蔡範蓮甫撰。嘉定甲申。

旌川志八卷

知旌德縣歷陽李瞻伯山撰。紹熙三年，謝昌國爲序。

涇川志十三卷

知涇縣濡須王棫叔永撰。嘉定癸酉趙南塘序之。初，縣歲有水患，庚午冬，叔永改卜於舊治之東二里，曰留村。

新吴志二卷

知奉新縣盱江張國均維之撰。新吴，縣舊名。嘉定甲戌。

樂清志十卷

縣令信安袁采君載撰。

修水志十卷

分寧宰徐筠撰。

連川志十卷

知連江縣豫章陶武克之撰。嘉定乙亥。

歷代宫殿名一卷

翰林承旨李昉等纂。歷代及僭僞宫殿、門闕、樓觀、園苑、池館名，無不畢録。

五嶽諸山記一卷

無名氏。多鄙誕不經。

王屋山記一卷

唐乾符三年道士李歸一撰。

華山記一卷

不知名氏。

西湖古跡事實一卷

錢塘進士傅牧撰。以楊蟠百詠增廣，共爲一百八十三首。案：「首」字文獻通攷作「目」。紹興壬午序。

青城山記一卷

蜀道士杜光庭撰。

茅山記一卷

嘉祐六年，句容令陳倩修。

嵮阜山記一卷 案：方輿勝覽寧州有嵮阜山，在分寧西百四十里，此本誤作「纂阜」，今改正。

葛洪撰。其山在豫章。

豫章西山記一卷

贊皇李上文撰。嘉祐丁酉歲。

王笥山記一卷

唐道士令狐見堯撰。山在新淦。别本又有南唐及本朝事，後人所益也。

湘中山水記三卷

晉耒陽羅含君章撰。范陽盧拯注。案：文獻通攷作盧拯，此本誤作「盧極」，今改正。其書頗及隋、唐以後事，則亦後人附益也。

天台山記一卷

唐道士徐靈府撰。元和中人也。余假守臨海，就使本道。嘉熙丙申十月，解郡符趨會稽治所，道過之，鋭欲往遊，會大雪不果，改轅由驛道。至今以爲恨。偶見此記，録之以寄卧遊之意。

顧渚山記一卷

唐陸羽鴻漸撰。鄉邦不貢茶久矣，遺迹未必存也。

廬山記五卷

屯田員外郎嘉禾陳舜俞令舉撰。劉涣凝之、李常公擇皆爲之序。令舉熙寧中謫居所作。

續廬山記四卷

南康守廣陵馬玗録山中碑記之文，以續前録。

九華拾遺一卷

山居劉放至和二年自序曰：「滕天章作新録於前，沈太守撰總録於後，博攷傳聞，復得三十餘節。」

九華總録十八卷〔一〕

邑人程太古撰。裒集諸家所記萃爲一編也。

〔一〕今案：此條據盧校本補入。

武夷山記一卷

杜光庭撰。

羅浮山記一卷

廬陵郭之美撰。皇祐辛卯序。

霍山記一卷

知循州林須撰。山在循州境内。

鴈山行記一卷

永嘉陳謙撰。嘉定己巳遊山，直至絶頂，得所謂「鴈蕩」者，前人並〔一〕未之識也。然繼其後者，亦未有聞焉。

〔一〕盧校本「並」爲「蓋」。

廬阜紀遊一卷

開封孫惟信季蕃撰。嘗大雪登山至絶頂，盡得其景物之詳，嘉定初年也。惟信能爲詩詞，善談謔。蓋嘗有官，棄去不仕，自號花翁，遊江湖間，人多愛之。

何氏山莊次序本末一卷

尚書崇仁何異同叔撰。其别墅曰三山小隱。「三山」者，浮石山、巖石山、玲瓏山，其實一山也，周回數里，敍其景物次序爲此編。自號月湖，標韻清絶，如神仙中人，膺高壽而終。其山聞今蕪廢矣。

湘江〔一〕論一卷　案：文獻通攷作「湘江」，此本訛作「浙」，今改正。

太常博士潘洞撰。

〔一〕盧校注：疑是相江，乃粤之曲江也。

海濤志一卷

唐竇叔蒙撰。

太虚潮論一卷

永泰縣令錢棲業述。末稱天祐六年。

海潮圖論一卷

龍圖閣學士燕肅撰進。

潮説一卷

知錢塘縣張君房撰。凡三篇。

西南備邊志十二卷

嘉州進士鄧嘉猷撰。紹興末，犍爲有蠻擾邊。初，莫知其何種族也。已而，有能别識其爲虚恨蠻者。時蜀邊久無事，既去而朝廷憂之，詔諸司經度。嘉猷取秦、漢以來訖於本朝，凡史傳所載蠻事，皆著於篇，時乾道中也。其爲志九，爲圖一。

北邊備對六卷

程大昌撰。淳熙中進禹貢圖，孝廟因以北虜地里爲問，對以虜無定居，無文史，不敢强言。紹熙退居，追采自古中華、北狄樞紐相關者，條列其地而推言之，名曰「備對」。

南北攻守類攷六十三卷

監進奏院趙善譽撰進。以三國、六朝攻守之變，鑒古事以攷今地，每事爲之圖。

六合掌運圖一卷

不著名氏。凡爲四十圖，首列禹跡，次爲中興後南北三〔一〕境，其後則諸邊關阨險要以及虜地疆界亦著之。

〔一〕盧校注：「三」爲「二」。

海外使程廣記三卷

南唐如京使章僚撰。使高麗所記海道及其國山川、事跡、物産甚詳。史虚白爲作序，稱己未十月，蓋本朝開國前一歲也。

大唐西域記十二卷

唐三藏法師玄奘譯。大總持寺僧辯機撰。

南詔録三卷〔一〕

唐嶺南節度巡官徐雲虔撰。乾符中，邕州遣雲虔使南詔所作。上卷記山川風俗，後二卷紀行及使事。

〔一〕今案：此條據盧校本補入。

至道雲南録三卷〔二〕

左侍禁知興化軍辛怡顯撰。李順之亂，餘黨有散入蠻中者，怡顯往招安之，繼賜蠻酋告勅而歸，遂爲此録。天禧四年自序。或云此書妄也。余在莆田視壁記無怡顯名字，恐或然。

〔二〕今案：此條據盧校本補入。

契丹疆宇圖一卷

不著名氏。録契丹諸夷地及中國所失地。

遼四京記一卷

亦無名氏。曰東京、中京、上京、燕京。

高麗圖經四十卷

奉議郎徐兢明叔撰。宣和六年路允迪、傅墨卿使高麗，兢爲之屬，歸上此書，物圖其形，事爲之説。今所刊不復有圖矣。兢，鉉之後。善篆書，亦能畫，嘗自題「保大騎省世家」、「宣和書學博士」，又自號自信居士。

諸蕃志二卷

福建提舉市舶趙汝适記諸蕃國及物貨所出。

直齋書録解題卷九

儒家類

孔子家語十卷

孔子二十二世孫猛所傳。魏散騎常侍王肅爲之注。肅闢鄭學，猛嘗受學於肅。肅從猛得此書，與肅所論多合，從而證之，遂行於世。云博士安國所得壁中書也，亦未必然。其間所載，多已見左氏傳、大戴禮諸書云。肅，東海人，父朗。

曾子二卷 案：唐書藝文志及文獻通攷俱作二卷，原本作十卷，誤。今改正。

凡十篇，具大戴禮，後人從其中録出別行。慈谿楊簡注。

晏子春秋十二卷〔一〕

齊大夫平仲晏嬰撰。漢志八篇，但曰晏子。隋、唐七卷，始號晏子春秋。今卷數不同，未知果本書否？案：崇文總目謂其書已亡，世所傳者，蓋後人采嬰行事而成。故柳宗元謂墨氏之徒有齊人者爲之，非嬰所自著也。

〔一〕盧校注：余所見止七卷。

荀子二十卷

楚蘭陵令趙國荀況撰。漢志作孫卿子，云齊稷下祭酒。其曰「孫」者，避宣帝諱也。至楊倞始改爲荀卿。

荀子注二十卷

唐大理評事楊倞注。案劉向序，校中書三百二十二篇，以校除複重二百九十篇，定著三十二篇。隋志爲十二卷。至倞始分爲二十卷而注釋之。淳熙中，錢佃耕道用元豐監本參校，刊之江西漕司，其同異著之篇末，凡二百二十六條，視他本最爲完善。

賈子十一卷 案：崇文總目云隋、唐志皆九卷，新唐書藝文志作十卷，此本作十一卷，疑誤。

漢長沙王太傅洛陽賈誼撰。漢志五十八篇，今書首載過秦論，末爲弔湘賦，餘皆録漢書語，且略節誼本傳於第十一卷中。其非漢書所有者，輒淺駁不足觀，決非誼本書也。

鹽鐵論十卷

漢廬江太守丞汝南桓寬次公撰。本始元年，召問賢良、文學，對願罷鹽鐵、榷酤、均輸，與御史大夫弘羊相詰難，於是止罷榷酤，而鹽鐵卒不變。故昭紀贊曰「議鹽鐵而罷榷酤」也。及宣帝時，寬推衍增廣著數萬言，凡六十篇，其末曰雜論。班書取以爲論贊，其言桑大夫據當世，合時變，上權利之略，雖非正法，鉅儒宿學不能自解，博物通達之士也。嗚呼，世之小人何嘗無才！以熙寧日録言之，王安石之辯，雖曰儒者，其實桑大夫之流也。霍光號知時務，與民更始，而鹽鐵之議，乃俾先朝首事之臣，與諸儒議論〔一〕，反覆不厭，或是或非，一切付之公論，而或行或否，未嘗容心焉。以不學無術之人，而暗合乎孟、莊子父臣父政之義。曾謂元祐諸賢，而慮不及此乎！

〔一〕盧校本「議論」爲「論議」。

新序十卷

漢護都水使者光禄大夫劉向子政撰。舜、禹以來迄于周，嘉言善行，往往在焉。其書最爲近古，案：曾鞏序略曰，向之序此書，於今最爲近古，雖不能無失，然遠至舜、禹，而次及於周、秦以來，古人之嘉言善行，亦往往而有也。此云「自舜、禹以來迄於周」，疑有脱句〔一〕。

〔一〕盧校注：蓋節其語而失之。

説苑二十卷

劉向撰。序言臣向所校中書説苑雜事，除去與新序複重者，其餘淺薄不中義理，别集以爲百家後，今〔一〕以類相從，更以造新事，凡二十篇，七百八十四章，號曰説苑〔二〕。案漢志，劉向所序六十七篇，謂新序、説苑、世説、列女傳頌圖也。今本南豐曾鞏序，言崇文總目存者五篇，從士大夫得十五篇，與舊爲二十篇。未知即當時篇章否？新苑之名亦不同。

〔一〕盧校本「今」爲「令」。

〔二〕盧校注：宋本作新苑，故下云云。

法言十卷　案：唐書藝文志作六卷。

漢黄門郎蜀揚雄子雲撰。凡十三篇，篇各有序，本在卷末，如班固叙傳然。今本分冠篇首，自宋咸始也。

法言注十三卷、音義一卷

晋尚書郎李軌宏範注。此本歷景祐、嘉祐、治平三降詔，更監學、館閣、兩制校定，然後頒〔一〕行。與建寧四注本不同。錢佃得舊監本刻之，與孟、荀、文中子爲四書。

〔一〕盧校本「頒」爲「板」。

太玄經十卷

揚雄撰，五業主事章陵宋衷仲子解詁，吴鬱林太守陸績公紀釋文，晋尚書郎范望叔明解贊。案漢志，揚雄所敍三十八篇，太玄十九。本傳三方、九州、二十七部、八十一家、七百二十九贊，分爲三卷，有首、衝、錯、測、攡、瑩、數、文、掜、圖、告十一篇，皆以解剥玄體，蓋與本經三卷，共爲十四。今志云十九，未詳。初，宋、陸二家各依舊本解釋，范望折中長短，或加新意，既成此注，乃以玄首一篇，加經贊之上；玄測一篇，附贊之下，爲九篇，列爲四卷。首測一〔一〕序，仍載之第一卷之首。蓋猶王弼離合古易之類也。卷首有陸績述玄一篇。

〔一〕盧校本「一」爲「二」。本傳尚有「二百四十三表」六字。隨齋批注。

說玄一篇

唐宰相河南王涯廣津撰。明宗、立例、揲法、占法、辨首凡五篇。

太玄釋文一卷

相傳自侯芭、虞翻、宋衷、陸績互相增損，非後人所作也，吴秘嘗作音義，豈即此耶？

太玄集注六卷

司馬光撰。自宋衷而下四家之外，有直昭文館宋惟幹注，天水尉陳漸演玄，司封郎吴秘音義，通前凡七家。集取其說，斷以己意〔一〕。

〔一〕盧校注：温公極重太玄，稱其書合天地之道，以爲「孟與荀殆不足擬，況其餘乎。

玄解四卷、玄曆一卷

右丞襄陵許翰崧老撰。所解十一篇，通温公注爲十卷，倣韓康伯注繫辭合王弼爲全書之例也。大抵玄首如象，贊如爻，案：原本脱「象贊如」三字，今據文獻通攷補入。測如象，文如文言，攡、瑩、掜、告如繫辭，數如説卦，衡如序卦，錯如雜卦之類。其於易也，規規然擬之勤矣。太玄曆者，亦翰所傳，云温公手録，不著何人作。

中鑒五卷

漢黄門侍郎潁川荀悦仲豫撰。獻帝頗好文學，政在曹氏，恭己而已。悦志在獻替，而謀無所用，乃作此書五篇奏之。其曰「教化之廢，推中人而墮於小人之域；教化之行，引中人而納於君子之塗」，古今名言也。

本傳止載政體一篇，有曰「前鑒既明，後復申之」，故名。隨齋批注。

中論二卷

漢五官將文學北海徐幹偉長撰。唐志六卷，今本二十篇，有序而無名氏。蓋同時人所作。案：貞觀政要，太宗嘗稱見幹中論復三年喪篇，宋時館閣本已闕。又魏志文帝稱幹著中論二十餘篇，則知二十篇非全書也。

孔叢子七卷

孔氏子孫雜記其先世系言行之書也。小爾雅一篇，亦出於此。中興書目稱漢孔鮒撰，一名盤盂。案孔光傳，夫子八世孫鮒，魏相順之子，爲陳涉博士，死陳下，則固不得爲漢人。而其書紀鮒之没，第七卷號連叢子者，又記太常臧而下數世，迄於延光三年季彦之卒，則又安得以爲鮒撰。案儒林傳所載爲博士者，又曰孔甲，顔注曰：「將名鮒，而字甲也。」今攷此書稱子魚名鮒，陳人，或謂之子鮒，或稱孔甲，然則顔監未嘗見此書耶？藝文志有孔甲盤盂二十六篇，本注謂黄帝史，或曰夏帝孔甲，似皆非也。其書蓋田蚡所學者，與孔鮒初不相涉也。中興書目乃曰「一名盤盂」，不知何據？豈以漢志所謂孔甲，即陳王博士之孔甲邪？

帝範一卷 案：舊唐書經籍志作四卷，宋史藝文志作二卷。

唐太宗撰。凡十二篇，以賜高宗。

中説十卷

隋河汾王通仲淹撰。唐志五卷，今本第十卷有文中子世家、房魏論禮樂事、書關子明事及王氏家書雜録。舊傳以此爲前後序，非也。案：晁公武讀書志，是書係王通之門人共集其師之語。

中説注十卷

太常丞阮逸天隱撰。

中説注十卷

正議大夫淄川龔鼎臣輔之撰。自甲至癸爲十卷，而所謂前後序者，在十卷之外，亦頗有所删取。李格非跋云，龔自謂明道間得唐本於齊州李冠，比阮本改正二百餘處。

潛虚一卷

司馬光撰。言萬物皆祖於虚，玄以準易，虚以準玄。

潛虚發微論一卷

監察御史張敦實撰。凡九篇。

周子通書一卷、太極圖説一卷

廣東提刑舂陵周敦頤茂叔撰。

周子通書遺文遺事一卷

侍講朱熹集次。刊於南康。

帝學八卷 案：文獻通攷作十卷

侍講成都范祖禹淳父元祐中編集，上自三皇五帝，迄於本朝神宗。凡聖學事實皆具焉。

正蒙書十卷

崇文校書長安張載子厚撰。凡十九篇〔一〕。案：晁公武讀書志，是書初無篇次，其後門人蘇昞等區別成十七篇。范育、吕大臨、蘇昞爲前後序，皆其門人也。又有待制胡安國所傳，編爲一卷，末有行狀一卷。

〔一〕盧校注：此十九篇誤。

經學理窟一卷

張載撰。

西銘集解一卷

張載作訂頑、砭愚二銘，後更曰東、西銘，其西銘即訂頑也。大抵發明理一分殊之旨。有趙師俠者，集吕大臨、胡安國、張九成、朱熹四家之説爲一編，刻之興化軍。

通書西銘集解三卷

户部侍郎新昌王夢龍慶翔所集。

河南師説十卷

尚書潁川韓元吉无咎以河南雅言、伊川雜説及諸家語録，釐爲十卷，以尹和靖所編爲卷首。不若遺書之詳訂也。

山東野録七卷

殿中丞臨淄賈同公餗撰。本名罔，真宗御筆改之。蓋祥符祀汾陰時，所放經明行修進士也。

程氏遺書二十五卷、附録一卷、外書十三卷

朱熹集録二程門人李籲端伯而下諸家所聞見問答之語，附録行狀、哀詞、祭文之屬八篇。其年譜，朱公所撰述也。外書則又二十五篇之所遺者。

皇極經世書十二卷

邵雍堯夫撰。其學出於李之才挺之，之才受之穆脩伯長，脩受之种放明逸，放受之陳摶。蓋數學也，曰元會運世，以元經會，以運經世，自帝堯至於五代，天下離合，治亂興廢，得失邪正之迹，以天時而驗人事，以陰陽剛柔窮聲音律吕，以窮萬物之數。末二卷論所以爲書之意，窮日月星辰、飛走動植之數，以盡天地萬物之理；述皇王帝〔一〕霸之事，以明大中至正之道。書謂之皇極經世，篇謂之觀物，凡六十二篇。其子伯温爲之敍系，具載先天、後天、變卦、反對諸圖，又爲易學辨惑一篇，敍傳授本末真僞。然世之能明其學者，蓋鮮焉。

〔一〕盧校本改「王帝」爲「帝王」。

觀物外篇六卷

康節門人太常寺簿張崏子望記其言，雖十纔一二，而足以發明成書。

觀物内篇二卷

康節之子右奉直大夫伯温撰。即經世書之第十一、十二卷也。張氏曰：「先生觀物有内、外篇。内篇，先生所著之書也；外篇，門人所記先生之言也。内篇理深而數略，外篇數詳而理顯。學先天者，當自外篇始。」先生詩云：「若無楊子天人學，安有莊周内、外篇。」以此知外篇亦先生之文，門人蓋編集之耳。又曰：「皇極經世者，康節之易，先天之嗣也。觀物篇立言廣大，措意精微如繫辭然，稽之以理，既無不通，參之以數，亦無不合。」案：以上三書，皆已見易類，而解題詳略互異，今並仍之。

近思録十四卷

朱熹、吕祖謙取周、程之書關於大體而切於日用者六百十九條，取「切問近思」之義，以教後學。

元城語録三卷

右朝散郎維揚馬永卿大年撰。永卿初仕亳州永城主簿，從寓公劉安世器之學，記其所聞之語。

劉先生談録一卷

知秀州韓瓘德全撰。瓘，億之曾孫，緬之孫。官二浙，道睢陽，往來必見劉元城，記其所談二十一則。

道護録一卷

胡珵德輝所録劉元城語，凡十九則。以上三書皆刻章貢，末又有邵伯温、吕本中所記數事附焉。

庭闈稾録一卷

即楊迴所録，當政和八年，其父亡恙時也。

龜山別録一卷

不知何人所録。

龜山語録五卷

延平陳淵幾叟、羅從彦仲素、建安胡大原伯逢所録楊時中立語及其子迴稾録共四卷。末卷爲附録、墓誌、遺事，順昌廖德明子晦所集也。

尹和靖語録四卷

馮忠恕、祈寬居之、吕堅中崇實所録尹焞彦明語。

胡氏傳家録五卷

曾幾吉父、徐時動舜鄰、楊訓子中所記胡安國康侯問答之語，及其子寧和仲所録家庭之訓。

無垢語録十四卷、言行編、遺文共一卷

張九成子韶之甥于恕所編心傳録，及其門人郎昱所記日新録。近時徐鹿卿德夫教授南安，復裒其言行，繫以歲月，及遺文三十篇，附於末。

南軒語録十二卷

蔣邁所記張栻敬夫語。

晞顔録一卷

張栻取經傳中凡言及顔子者，録爲一編。

晦庵語録四十六卷

著作佐郎陵錫李道傳貫之，裒晦翁門人廖德明子晦而下三十二家，刻之九江。

晦庵續録四十六卷

李太史之弟樞密性傳成之，又得黄幹〔一〕直卿而下四十一家，及前録所無者併刻之，合貫之前録，益見該備矣。

〔一〕盧校本改「幹」爲「榦」。

節孝先生語一卷

江端禮季恭所録山陽徐積仲車語。

童蒙訓一卷

中書舍人東萊吕本中居仁撰。

師友雜志一卷、雜説一卷

吕本中撰。

胡子知言一卷

五峯胡宏仁仲撰。文定公安國之季子，張南軒從之遊。

忘筌書二卷

浦城潘植子醇撰。多言易，亦涉異端，凡五十一篇。此書載鳴道集爲九十二篇，附見者又十有三，而館閣書目又稱七十七篇，皆未詳。

諸儒鳴道集七十二卷

不知何人所集涑水、濂溪、明道、伊川、横渠、元城、上蔡、無垢以及江民表、劉子翬、潘子醇凡十一家，其去取不可曉。

兼山遺學六卷

河南郭雍録其父忠孝之遺書。前二卷爲易蓍卦，次爲九圖，又次説春秋，又次爲性説三篇，末卷問答雜説。忠孝父子世系、出處本末，詳見易類。

玉泉講學一卷

沙隨程迥可久所記喻樗子才語。樗本末見語孟類。

周簡惠聖傳録一卷

參政荆溪周葵惇義撰。案：周惇義名葵，原本誤作「蔡」，今改正。自堯、舜至孔、孟聖傳正統，爲絶句詩二十章，而各著其説，自爲一家，然無高論。

小學書四卷

朱熹所集古聖格言至論，以教學者，皆成童幼志進學之序也。内篇曰立教、明倫、敬身、稽古，外篇曰嘉言、善行。

吕氏讀書記七卷

吕祖謙撰。乾道癸巳淳熙乙未家居日閲之書，隨意手筆，或數字，或全篇。蓋偶有所感發，或以備遺忘者。

閫範十卷

吕祖謙撰。集經、史、子、傳，發明人倫之道，見於父子、兄弟之間者爲一篇。時教授嚴州，張南軒守郡，寔爲之序。

少儀外傳二卷

吕祖謙撰。雜取經傳嘉言善行，切於立身應世者，皆博學切問之事也，而大要以謹厚爲本。

辨志録一卷〔一〕

〔一〕盧校注：通攷有此條，館本無之，當補入。又注：皆已見上書而無次第，當是草創本。

尊孟辨七卷

建安余允文隱之撰。以司馬公有疑孟及李遘〔一〕泰伯常語、鄭厚叔友折衷，皆有非孟之言，故辨之，爲五卷。後二卷則王充論衡刺孟及東坡論語説中與孟子異者，亦辨焉。

〔一〕盧校本「遘」改「覯」。

先聖大訓六卷

龍圖閣學士慈谿楊簡敬仲撰。案：楊簡官龍圖閣學士，此本脱「龍圖」二字，今補正。取禮記、家語、左傳、國語而下諸書，凡稱孔子之言，皆類爲此編。然聖人之言，旨意未易識也。「喪欲速貧，死欲速朽」，自門弟子已不能知其有爲而言，況於百氏所記，其間淺陋依托，可勝道哉！多聞闕疑，庶乎其弗畔也。

己易一卷

楊簡撰。

慈湖遺書三卷

楊簡撰。前二卷雜説，末一卷遺文。慈湖之學，專主乎「心之精神是謂聖」一語，其誨人惟欲發明本心而有所覺。然其稱學者之覺，亦頗輕於印可。蓋其用功偏於上達，受人之欺而不疑。竊嘗謂誠明一理，焉有誠而不明者乎？當淳熙中，象山陸九淵之學盛行於江西，朱侍講不然之。朱公於前輩不肯張無垢，於同流不肯陸象山，爲其本原未純故也。象山之後，一傳而慈湖，遂如此。甚矣，道之不明，賢知者過之也！

明倫集十卷

高安塗近止撰。取經傳言行之要，以孝爲本，推而廣之爲十篇。塗有子登科，得初品官致仕。

心經法語一卷

參政〔一〕建安真德秀希元撰。集聖賢論心格言。

〔一〕盧校本「參政」爲「參知政事」。

三先生謚議一卷

嘉定中，魏了翁華父爲潼川憲，奏請賜周、程謚。寶慶守李大謙集而刻之，併及諸郡祠堂記文。

言子三卷

言偃，吴人，相傳所居在常熟縣。慶元間，邑宰孫應時季和始爲立祠，求朱晦翁爲記。近新昌王爚伯晦復裒論語諸書所載問答爲此書。邑中至今有言氏，亦買田教養之。

道家類

老子道德經二卷

周柱下史李耳伯陽撰。昔人言謚曰「聃」，故世稱老聃。然「聃」之爲訓，耳漫無輪也，似不得爲謚。

御注老子二卷

徽宗皇帝御製。

老子注二卷

魏王弼撰。魏、晋之世，玄學盛行，弼之談玄，冠於流輩，故其注易，亦多玄義。晁説之以道曰：「弼本深於老子，而易則未也。其於易多假諸老子之旨，而老子無資於易，其有餘不足之迹可見矣。」世所行老子，分道德經爲上、下卷。此本道德經且無章目，當是古本。

老子道德論述要二卷

司馬光撰。太史公曰老子著書言道德之意。後人以其篇首之文名。上篇曰道，下篇曰德。夫道德連體，不可偏舉，合從本名。温公之説如此。其不曰「經」而曰「論」，亦公新意也。

老子新解二卷

蘇轍撰。東坡跋曰：「使戰國有此書，則無商鞅、韓非；使漢初有此書，則孔老爲一；使晉、宋間有此書，則佛老不爲二。」

老子解二卷

葉夢得撰。其説曰：「孔子稱竊比於我老彭，孟子闢楊、墨，而不及老氏。老氏之書，孔、孟所不廢也。」所解生之徒十有三，死之徒十有三，案：老子解云「生之徒十有三，死之徒十有三」，原本作「死之徒有三」，誤。今改正。以爲四肢九竅，本韓非子解老之説。

易老通言十卷

程大昌撰。其序言名爲訓老，而實該六經，故曰易老通言，易在而六經皆在矣。蓋以易爲六經之首也。

列子八卷

鄭人列禦寇撰。穆公時人。案：劉向校定八篇，謂列禦寇與鄭繆公〔一〕同時。柳宗元云，鄭繆公在孔子前幾百載，禦寇書言鄭殺其相駟子陽，則鄭繻公二十四年，當魯穆公之十年。向蓋因魯穆公而誤爲「鄭」耳。

〔一〕盧校本案「禦寇與鄭繆公同時，此沿劉向之語而誤爲鄭耳。」

列子注八卷

晉光禄勳張湛處度撰。

列子釋文二卷

唐當塗縣丞殷敬順〔一〕撰。案：殷敬順撰列子釋文，原本作「處順」，今改正。

〔一〕盧校本「殷敬順」爲「殷虔順」。并校注曰：殷實名敬順，此避翼祖諱耳。

莊子十卷

蒙漆園吏宋人莊周撰。案史記與齊宣、梁惠同時，則亦當與孟子相先後矣。

莊子注十卷

晉太傅主簿河南郭象子玄撰。案本傳，向秀解義未竟而卒，頗有别本遷流，象竊以爲己注，乃自注秋水、至樂二篇，又易馬蹄一篇，其餘點定文句而已。其後秀義别出，故今有向、郭二莊，其義一也。然向義今不傳，但時見陸氏釋文。

莊子音義三卷

唐陸德明撰。即經典釋文二十六至二十八卷。

莊子疏三十卷

唐道士西華法師陝郡成玄英子實撰。玄英隱東海，貞觀五年召至京師，永徽中流郁州，不知坐何事。唐藝文志云。

鬻子一卷

鬻熊爲周文王師，封於楚，爲始祖。漢志云爾。書凡二十二篇，今書十五篇。陸佃農師所校。

鬻子注一卷

唐鄭縣尉逢行珪撰。止十四篇，蓋中間以二章合而爲一，故視陸本又少一篇。此書甲乙篇次，皆不可曉，二本前後亦不同。姑兩存之〔一〕。

〔一〕盧校注：趙敬夫云鬻子末及伯禽，中有舜七友，陶淵明不列入四八目，蓋僞作也。

關尹子九卷

周關令尹喜，蓋與老子同時，啓老子著書言道德者。案漢志有關尹子九篇，而隋、唐及國史志皆不著録，意其書亡久矣。徐藏〔一〕子禮得之於永嘉孫定，首載劉向校定序，篇末有葛洪後序。未知孫定從何傳授，殆皆依托也。序亦不類向文。

〔一〕盧校本「藏」改「蒧」。

亢倉子三卷　案：唐書藝文志、文獻通攷俱作二卷。

何粲注。首篇所載與莊子庚桑楚同。「亢倉」者，「庚桑」聲之變也，其餘篇亦皆依托。唐柳子厚辨其非劉向、班固所録，是矣。今唐志有王士元亢倉子二卷，注云天寶元年，詔號莊子爲南華真經、列子沖虚、文子通玄、亢倉子洞靈真經。然亢倉子求之不獲，襄陽處士王士元謂莊子作庚桑子、太史公列子作亢倉子，其實一也。乃取諸子文義類者補其亡。然則今之亢倉，士元爲之也。宗元唐人，豈偶不之知耶？

文子十二卷

題默希子注。案漢志有文子九篇。老子弟子，與孔子同時，而稱周平王問，似依托者也。又案史記貨殖傳徐廣注：「計然，范蠡師，名研。」裴駰曰：「計然，葵邱濮上人，姓辛氏，字文子。」默希子引以爲據。然自班固時已疑其依託，況又未必當時本書乎？至以文子爲計然之字，尤不可攷信。柳子厚亦辨其爲駁書，而亦頗有取焉。默希子不著名氏，晁公武曰唐徐靈府自號也。

鶡冠子三卷

陸佃解。案漢志，鶡冠子，楚人，居深山，以鶡爲冠。今書十九篇，韓吏部稱十有六篇，故陸謂非其全也。韓公頗道其書，至柳柳州則曰盡鄙淺言也，好事者僞爲其書，反用鵩賦以文飾之。其好惡不同如此。自今攷之，柳説爲長。

抱朴子二十卷

晉句漏令丹陽葛洪稚川撰。洪所著書，内篇言神仙黄白變化之事，外篇駁難通釋。此二十卷者，内篇也。館閣書目有外篇五十卷。

坐忘論一卷

唐逸人河内司馬承禎子微撰。言坐忘安心之法凡七條，并樞翼一篇，以爲修道階次。其論與釋氏相出入。

天隱子一卷

司馬子微作序，言不知其何許人，著書八篇，修鍊形氣，養和心靈，長生久視，無出此書。今觀其言，殆與坐忘論相表裏。豈「天隱」云者，托之别號歟？案：洪興祖云，司馬子微得天隱子之學，未知何據。

玄真子外篇三卷

唐隱士金華張志和撰。唐志玄真子十二卷，今纔三卷，非全書也。既曰外篇，則必有内篇矣。志和事迹，詳見余所集碑傳。

無能子三卷

不著名氏。唐志云光啓中隱民間，蓋其自序云爾。

莊子義十卷

參政清源吕惠卿吉交撰。元豐七年，先表進内篇，其餘蓋續成之。

莊子十論一卷

題李士表撰。未詳何人。

直齋書録解題卷十

法家類

管子二十四卷 案：隋、唐經籍志俱作十九卷。

齊相管夷吾撰。唐房玄齡注。案漢志，管子八十六篇，列於道家。隋、唐志著之法家之首。今篇數與漢志合，而卷視隋、唐爲多。管子似非法家，而世皆稱管、商，豈以其操術用心之同故耶？然以爲道〔一〕則不類。今從隋、唐志。

〔一〕盧校本「道」下有「家」。

商子五卷

秦相衛公孫鞅撰。或稱商君者，其封邑也。漢志二十九篇。今二十六篇，又亡其一。

愼子一卷

趙人慎到撰。漢志四十二篇，先於申韓〔一〕稱之。唐志十卷，滕輔注。今麻沙刻本纔五篇，固非全書也。案莊周、荀卿書皆稱田駢、慎到。到，趙人；駢，齊人，見於史記列傳。今中興館閣書目乃曰瀏陽人。瀏陽在今潭州，吴時始置縣，與趙南北了不相涉，蓋據書坊所稱，不知何謂也。崇文總目言三十七篇。

〔一〕盧校本「申韓」下重「申韓」二字。并注曰：當重「申韓」二字，通攷亦脱。

韓子二十卷

韓諸公子韓非撰。漢志五十五篇，今同。所謂孤憤、説難之屬，皆在焉。

名家類

公孫龍子〔一〕三卷

趙人公孫龍爲白馬非馬、堅白之辨者也。其爲説淺陋迂僻，不知何以惑當時之聽。漢志十四篇，案：漢書藝文志六十四篇，此云十四篇，誤。今書六篇。首敍孔穿事，文意重複。

〔一〕今案，張跋云：公孫龍子漢志正作十四篇，則是解題本不誤，而案語反誤也。

鄧析子二卷

鄭人鄧析。左氏傳鄭駟歂嗣子太叔爲政，殺鄧析，而用其竹刑，即此人也。列子、荀子以爲子産所殺，顏師古辨之矣。

尹文子二卷　案：宋史藝文志作一卷，文獻通攷作二卷。

齊人尹文撰。漢志齊宣王時人，先公孫龍。今本稱仲長氏撰定，魏黄初末得於繆熙伯，又言與宋鈃、田駢同學於公孫龍，則不然也。龍書稱尹文乃借文對齊宣王語，以難孔穿，其人當在龍先。班志言之是矣。仲長氏，即統也耶？熙伯名襲。

人物志三卷〔一〕　案：劉劭人物志止上、中、下三卷，原本作二十卷，誤。今改正。

魏散騎常侍邯鄲劉劭孔才撰。梁儒林祭酒燉煌劉昞注。梁史無劉昞，中興書目云爾。晁氏云僞涼人。

〔一〕盧校本改爲十二卷。注曰：元本作二十卷，蓋誤倒也。陳以爲一篇爲一卷，晁志作三卷，與今本合。

廣人物志十卷　案：唐書藝文志作三卷，宋史藝文志作二卷。

唐鄉貢進士京兆杜周士撰。敍武德至貞元選舉薦進人物事實，凡五十五科。

墨家類

墨子三卷〔一〕

宋大夫墨翟撰。孟子所謂邪説詖行，與楊朱同科者也。韓吏部推尊孟氏，而讀墨一章，乃謂孔、墨相爲用，何哉？漢志七十一篇，館閣書目有十五卷六十一篇者，多訛脱，不相聯屬。又二本，止存十三篇者，當是此本也。方楊、墨之盛，獨一孟子訟言非之，諄諄焉惟恐不勝。今楊朱書不傳，列子僅存其餘，墨氏書傳於世者亦止於此。孟子越百世益光明，遂能上配孔氏，與論語並行，異端之學，安能抗吾道哉！

〔一〕盧校本改爲十五卷。并注曰：此三卷者非全書。

縱横家類

鬼谷子三卷　案：唐書藝文志作二卷。

戰國時，蘇秦、張儀所師事者，號鬼谷先生，其地在潁川陽城，名氏不傳於世。此書漢志亦無有，隋、唐志始見之，唐志則直以爲蘇秦撰，不可攷也。隋志有皇甫謐、樂壹二家注，今本稱陶弘景注。案：徐廣曰潁川陽城有鬼谷，注其書者樂壹、皇甫謐、陶弘景、尹知章。

農家類

農家者流，本於農稷之官，勤耕桑以足衣食。神農之言，許行學之，漢世野老之書，不傳於後，而唐志著録，雜以歲時月令及相牛馬諸書，是猶薄有關於農者。至於錢譜、相貝、鷹鶴之屬，於農何與焉？今既各從其類，而花果栽植之事，猶以農圃一體，附見於此，其實則浮末之病本者也。

齊民要術十卷

後魏高陽太守賈思勰撰。起自耕農，終於醯醢資生之業，靡不畢書，凡九十三篇。其曰「治生之道，不仕則農」，蓋名言也。

山居要術三卷

稱王旼撰。館閣書目作王旻。皆莫知何時人也。

四時纂要五卷 案：宋史藝文志作十卷。

唐韓諤撰。雖曰歲時之書，然皆爲農事也。

蠶書二卷 案：宋史藝文志作三卷。

孫光憲撰。光憲事跡，見小説類。

秦少游蠶書一卷〔一〕

見少游淮海集第六卷。序略曰：予閒居，婦善蠶，從婦論蠶，作蠶書。考之禹貢，揚、梁、幽、雍不貢繭物，兗篚織文，徐篚玄纖縞，荆篚玄纁璣組，豫篚纖纊，青篚檿絲，皆繭物也。而桑土既蠶，獨言於兗，然則九州蠶事，兗爲最乎？予游濟、河之間，見蠶者豫事時作，一婦不蠶，比屋詈之。故知兗人可爲蠶師。今予所書，有與吴中蠶家不同者，皆得之兗人也。案：此條文獻通攷引陳氏之言。原本脱，今補入。

〔一〕盧校注：館本此下增秦少游蠶書一條，云據通攷補入。按通攷此條并無「陳氏曰」三字，且標題已與此書不類，其云「見少游淮海集第六卷」，即此一句，更見非陳氏所登，陳氏未嘗分一書另見也。

禾譜五卷

宣德郎温陵曾安止移忠撰。東坡所爲賦秧馬歌也。謂禾譜文既温雅，事亦詳實，惜其不譜農器，故以此歌附之。安止，熙寧進士，嘗爲彭澤令。右丞黄履安中誌其墓。

農器譜三卷、續二卷

耒陽令曾之謹撰。安止之姪孫也。追述東坡作歌之意爲此編。周益公爲之序，陸務觀亦作詩題其後。

農書三卷

稱西山隱居全真子陳旉撰。案：農書係陳旉撰。原本誤作「雱」，今改正。未詳何人。其書曰田、曰牛、曰蠶。

耕桑治生要備二卷

洪慶善爲之後序。

左宣教郎通判横州何先覺撰。紹興癸酉序。

耕織圖一卷

於潛令鄞樓璹壽玉撰。攻媿參政之伯父也。

竹譜一卷 案：宋史藝文志作三卷。

武昌戴凱之慶預撰。皆四字語。

筍譜一卷

僧贊甯撰。案：晁公武讀書志作「僧惠崇撰」。

夢溪忘懷録三卷

沈括存中撰。自稱夢溪丈人。括坐永樂事閒廢。晚歲乃以光禄卿分司卜居京口之夢溪，有水竹山林之適。少有懷山録，可資居山之樂者，輒記之。自謂今可忘于懷矣，故名忘懷録。

越中牡丹花品二卷

僧仲林撰。其序言：越之所好尚惟牡丹，其絶麗者三十二種，始乎郡齋，豪家名族，梵宇道宫，池臺水榭，植之無間。來賞花者，不問親疏，謂之看花局。澤國此月多有輕雲微雨，謂之養花天。里語曰，彈琴種花，陪酒陪歌。末稱丙戌歲八月十五日移花日序。丙戌者，當是雍熙三年也。越在國初繁富如此，殆不減洛中。今民貧至骨，種花之風遂絶。何今昔之異耶？其故有二：一者鏡湖爲田，歲多不登；二者和買土〔一〕著，數倍常賦。勢不得不貧也。

〔一〕盧校本「土」爲「白」字。

牡丹譜一卷

歐陽修撰。少年爲河南從事，目擊洛花之盛，遂爲此譜。蔡君謨書之，盛行於世。

冀王宮花品一卷

題景祐元年滄州觀察使記。以五十種分爲三等九品，而「潛溪緋」、「平頭紫」居正一品，「姚黄」反居其次，不可曉也。

吴中花品一卷

慶曆乙酉趙郡李英述。皆出洛陽花品之外者，以今日吴中論之，雖曰植花，未能如承平之盛也。

花譜二卷 案：宋史藝文志作一卷。

滎陽張峋子堅撰。以花有千葉、多葉，黄、紅、紫、白之别，類以爲譜，凡千葉五十八品，多葉六十二品，又以芍藥附其末。峋與其弟峬子望同登進士第。峬嘗從邵康節學。

牡丹芍藥花品七卷

不著名氏。録歐公及仲休等諸家牡丹譜、孔常甫芍藥譜，共爲一編。

洛陽貴尚録一卷〔一〕

殿中丞新安丘濬道源撰。事爲牡丹作也。其書援引該博而迂怪不經。濬，天聖五年進士，通數知未來，壽八十一，及歛衣空，人以爲尸解。新安志云爾。

〔一〕今案：此條據盧校本補入。

芍藥譜一卷
中書舍人清江劉攽貢父撰。
芍藥圖序一卷
待制新淦孔武仲常甫撰。案：孔武仲，新淦人，原本誤作「新塗」，今改正。
芍藥譜一卷
知江都縣王觀通叟撰。三家皆述維揚所産花之盛。
荔枝譜一卷
端明殿學士莆田蔡襄君謨撰，且書而刻之，與牡丹記並行。閩無佳石，以板刊，歲久地又濕，皆蠹朽，至今猶藏其家，而字多不完，可惜也。
荔枝故事一卷
無名氏。案：晁公武讀書志亦作蔡襄撰。
增城荔枝譜一卷
亦無名氏。其序言福唐人，熙寧九年承乏增城，多植荔枝，蓋非嶠南之「火山」，實類吾鄉之「晚熟」。搜境内所出得百餘種，其初亦得閩中佳種植之，故爲是譜。
四時栽接花果圖一卷

無名氏。

桐譜一卷

銅陵逸民陳翥撰。皇祐元年序。

何首烏傳一卷

初見唐李翺集，今後人增廣之耳。

海棠記一卷

吴人沈立撰。

菊譜一卷

彭城劉蒙撰。凡三十五品。

菊譜一卷

史正志志道撰。孝廟朝爲發運使者也。

范村梅菊譜二卷

范成大至能撰。有園在居第之側，號范村。

橘録三卷〔一〕

知温州延安韓彦直子温撰。世忠長子也。

〔一〕盧校注：文獻通攷作一卷。

糖霜譜一卷

遂寧王灼晦叔撰。言四方所産，遂寧爲冠。灼自號頤堂。

蟹譜二卷

稱怪山傅肱子翼撰。嘉祐四年序。「怪山」者，越之飛來山也。

蟹略四卷

高似孫續古撰。

雜家類

呂氏春秋二十六卷 案：唐、宋藝文志俱作二十六卷，原本作三十六卷，誤。今改正。

秦相呂不韋撰。後漢高誘注。其書有十二紀、八覽、六論。十二紀者，即今禮記之月令也。

淮南鴻烈解二十一卷

漢淮南王安與賓客撰。後漢太尉許慎叔重注。案唐志又有高誘注。今本既題許慎記上，而詳序文則是高誘，不可曉也。序言自誘之少，從同縣盧君受其句讀。盧君者，植也。與之同縣，則誘乃涿郡人。又言是〔一〕建安十年辟司空掾，東郡濮陽令〔二〕，十七年遷監河東。則誘乃漢末人，其出處略可見。

〔一〕盧校本無「是」字。

〔二〕盧校本「令」上有「除」字。

子華子十卷

稱晉人程本，字子華，與孔子同時。考前世史志及諸家書目，並無此書，蓋假託也。館閣書目辨之當矣。家語有孔子遇程子，傾蓋贈束帛之事。而莊子亦載子華子見昭僖侯一則，此其姓字之所從出。昭僖與孔子不同時也。莊子〔一〕固寓言，而家語亦未可考信。班固古今人表亦無之。使果有其人，遇合於夫子，班固豈應見遺也？其文不古，然亦有可觀者，當出於近世能言之流，爲此以玩世爾。

〔一〕盧校本「莊子」上有「然」字。

論衡三十卷

漢上虞王充仲任撰。肅宗時人。仕爲州從事治中。初著書八十五篇，釋物類同異，正時俗嫌疑。蔡邕、王朗初傳之時，以爲不見異人，當得異書。自今觀之，亦未見其奇也〔一〕。

〔一〕今案：盧校本論衡三十卷題解爲：「漢上虞王充仲任撰。肅宗時人。仕爲州從事治中。初作此書，北方尚未有得之者。王朗嘗詣蔡伯喈，搜求至隱處，果得論衡，捉取數卷將去，伯喈曰：『唯我與爾共，勿廣也。』然自今觀之，亦未爲奇。」盧校注：館本作「初著書八十五篇……（下略）」與通攷所載不同。

女誡一卷

漢曹世叔妻班昭撰。固之妹也。俗號「女孝經」。

潛夫論十卷

漢安定王符節信撰。

風俗通義十卷

漢泰山太守汝南應劭仲遠撰。唐志二十卷。今惟存十卷，餘略見庾仲容子鈔。

蔣子萬機論二卷

魏太尉平河〔一〕蔣濟子通撰。案館閣書目卷〔二〕五十五篇。今惟十五篇，恐〔三〕非全書也。

〔一〕盧校本「河」爲「阿」。

〔二〕盧校本「卷」上有「十」字。

〔三〕盧校本「恐」爲「疑」。

博物志十卷　案：此書别有注本，互見「小説家」。

晋司空范陽張華茂先撰。多奇聞異事。華能辨龍鮓，識劍氣，其學固然也。

古今注三卷

晋太傅丞崔豹正熊撰。

孫子十卷

題晋孫綽興公撰。恐依託。唐志及中興書目並無之。余從程文簡家借録。

劉子五卷〔一〕

劉書孔昭撰。播州録事參軍袁孝政爲序。案：劉子序係袁孝政作，原本脱姓，今補入。凡五十五篇。案唐志十卷，劉勰撰。今序云晝傷己不遇，天下陵遲，播遷江表，故作此書。時人莫知，謂爲劉勰，或曰劉歆、劉孝標作，孝政之言云爾。終不知晝爲何代人〔二〕。其書近出，傳記無稱，莫詳其始末，不知何以知其名晝而字孔昭也。

〔一〕盧校注：今本十卷。

〔二〕盧校注：晁志以爲齊時人。

金樓子十卷

梁元帝繹世誠爲湘東王時所述也。雜記古今聞見。末一卷爲自序。

瑞應圖十卷

不著名氏。案唐志有孫柔之瑞應圖記、熊理瑞應圖譜各三卷，案：唐書藝文志作熊理瑞應圖讚三卷。顧野王符瑞圖十卷，又詳瑞圖十卷。今此書名與孫、熊同，而卷數與顧合，意其野王書也。其間亦多援孫氏以爲注。中興書目有符瑞圖二卷，定著爲野王。又有瑞應圖十卷，稱不知作者，載天地瑞應諸物，以類分門。今書正爾，未知果野王否？又云或題王昌齡〔一〕。至李淑書目，又直以爲孫柔之，其爲昌齡或不可知，而此書多引孫氏，則決非柔之矣。又恐李氏書別一家也。

〔一〕盧校本「王昌齡」爲「王伯齡」，下同。

子鈔三十卷

梁尚書左丞潁川庾仲容子仲撰。所取諸子之書百有五家，其間頗有與今世見行書不同者，而亡者亦多矣。

意林三卷

唐大理評事扶風馬總會元撰。以庾鈔增損裁擇爲此書。總後宦達，嘗副裴晉公平淮西者也。

顔氏家訓七卷

北齊黄門侍郎琅邪顔之推撰。古今家訓以此爲祖，而其書崇尚釋氏，故不列於儒家。

匡謬正俗八卷　案：前第二卷毛詩補音解題所引顔氏糺謬正俗即此書。因避諱「匡」字，改作「糺」。

唐秘書監琅邪顔籀師古撰。其子符璽郎揚庭永徽二年表上之。

刊謬正俗跋八卷

莆田鄭樵撰。

理道要訣十卷

唐宰相杜佑撰〔一〕。凡三十三篇，皆設問答之辭。末二卷記古今異制，蓋於通典中撮要，以便人主觀覽。

〔一〕盧校本「撰」上有「君卿」二字。

造化權輿六卷

唐豐王府法曹趙自勵撰。天寶七年表上。陸農師著埤雅頗采用之，其孫務觀嘗兩爲之跋。余求之久不獲，己亥歲從吳門天慶〔一〕道藏中借録。

〔一〕盧校本「天慶」下有「觀」字。

祝融子兩同書二卷

不著名氏。中興書目云唐吳筠撰。唐藝文志同，但入小説類。又案崇文總目以爲羅隱撰，未詳。其書采孔、老爲内外十篇。祝融者，謂鬻子，爲諸子之首也。

刊誤二卷

唐國子祭酒李涪撰。

資暇集〔一〕二卷

唐李匡文濟翁撰。

〔一〕盧校注：「集」字唐志無。

兼明書二卷

唐國子太學博士丘光庭撰。

蘇氏演義十卷

唐光啓進士武功蘇鶚德祥撰。此數書者皆考究書傳，訂正名物，辨證訛謬，有益見聞。尤梁谿以家藏本刻之當塗。

事始三卷

唐吴王諮議弘文館學士南陽劉存撰。案：唐書藝文志劉孝孫、房德懋撰。鄭樵通志云皆爲王府官，以教諸王始學。

炙轂子三卷

唐王睿撰。以古今注、二儀實録、樂府解題等書，删併爲一編。

仲蒙子三卷〔一〕案：宋史藝文志作仲蒙子，原本作「仲蒙」，誤。今改正。

唐校書郎長樂林慎思虔中撰。

〔一〕盧校本爲「仲蒙子」。注曰：通攷亦作「仲」。

中華古今注三卷

後唐太學博士馬縞撰。蓋推廣崔豹之書也。

格言五卷

南唐中書侍郎北海韓熙載叔言撰。

化書六卷

南唐宰相廬陵宋齊邱子嵩撰〔一〕。

〔一〕盧校注：此本譚紫霄作，宋齊邱沈諸江而竊之。

物類相感志一卷〔一〕

僧贊寧撰。國初名釋也。

〔一〕盧校本「一卷」爲「十卷」。

耄智餘書三卷

太子少保致仕澶淵晁迥德遠撰。迥善養生，兼通釋、老書，年至八十四，子孫多聞人。

昭德新編一卷

晁迥撰。「昭德」者，京師居第坊名也。晁氏子孫皆以爲稱。

聱隅子二卷

蜀人黄晞撰。聱隅，其自號也。本朝仁宗時人。書名歔欷瑣微論，凡十篇。

宋景文筆記一卷

翰林學士安陸宋祁子京撰。

近事會元五卷

李上友撰。自唐武德至周顯德，雜事細務皆記之。

徽言三卷

司馬光手鈔諸子書，題其末曰：「余此書類舉人所鈔書，然舉人所鈔獵其辭，余所鈔覈其意；舉人志科名，余志道德。」其書〔二〕「迂叟年六十八」，蓋公在相位時也。方機務填委，且將屬疾，而好學不厭，克勤小物如此。所鈔自國語而下六書，其目三百一十有二，小楷端重，無一筆不謹，百世之下，使人肅然起敬。真蹟藏邵康節家，其諸孫遵守漢嘉〔三〕，從邵氏借刻，攜其板歸越，今在其羣從述尊古家。

〔二〕盧校本「書」爲「言」。

〔三〕今案：文獻通攷「遵」爲「迈」。

泣岐書三卷

蜀人龍昌期撰。稱「上昭文相公」。有後序，言求薦進之意。

天保正名論八卷

龍昌期撰。其學迂僻，專非周公，妄人也。

事物紀原二十卷

不著名氏。中興書目十卷，開封高承撰，元豐中人。凡二百七十事。今此書多十卷且數百事，當是後人廣之耳。

孔氏雜説一卷

清江孔平仲毅甫撰。案：文獻通攷作「孔武仲」。

晁氏客語一卷

晁説之以道撰。

廣川家學三十卷

中書舍人董弅令升撰。述其父逌之學。

石林家訓一卷

葉夢得少藴撰。

石林過庭録二十七卷

葉夢得與諸子講説者，其中子模編輯之。

程氏廣訓六卷

中書舍人三衢程俱致道撰。

蓺苑雌黄二十卷

建安嚴有翼撰。大抵辨正訛謬，故曰「雌黄」。其目：子史、傳注、詩詞、時序、名數、聲畫、器用、地理、動植、神怪、雜事，卷爲二十，條〔一〕凡四百條，硯岡居士唐稷序之。有翼嘗分教泉、荆二郡。

〔一〕盧校本無「條」字。

緗素雜記十卷

建安黄朝英士俊撰。有陳與者爲之序，言甲辰六試禮部不利，蓋政、宣中士子也。其書亦辨正名物，而學頗迂僻。言詩「芍藥」「握椒」之義，鄙褻不典。王氏之學，前輩以資戲笑，而朝英以爲得詩人深意，其識可見矣。

聖賢眼目一卷

曲阿洪興祖慶善撰。摘取經、子數十條，以己見發明之。

義林一卷

眉山程敦厚子山撰。其上世東坡外家也。子山爲人凶險，與眉守邵溥有隙，以匹絹爲匿名書，誣以罪狀，抵帥蕭振。振逮溥繫獄鞫之。或教溥一切誣服，得不以鍛鍊死獄。上朝議以匿名不當受，而制司非得旨不應擅逮繫郡守，遂兩罷之。溥雖得弗問，而終無以自明，憤訴於天。子山之居極壯麗，一夕燼於火。後附秦檜至右史，後〔一〕復得罪，謫知安遠縣以没。

〔一〕盧校注：次「後」字可省。

弟子職等五書一卷

漳州教授張時舉以管子弟子職篇，班氏女誡，吕氏鄉約、鄉禮，司馬氏居家雜儀合爲一編。

演蕃露十四卷、續六卷

程大昌泰之撰。初在館中見蕃露書，以爲非，説見春秋類。又引古今注「冕旒綴玉下垂如繁露然」，蓋與玉杯、竹林同爲託物名篇，可想見也。今曰演蕃露，意古之蕃露與爾雅、釋名、廣雅、刊誤正俗之類云爾。

考古編十卷、續編十卷

程大昌撰。上自詩、書，下及史傳，世俗雜事有可考見者，皆筆之。

楚澤叢語八卷

右迪功郎李蓍吉先撰。不知何人作，其書專闢孟子。紹興中撰進。大意以爲王氏之學出於孟氏。然王氏信有罪矣，孟氏何與焉。此論殆得於晁景迂之微意。

容齋隨筆、續筆、三筆、四筆各十六卷、五筆十卷

翰林學士鄱陽洪邁景盧撰。每編皆有小序。五筆未成書。

續顔氏家訓八卷

左朝請大夫李正公撰。皆用顔氏篇目而增廣之。

習學記言五十卷

寶文閣學士龍泉葉適正則撰。自六經、諸史、子以及文鑑皆有論説，大抵務爲新奇，無所蹈襲。其文刻削精工，而義理未得爲純明正大也。自孔子之外，古今百家隨其淺深，咸有遺論，無得免者。而獨於近世所傳子華子篤信推崇之，以爲真與孔子同時，可與六經並考〔一〕，而不悟其爲僞也。且既曰其書甚古，而文與今人相近，則亦知之矣。遠自七略，下及隋、唐、國史諸志、李邯鄲諸家書目皆未之有，豈不足以驗其非古，出於近世好事能文者之所爲，而反謂孟、荀以來無道之者，蓋望而棄之也。不亦惑乎！

〔一〕盧校注：「考」疑「壽」。

準齋雜説一卷

錢塘吴如愚撰。

灌畦暇語一卷

不知作者，雜取史傳事，略述己意。

忘筌書二卷

潘植子醇撰。新安所刻本凡八十二篇，與館閣書目、諸儒鳴道集及余家寫本篇數皆不同。本已見儒家，而館目寘之雜家者，以其多用釋、老之説故也。今亦別録於此。

袁氏世範三卷

樂清令三衢袁采君載撰。

直齋書録解題卷十一

小說家類

神異經一卷

稱東方朔撰。張茂先傳。

十洲記一卷

亦稱東方朔撰。二書詭誕不經，皆假託也。漢書本傳敘朔之辭，末言劉向所録朔書具是矣，世所傳他事皆非也。贊又言，朔之談諧[一]，其事浮淺，行於衆庶，而後世好事者，因取奇言怪語附著之朔，故詳録焉。史家欲祛妄惑，可謂明矣。

〔一〕盧校本「談諧」爲「詼諧」。

洞冥記四卷、拾遺一卷

東漢光禄大夫郭憲子横撰。題漢武別國洞冥記，其別録又於御覽中鈔出，然則四卷亦非全書也。凡若是者，藏書之家備名數而已，無之不足爲損，有之不足爲益，況於詳略，尤非所計也。唐志入神仙家。

拾遺記十卷

晋隴西王嘉子年撰。蕭綺序録。

名山記一卷

亦稱王子年，即前之第十卷。案：此句原本誤脱，今據文獻通考增入。大抵皆詭誕。嘉，符秦〔一〕時人，見晋書藝術傳。

〔一〕盧校本「符秦」爲「苻秦」。

殷芸小説十卷

宋殷芸撰。邯鄲書目云或題劉餗，非也。今此書首題秦、漢、魏、晋、宋諸帝，注云齊殷芸撰，非劉餗明矣。故其序事止宋初，蓋於諸史傳記中鈔集。或稱商芸者，宣祖廟未祧時避諱也。

世説新語三卷、敍録二卷

宋臨川王劉義慶撰，梁劉峻孝標注。敍録者，近世學士新安汪藻彦章所爲也，首爲考異，繼列人物世譜、姓氏異同，末記所引書目。按唐志作八卷，劉孝標續十卷，自餘諸家所藏卷第多不同，敍録詳之。此本董令升刻之嚴州，以爲晏元獻公手自校定，删去重複者。案：「敍録者」以下原本脱去，今據文獻通攷補入。

續齊諧記一卷

梁奉朝請吴均撰。齊諧志怪，本莊子語也。唐志又有東陽無疑齊諧志，今不傳。此書殆續之者歟？

北齊還冤志二卷

顔之推撰。

古今同姓名録一卷

梁元帝撰。有陸善經者續之至五代時。

朝野僉載一卷

唐司門郎中饒陽張鷟文成撰。其書本三十卷。案：宋史藝文志，朝野僉載二十卷，又僉載補遺三卷。文獻通攷止載補遺三卷，蓋亦未見全書。此云本三十卷，疑誤。此特其節略爾，别求之未獲。鷟自號「浮休子」。

補江總白猿傳一卷

無名氏。歐陽紇者，詢之父也。詢貌類獮猿〔一〕，蓋嘗與長孫無忌互相嘲謔矣。此傳遂因其嘲，廣之以實其事，託言江總，必無名子所爲也。

〔一〕盧校本「猿」爲「猴」。

冥報記二卷

唐吏部尚書京兆唐臨本德撰。

劉餗小説三卷

唐右補闕劉餗鼎卿撰。

隋唐嘉話一卷

劉餗撰。

博異志一卷

稱谷神子〔一〕，不知何人。所記初唐及中世事。

〔一〕今案：張跋曰：「谷神，馮廓號也，見讀書志雜家。」

辨疑志三卷

唐宣武行軍司馬吴郡陸長源撰。辨里俗流傳之妄。

宣室志十卷

唐吏部侍郎常山張讀聖用〔一〕撰。案：文獻通攷「聖用」作「聖朋」。「宣室」者，漢文帝問鬼神之處也。

〔一〕盧校本「聖用」爲「聖朋」。

封氏見聞記二卷

唐吏部郎中封演撰。前紀典故，末及雜事，頗有可觀。

劉公佳話一卷

唐江陵少尹韋絢文明撰。劉公，禹錫也。絢，執誼之子。

戎幕閒談一卷

韋絢撰。爲西川巡官，記李文饒所談。

聞奇録一卷

不著名氏，當是唐末人。

柳常侍言旨一卷

唐柳珵撰。「常侍」者，其世父芳〔一〕也。凡六章，末有劉幽求及上清傳。

〔一〕盧校注：珵之祖名芳，其世父名登。衢本晁志正作「登」，當從之。

幽閒鼓吹一卷

唐張固撰。

知命録一卷〔一〕

唐劉愿撰。凡二十事。

〔一〕盧校注：此與下一條元本缺，今據通攷補入。

前定録一卷〔一〕

唐崇文館校書鍾簵撰。凡二十二事。别本又有續録二十四事。

〔一〕今案：知命録與前定録均據盧校本補入。

甘澤謡一卷

唐刑部郎中袁郊撰。所記凡九條，咸通戊子自序，以其春雨澤應，故有甘澤成謡之語，遂以名其書。

乾膜子三卷

唐温庭筠飛卿撰。序言不爵不觥，非炰非炙，能悦諸心，聊甘衆口，庶乎乾膜之義。「膜」與「饌」同字，從肉，見古禮經。

尚書故實一卷

唐李綽撰。又名尚書談録。首言賓護尚書河東張公三代相門，謂嘉貞、延賞、弘靖也。弘靖，盧龍失御，貶賓客分司。綽，唐末人，未必及弘靖。弘靖之後文規、次宗、彦遠，皆不登八座，未詳所謂。唐志即以爲延賞，尤不然。

雜纂一卷

唐李商隱義山撰。俚俗常談鄙事，可資戲笑，以類相從。今世所稱「殺風景」，蓋出於此。又有别本稍多，皆後人附益。

盧氏雜記一卷

唐盧言撰。

杜陽雜編三卷

唐武功蘇鶚德祥撰。

酉陽雜俎二十卷、續十卷

唐太常少卿臨淄段成式柯古撰。所記故多譎怪，其標目亦奇詭，如天咫、玉格、壺史、貝編、尸穸之類。成式，文昌之子。

廬陵官下記二卷

段成式撰。爲吉州刺史時也。

唐闕史三卷

唐高彦休撰。自號參寥子，乾符中人。

北里志一卷

唐學士孫棨撰。載平康狹邪事。

玉泉筆端三卷又别一卷

不著名氏。有序，中和三年作。末有跋云扶風李昭德家藏之書也。即故淮海相公孫。又稱黄巢陷洛之明年跋，亦不知何人。別一本號玉泉子，比此本少數條，而多五十二條。無序跋，録其所多者爲一卷。

雲溪友議十二卷

唐范攄撰。自稱五雲溪人，咸通時〔一〕。唐志三卷。

〔一〕今案：「咸通時」下擬加「人」字。

傳奇六卷

唐裴鉶撰。高駢從事也。尹師魯初見范文正岳陽樓記曰：「傳奇體爾。」然文體隨時，要之理勝爲貴，文正豈可與傳奇同日語哉！蓋一時戲笑之談耳。唐志三卷，今六卷，皆後人以其卷帙多而分之也。

三水小牘三卷

唐皇甫牧遵美撰。天祐中人。三水者，安定屬邑也。

醉鄉日月三卷

唐皇甫松子奇撰。唐人飲酒令，此書詳載，然今人皆不能曉也。

異聞集十卷

唐屯田員外郎陳翰撰。翰，唐末人，見唐志。而第七卷所載王魁乃本朝事，當是後人勦入之耳。

卓異記一卷　案：原本不著卷數，今據宋史藝文志補入。

稱李翺撰。記當時君臣卓絶盛事。或云長城陳翺。案：宋史藝文志既載李翺卓異記，又有卓異記一卷，題陳翰撰，注云一作「翺」。疑一書而誤分爲二也。

大唐説纂四卷

不著名氏。分門類事若〔一〕世説。止有十二門，恐非全書。

〔一〕盧校本「若」爲「效」。

摭言十五卷

唐王定保撰。專記進士科名事。定保，光化三年進士，爲吴融子華婿，喪亂後入湖南，棄其妻弗顧，士論不齒。

廣摭言十五卷

鄉貢進士何晦撰。案：「晦」，原本作「臨」，文獻通攷、宋史藝文志俱作「晦」，十國春秋亦云何晦著摭言，今改正。其序言太歲癸酉下第於金陵鳳臺旅舍。癸酉者，開寶六年也。時江南猶未下，晦蓋其國人歟？

金華子新編三卷

大理司直劉崇遠撰。五代時人。記大中以後雜事。

耳目記一卷

無名氏。邯鄲書目云劉氏撰，未詳其名。記唐末以後事。

唐朝新纂三卷
融州副使石文德撰。
豪異秘纂一卷
無名氏。所録五事，其扶餘國王一則，即所謂虬須客者也。
紀聞譚三卷
蜀潘遠撰。館閣書目按李淑作潘遺。今考邯鄲書目亦作潘遠，其曰「遺」者，本誤也。所記隋、唐遺事。
北夢瑣言三十卷　案：文獻通攷作二十卷。
黄州刺史陵井孫光憲孟文撰。載唐末、五代及諸國雜事。光憲仕荆南高從誨，三世在幕府。「北夢」者，言在夢澤之北也。後隨繼沖入朝。有薦於太祖者，將用爲學士，未及而卒。光憲自號葆光子。
後史補三卷
前進士高若拙撰。
野人閒話五卷
成都景焕撰。記孟蜀時事，乾德三年序。
續野人閒話二卷

不知作者。

開顔集三卷

校書郎周文規撰。未知何時人。以古笑林多猥俗，迺於書史中鈔出可資談笑者，爲此編。

洛陽搢紳舊聞記五卷 案：文獻通攷作十卷。

丞相曹國張齊賢師亮撰。所録張全義治洛事甚詳也。

太平廣記五百卷

太平興國二年，詔學士李昉、扈蒙等修御覽，又取野史、傳記、故事、小説撰集，明年書成，名太平廣記。

秘閣閒談五卷

起居舍人吴淑正儀撰。淑，丹陽人。

廣卓異記二十卷

樂史子正撰。

談苑十五卷 案：文獻通攷作楊文公談苑八卷〔一〕。

丞相宋庠公序所録楊文公億言論。初，文公里人黄鑑從公遊，纂其異聞奇説，名南陽談藪。宋公删其重複，分爲二十一門，改曰談苑。

〔一〕盧校注：八卷者晁本。

文會談叢一卷

題華陽上官融撰。不知何人。天聖五年序。

國老閒談二卷

稱夷門君玉撰。不著姓。

洞微志三卷　案：文獻通攷作十卷〔一〕。

學士錢易希白撰。

〔一〕盧校注：十卷乃晁志。

乘異記三卷

南陽張君房〔一〕撰。咸平癸卯序，取「晋之乘」之義也。君房又有脞説，家偶無之。晁公武讀書志以脞説爲張唐英君房撰。又言君房著名臣傳、蜀檮杌、雲笈七籤行於世。按君房，祥符、天禧以前人，楊大年改閑忙令所謂「紫微失却張君房」者，即其人也。常〔二〕爲御史屬，坐鞫獄貶秩，因編修七籤得著作佐郎。七籤序自言君房蓋其名，非字也。唐英字次功，熙、豐間人，丞相商英天覺之兄，作名臣傳、蜀檮杌者，與君房了不相涉，不知晁何以合爲一人也。其誤明矣。

〔一〕盧校注：安陸人，字允芳。見默記。

〔二〕盧校本「常」爲「嘗」。

補妒記八卷　案：文獻通攷作一卷〔一〕。

稱京兆王績編。不知何時人。古有宋虞〔二〕之妒記等，今不傳，故補之。自商、周而下，迄於五代，史傳所有妒婦皆載之，末及神怪、雜説、文論等，最後有治妒二方，尤可笑也。

〔一〕盧校注：晁（志）一卷。

〔二〕盧校本「虞」下有「通」字。

祖異志十卷

信陵聶田撰。康定元年序。

括異志十卷、後志十卷

襄國張師正撰〔一〕。

〔一〕盧校注：聞見録云此書及志怪集、倦游録俱魏泰著，託名武人張師正。

郡閣雅言二卷

贊善大夫潘若沖撰。案：晁公武讀書志稱潘若同撰。文獻通攷云：書録解題作郡閣雜言，題贊善大夫潘欲沖撰。今此本仍作郡閣雅言，惟稱「若沖」，則互異。

茅亭客話十卷

江夏黄休復端本撰。所記多蜀事。别有成都名畫記。蓋蜀人也。

嘉祐雜志三卷

修起居注陳留江休復鄰幾撰。

夢溪筆談二十六卷

沈括存中撰。其序言退居絶過從，所與談者，惟筆硯而已。

茗川子所記三事一卷

不知何人。三事者，勃窣姑、王立、林果毅，皆異事也。末有韓蟲兒一事，是歐陽公所記，偶録附此。

東齋記事十卷

翰林學士蜀郡范鎮景仁撰。

該聞録十卷〔一〕

成都李畋撰。張忠定公客也。熙寧中致仕歸，與門人賓客燕談，袞袞忘倦，門人請編録之。又名歸田録。

〔一〕盧校注：晁志有歸田録六卷。通攷載其語，云又名該聞録，下注云書録解題作十卷。則馬貴與見陳氏有此書明矣。館本不載，今約晁氏之語以補之。

紀聞一卷

集賢殿修撰李復圭審言撰。淑之子也。

東坡手澤三卷

蘇軾撰。今俗本大全集中所謂志林者也。

艾子一卷

相傳爲東坡作，未必然也。

龍川略志六卷、別志四卷

蘇轍撰。龍川者，循州也。

玉壺清話十卷

僧文瑩撰。

張芸叟雜説一卷

吏部侍郎張舜民芸叟撰。

畫墁集一卷

張舜民撰。

洛游子一卷

題司馬光，非也。所稱樂全子、齊物子，亦莫知何人。

麈史三卷

司農少卿安陸王得臣彦輔撰。嘉祐四年進士。其序稱政和乙未，行年八十，自號鳳臺子。蓋王昭素之後，王銍性之之伯父也。揮麈録詳載。

蘇氏談訓十卷

朝請大夫蘇象先撰。述其祖魏公頌子容遺訓。

續世説三卷　案：文獻通攷作十二卷。

孔平仲毅父撰。編宋至五代事，以續劉義慶之書也。

孫公談圃三卷

臨江劉延世録高郵孫升君孚所談。升，元祐中書舍人，坐黨籍，謫汀州。

澠水燕談十卷

齊國王闢之聖涂撰。澠，齊水名，春秋傳「有酒如澠」。闢之，治平四年進士。

烏臺詩話十三卷

蜀人朋九萬録東坡下御史獄公案，附以初舉發章疏及謫官後表章、書啓、詩詞等。

碧雲騢一卷

題梅堯臣撰。以厩馬爲書名，其説曰：「世以旋毛爲醜，此以旋毛爲貴，雖貴矣，病可去乎？」其不遜如此，聖俞必不爾也。所記載十餘條，公卿多所毁訐，雖范文正亦所不免。或云實魏泰所作，託之聖俞。王性之辨之甚詳，而邵氏聞見後録乃不然之。

青箱雜記十卷

朝散郎吴處厚撰。知漢陽軍，箋注蔡確詩者也。後亦不顯。

師友閒談一卷　案：文獻通攷〔一〕作師友談記。

李廌方叔撰。

〔一〕盧校本「文獻通攷」改「晁志」。

劍溪野語三卷

延平陳正敏撰。自號遯翁。别有遯齋閑覽十四卷，未見。

冷齋夜話十卷　案：文獻通攷作六卷〔一〕。

僧惠洪撰。所言多誕妄。

〔一〕盧校注：晁志六卷。

墨客揮犀十卷、續十卷

不知名氏〔一〕。

〔一〕盧校注：彭乘撰。

搜神秘覽三卷

京兆章炳文叔虎撰。

石林燕語十卷

葉夢得少蘊撰。宣和五年所作也。

燕語攷異十卷

成都宇文紹奕撰。舊聞汪玉山嘗辨駁燕語之誤，而未之見也。

玉澗雜書十卷

葉夢得撰。攷其中所記，亦當在宣和時所作。玉澗者，石林山居澗水名也。

巖下放言一卷

葉夢得撰。休致後所作。

柏臺雜著一卷

石公弼撰。雜記典故等事。公弼本名公輔，改賜今名。爲御史攻蔡京甚力，竟坐深文謫死。然本傳言其議論反覆，非純正者。

紺珠集十二卷〔二〕案：文獻通攷作十三卷。

朱勝非鈔諸家傳記、小說，視曾慥類說爲略。

〔一〕盧校注：晁志十三卷。

類説五十卷

太府卿温陵曾慥端伯撰。所編傳記小説，古今凡二百六十餘種。

春渚紀聞十卷

浦城何薳撰。自號寒青〔一〕老農。東坡所薦爲武學博士曰去非者，其父也。

〔一〕盧校注：「寒青」，今書作「韓青」。

曲洧舊聞一卷、雜書一卷、骫骳説一卷

直秘閣新安朱弁少章撰。弁於晦庵爲從父，建炎丁未使金，留十七年，既歸而卒。骫骳説者，以續晁无咎詞話，而晁書未見。

南游記舊一卷

曾紆公衮撰。

翰墨叢紀五卷

樞密睢陽滕康子濟撰。

鐵圍山叢談五卷

蔡絛撰。謫鬱林博白時所作。

萍洲可談三卷

吴興朱彧無或撰。中書舍人服行中之子。宣和元年序。萍洲老圃，其自號也，在黄州，蓋其喬寓之地，事見齊安志。而「彧」作「或」，字無惑，未詳孰是。

硯岡筆志一卷

唐稷撰。自號硯岡居士。

泊宅編十卷

方勺仁聲撰。泊宅在烏程，相傳張志和泊舟浮家泛宅之所，勺買田卜築，號泊宅翁。本嚴瀨人。

却掃編三卷

吏部侍郎睢陽徐度敦立撰。

閒燕常談三卷

董弅令升撰。取士相與談仁義於閒燕之義。

唐語林八卷

長安王讜正甫撰。以唐小説五十家，倣世説分門三十五，又益十七，爲五十二門。中興書目十一卷，而闕記事以下十五門；又云一本八卷。今本亦止八卷，而門目皆不闕。

道山青〔一〕話一卷

不知何人〔二〕。跋語稱大父國史在館閣久，多識前輩，著館〔三〕秘録、曝書記，與此而三，兵火散失。近得此書於曾仲存家，末題朝奉大夫暐，亦不著姓。

〔一〕盧校本「青」爲「清」。

〔二〕張跋謂爲王暐撰。

〔三〕盧校本「館」下加「閣」。

復齋閒記四卷

承議郎歷陽龔相聖任撰。待制原之孫，頤正之父也。

鄞川志五卷

中書舍人龍舒朱翌新仲撰。寓居四明，故曰鄞川。

窗間紀聞一卷

稱陳子兼撰，未知何人。雜論詩文經傳，亦間述所聞事。

枕中記一卷

不著名氏。崇寧中人。所載多國初事。

姚氏殘語一卷

剡姚寬令威撰。又名西溪叢話，已板行。

稿簡贅筆二卷

承議郎章淵伯深撰。始得此書於程文簡氏，不知何人作，文簡題其後，以其中稱先丞相申公，知其爲章子厚子孫也。余又以其書考之，言先祖光禄，元祐三年省試，東坡知舉，擢爲第一，則又知其爲援之孫也。後以問諸章，始得其名字。其人博學有文，以場屋待士薄，如防寇盜，用蔭入仕，遂不就舉，居長興，故序稱若溪草堂。淵自號懲室子。序言録爲五卷，今此惟分上下卷。

老學庵筆記十卷

陸游務觀撰。生識前輩，年登耄期，所記見聞，殊可觀也。

夷堅志甲至癸二百卷、支甲至支癸一百卷、三甲至三癸一百卷、四甲四乙二十卷，大凡四百二十卷

翰林學士鄱陽洪邁景盧撰。稗官小説，昔人固有爲之者矣。游戲筆端，資助談柄，猶賢乎已可也，未有卷帙如此其多者，不亦謬用其心也哉！且天壤間反常反物之事，惟其罕也，是以謂之怪。苟其多至於不勝載，則不得爲異矣。世傳徐鉉喜言怪，賓客之不能自通與失意而見斥絶者，皆詭言以求合。今邁亦然。晚歲急於成書，妄人多取廣記中舊事，改竄首尾，别爲名字以投之，至有數卷者，亦不復删潤，徑以入録。雖敍事猥釀，屬辭鄙俚，不恤也。

睽車志五卷

知興國軍歷陽郭彖次象撰。取睽上六「載鬼一車」之語。

經鋤堂雜志八卷

倪思正甫撰。

續釋常談二十卷

秘書丞龔頤正養正撰。昔有釋常談一書，不著名氏，家藏亦缺此書，今故以續稱。凡常言俗語，皆注其所出。

北山記事十二卷

户部侍郎濡須王遘少愚撰。

雲麓漫鈔二十卷、續鈔二卷

通判徽州趙彦衛景安撰。續二卷乃中庸説及漢定安公補紀也。彦衛，紹熙間宰烏程，有能名。

儆告一卷

不著名氏。專敍報應。

夷堅志類編三卷

四川總領陳昱日華取夷堅志中詩文、藥方類爲一編。

山齋愚見十書一卷

稱灌圃耐得翁。不知何人。

程史十五卷

岳珂撰。「程史」者，猶言杜記也。原注：説文：「桯，牀前几也。」

游宦紀聞十卷

鄱陽張士南光叔撰。

鼠璞一卷

戴埴撰。

周盧注博物志十卷、盧氏注六卷

晉張華撰。其書作奇聞異事。華能辨龍鮓，識劍氣，其學固然也。

玄怪録十卷

唐牛僧孺撰。唐志十卷，又言〔一〕李復言續録五卷，館閣書目同。今但有十一〔二〕卷，而無續録〔三〕。

〔一〕盧校本無「言」字。

〔二〕盧校本「十卷」。

〔三〕盧校注，又從唐人起疑失其本第。

瀟湘録十卷

唐校書郎李隱撰，館閣書目爾云〔一〕。唐志作柳詳〔二〕，未知書目何據也。

〔一〕盧校本「爾云」爲「云爾」。

〔二〕盧校本「柳祥」。

龍城録一卷

稱柳宗元撰。龍城謂柳州也。羅浮梅花夢事出其中。唐志無此書，蓋依託也。或云王銍性之作。

樹萱録一卷

不著名氏。序稱纂尚書滎陽公所談者，亦不知何人。又云普聖圜丘之明年，「普聖」者，僖宗由普王踐位也。書雖見唐志，今亦未必本真，或云劉燾無言所爲也。

雲仙散録一卷

稱唐金城馮贄撰。天復元年敍。馮贄者，不知何人。自言取家世所蓄異書，撮其異説，而所引書名，皆古今所不聞；且其記事造語，如出一手，正如世俗所行東坡杜詩注之類。然則所謂馮贄者，及其所蓄書，皆子虛烏有也，亦可謂枉用其心者矣。

葆光録三卷

陳纂撰。自號襲明子。所載多吴越事，當是國初人。

稽神録六〔一〕卷

南唐徐鉉撰。元本十卷。今無卷第，總作一卷，當是自他書中録出者。

〔一〕盧校本「六」改「一」。注曰：晁志十卷，通攷六卷，今云無卷第，恐「六」字當作「一」。

啓顔録八卷

不知作者。雜記詼諧調笑事。唐志有侯白啓顔録十卷，未必是此書，然亦多有侯白語，但訛謬極多。

清異録二卷

稱翰林學士陶穀撰。凡天文、地理、花木、飲食、器物，每事皆制爲異名新説。其爲書殆似雲仙散録，而語不類國初人，蓋假託也。

歸田録二卷

歐陽修撰。或言公爲此録，未傳而序先出，裕陵索之，其中本載時事及所經歷見聞，不敢以進，旋爲此本，而初本竟不復出，未知信否？公自爲序，略曰：「歸田録者，朝廷之遺事，史官之所不記，與夫士大夫談笑之餘而可録者，録之以備閒居之覽也。」又曰：「唐李肇國史補序云，言報應、敍鬼神、述夢卜、近怪異〔一〕，悉去之；記事實、探物理、辨疑惑、示勸戒、采風俗、助談笑，則書之。余之所録，大抵以肇爲法，而小異於肇者，不書人之過惡，以爲職非史官，而掩惡揚善，君子之志也。覽者詳之。」

〔一〕盧校本「怪異」爲「帷薄」。

歸田後録十卷

朝請郎廬江朱定國興仲撰。熙豐間人。竊取歐公舊録之名，實不相關也。

清夜録一卷

沈括撰。

續清夜録一卷

王銍性之撰。

王原叔談録一卷

翰林學士南京王洙之子録其父所言。

延漏録一卷

不著名氏。其間稱伯父郇公，知其爲章得象之姪也。後題此書，疑章望之作，然未敢必。望之者，字表民，用郇公廕入官，歐陽公爲作字説者也。以宰相嫌，遂不仕。録中又記皇祐中與滕元發同試，滕首冠而己被黜，藉令非望之，亦當時場屋有聲者。章氏儁才固多也。

清虚居士隨手雜録一卷

王鞏定國撰。待制素子，張安道之婿。

石渠録十一卷

校書郎昭武黄伯思長睿撰。

避暑録話二卷

葉夢得紹興五年所作。

臺省因話録一卷

兵部尚書新昌石公弼國佐撰。

思遠筆録一卷

翰林學士九江王寓〔一〕撰。寓以靖康元年七月，以禮部尚書入翰苑，雜記當時聞見，凡二十七條。寓父易簡以布衣召爲説書，遂顯用。寓後拜左轄，使金辭行，謫散官嶺表，父子俱南下，没於盗。

〔一〕今案：「寓」，宋史等作「㝢」。

秀水閒居録三卷

丞相汝南朱勝非藏一撰。寓居宜春時作。秀水者，袁州水名也。

聞見後録二十卷〔一〕

邵某〔二〕撰。

〔一〕盧校本「二十卷」爲「三十卷」。

〔二〕盧校本「某」爲「博」。并注曰：據雜史門改。

侍兒小名録一卷、續一卷

序題朋谿居士而不著名氏。始洪炎玉父集爲此書，王銍性之、温豫彦幾續補。今又因三家而增益之，且爲分類，其中多用古字。或云董彦遠家子弟所爲也。

紀談録十五卷

稱傳密居士，不著名氏。蓋晁公邁伯咎也。

賢異録一卷

亦無名氏。所記四事，其一曰鬼傳者，言王畯家子弟所遇，與世傳王子高事大同小異，當是一事耳。

能改齋漫録十三卷

太常寺主簿臨川吴曾虎臣撰。

揮麈録三卷、後録十一卷、第三録三卷、餘話一卷

朝請大夫汝陰王明清仲言撰。明清，銍之子，曾紆公袞之外孫。故家傳聞、前言往行多所憶。後録，跋稱六卷，今多五卷。

投轄録一卷

王明清撰。所記奇聞異事，客所樂聽，不待投轄而留也。

吴船録一卷

范成大至能撰。自蜀帥東歸紀遊，取「門泊東吴萬里船」之語。

瑣碎録二十卷、後録二十卷

温革撰。陳昱〔一〕增廣之。後録者，書坊增益也。

〔一〕盧校本「陳昱」爲「陳曄」。

鑑誡别録三卷

廬陵歐陽邦基壽卿撰。周益公、洪景盧有序跋。

樂善録十卷

蜀人李昌齡伯崇撰。以南中勸戒録增廣之，多因果報應之事。

直齋書録解題卷十二

神仙類〔一〕

〔一〕盧校本作卷三十六神仙類。校注曰：有元本。

列仙傳二卷

漢劉向撰。凡七十二人。每傳有贊，似非向本書，西漢人文章不爾也。館閣書目三卷六十二人。崇文總目作二卷七十二人，與此合。

周易參同契三卷

後漢上虞魏伯陽撰。其書因易以言養生。後世言修鍊者祖之。

參同契分章通真義三卷、明鏡圖訣一卷

真一子彭曉秀川撰。蜀永康人也。序稱廣政丁未以參同契分十九章而爲之注，且爲圖八環，謂之明鏡圖。曩在麻姑山傳録。其末有秀川傳。汪綱會稽所刻本，其前題祠部員外郎彭曉，蓋據秘閣本云爾。麻姑本附傳亦言仕蜀爲此官。

參同契考異一卷

朱熹撰。以其詞韻皆古奥雅難通，讀者淺聞，妄輒更改，比他書尤多舛誤，合諸本更相讎正，其諸同異，皆並存之。

金碧古文龍虎上經一卷

不著名氏。麻姑所録本無「金碧」字。

黄庭内景經一卷、外景經一卷　案：文獻通攷作三卷。

務成子注。是南嶽魏夫人所受者，魏舒之女也。

真誥十卷

梁華陽隱居陶弘景撰。述楊羲、許邁、許玉斧遇仙真傳受經文等事。

參同契解一卷

題紫陽先生。不知何人〔一〕。

〔一〕張跋云：紫陽先生，張伯端號也。

内景中黄經一卷　案：文獻通攷作二卷。

題九仙君撰，中黄真人注。亦名胎藏論。

靈樞金鏡神景内經十卷

稱扁鵲注。

上清天地宫府圖經[一]二卷

唐司馬子微撰。

[一] 盧校本「宫」作「官」。

中誡經一卷

稱黄帝、赤松子問答。蓋假託也。

幽傳福善論一卷

唐孫思邈撰。

玄綱論一卷

唐中岳道士吴筠撰。

續仙傳三卷

唐溧水令沈汾撰。或作「玢」。

道教靈驗記二十卷

蜀道士杜光庭撰。

王氏神仙傳一卷　案：文獻通攷作四卷。

杜光庭撰。當王氏有國時，爲此書以媚之。謂光庭有道，吾不信也。

西山羣仙會真記五卷

九江施肩吾希聖撰。唐有施肩吾，能詩，元和中進士也。而曾慥集仙傳稱吕巖之後有施肩吾者，撰會真記，蓋别是一人也。

鍾吕傳道記三卷

施肩吾撰。敍鍾離權雲房、吕巖洞賓傳授論議。

養生真訣一卷

虞部員外郎耿肱撰。大中祥符時人。

雲笈七籤一百二十四卷　案：文獻通攷作一百二十卷。

集賢校理張君房撰。凡經法、符籙、修養、服食以及傳記，無不畢録。祥符中，君房貶官，會推崇聖祖，朝廷以秘閣道書付杭州，俾戚綸等校正。王欽若薦君房專其事，銓次爲此書。頃於莆中傳録，纔二册，蓋略本也。後於平江天慶道藏得其全，録之。

靈樞道言發微二卷

朝議大夫致仕傅燮撰進。專言火候。

金液還丹圖論一卷

不著名氏。自稱元真，蓋宣和中道流也。

悟真篇集注五卷

天台張伯端平叔撰。一名用成。熙寧中遇異人於成都，所著五七言詩及西江月百篇，末卷爲禪宗歌頌，以謂學道之人不通性理，獨修金丹，則性命之道未全。有葉士表、袁公輔者，各爲之注。

還丹復命篇一卷

毗陵僧道光撰。亦擬悟真詩篇。靖康丙午序。

道樞二十卷

曾慥端伯撰。慥自號至游子，采諸家金丹、大藥、修鍊、般運之術，爲百二十二篇。初無所發明，獨黜采御之法，以爲殘生害道云。

集仙傳十二卷

曾慥撰。自岑道願而下一百六十二人。

肘後三成篇一卷

稱純陽子，謂吕洞賓也。其言小成七、中成六、大成五，皆導引、吐納、修鍊之事。

日月玄樞篇一卷

稱劉知古。唐明皇時縣州昌明縣令。

太白還丹篇一卷

稱清虚子太白山人。唐貞元時人。

太清養生上下篇二卷

稱赤松子甯先生。

上清金碧篇一卷

稱煙蘿子〔一〕。

〔一〕張跋云：煙蘿子，濟源縣王屋人也。

金虎鉛汞篇一卷

稱元君。

鉛汞五行篇一卷

稱探玄子。已上七種共爲一集。

玉芝書三卷

朝元子陳舉撰。上卷論五篇，中爲詩八十一首，下爲賦九道。

純陽真人金丹訣一卷

即前所謂三成篇，微不同。

華陽真人秘訣一卷

稱施肩吾。

吕真人血脈論一卷

稱傅婁景先生。

遠山崔公入藥鏡三卷

不知何人。

四象論一卷

稱老子。

真仙傳道集一卷　案：此條疑脱解題。

參同契三卷

即魏伯陽書。題九華子編。

巨勝歌一卷

道士柳沖用撰。

逍遥子通玄書三卷

不知姓名，但曰逍遥子。

百章集一卷〔一〕

稱魏伯陽。案：此條原本脱去，今據文獻通攷補入，與後條所云「已上十八種」，其數乃符。

〔一〕盧校本此條列於逍遥子條前。

許先生十二時歌一卷

不知其名。

黄帝丹訣玉函秘文一卷

文林郎蒲庚進。

吕公窑頭坯歌一卷

以陶器爲喻也。

太上金碧經一卷

題魏伯陽注。

金鏡九真玉書一卷

無名氏。

龍虎金液還丹通玄論一卷

稱羅浮山蘇真人撰。

金碧上經古文龍虎傳

長白山人元陽子注。皆莫知何人。已上十八種共爲一集，其中有龍牙頌及天隱子，各已見釋氏、道家類。

羣仙珠玉集一卷

其序曰：「西華真人以金丹、刀圭之訣傳張平叔，作悟真篇，以傳石得之、薛道光、陳泥丸，至白玉蟾。」玉蟾者，葛其姓，福之閩清人。嘗得罪亡命，蓋姦妄流也。余宰南城，有寓公稱其人云：「近嘗過此，識之否？」余言：「不識也。此輩何可使及吾門！」李士寧、張懷素之徒，皆殷監也，是以君子惡異端。

釋氏類〔一〕

〔一〕盧校本作卷三十七釋氏類。校注曰：有元本。

金剛般若經一卷

姚秦三藏鳩摩羅什譯。

石本金剛經一卷

南唐保大五年壽春所刻。乾道中劉岑季高再刻於建昌軍。不分三十二分，相傳以爲最善。

六譯金剛經一卷

此經前後六譯，各有異同，有弘農楊顒〔一〕者集爲此本。太和中，中貴人楊永和〔二〕集右軍書，案：文獻通攷作「承和」。刻之興唐寺。

〔一〕盧校注：「顒」音「高」，作「翺」非。

〔二〕盧校本「永」作「承」。

圓覺了義經十卷

唐罽賓佛陀多羅譯。

華嚴經八十一卷

唐于闐實叉難陀〔一〕譯。

〔一〕盧校本「實」作「寶」。

萬行首楞嚴經十卷

唐天竺般剌密諦〔一〕、烏長國彌迦釋迦譯語，宰相房融筆受。所謂譯經潤文者也。

〔一〕盧校本「般剌密諦」後有「譯」字。校注曰：館本無上「譯」字，通攷同。

維摩詰所説經一卷 案：文獻通攷作十卷。

鳩摩羅什譯。

維摩經一卷

蘇轍所書。

楞伽經四卷

有宋、魏、唐三譯。宋譯四卷，唐譯七卷。正平張戒集注。蓋以三譯參校研究，得舊注本，莫知誰氏，頗有倫理，亦多可取，句讀遂明白。其八卷者，分上下也。

四十二章經一卷

後漢竺法蘭譯。佛書到中國，此其首也，所謂「經來白馬寺者」。其後千經萬論，一大藏教乘，要不出於此。中國之士，往往取老、莊之遺説以附益之者多矣。

遺教經一卷

佛涅槃時所説。唐碑本。以下三種同。

阿彌陁經一卷

唐陳仁稜所書。刻於襄陽。

金剛經一卷

唐武敏之所書。在長安。

金剛經一卷

唐鄔彤所書。在吳興墨妙亭。

羅漢因果識見頌一卷

天竺闍那多迦譯。首有范仲淹序，言宣撫河東，得於傳〔一〕舍，藏經所未録者。十六羅漢爲比邱摩拏羅等説。

〔一〕盧校本「傳」作「僧」。

六祖壇經一卷　案：文獻通攷作三卷。

僧法海集。

宗門統要十卷

建谿僧宗永集。

法藏碎金十卷

太子少傅晁迥撰。

景祐天竺字源七卷

僧惟淨等集進。案：文獻通攷「惟淨」作「相淨」。以華梵對翻，有十二轉聲、三十四字母，各有齒、牙、舌、喉、唇五音。仁宗御製序，鏤板頒行〔一〕。吳郡虎丘寺有賜本如新，己亥〔二〕借録。

〔一〕「頒」，原誤作「頌」，據盧校本改。

〔二〕盧校本「己亥」下有「歲」字。

金園集三卷

錢塘天竺僧遵式撰。

天竺别集三卷

遵式撰。世所謂「式懺主」者也。

華嚴合論法相撮要一卷

青谷真際禪師案：「真際」原本作「真除」，今據文獻通攷改正。以唐李長者通玄合論，撮其要義，手藁爲圖。

僧寶傳三十卷案：文獻通攷作三十二卷。

僧惠洪撰。

林間録十四卷〔一〕

惠洪撰。

〔一〕今案：此條據盧校本補。

道院集要三卷

户部尚書三槐王右敏仲撰〔一〕。以晁迥法藏碎金、耄智餘書删重集粹，别爲此編。

〔一〕盧校本「户部尚書三槐王右敏仲撰」爲「王古撰」。校注曰：通攷同。古官氏已見目録類。

禪宗頌古聯珠集一卷〔一〕

僧法應編。

〔一〕盧校本作十卷。校注曰：館本一卷，通攷同。

嘉泰普燈録三十卷〔一〕

僧正受編。三録大抵與傳燈相出入，接續機緣語句前後一律，先儒所謂循辭也。然本初自謂直指人心，不立文字。今四燈總一百二十卷，數千萬言，乃正不離文字耳。

〔一〕盧校注：此及下條元本缺。

雪峯廣録二卷

唐真覺大師義存語。丞相王隨序之。隨及楊大年皆號參禪有得者也。

龍牙和尚頌一卷〔一〕

〔一〕今案：此條據盧校本補。盧校注：元本有。

釋書品次録一卷〔一〕

〔一〕今案：此條據盧校本補。盧校注：文弨案通攷補。題唐僧從梵集。末有黎陽張鞏跋，稱大定丁未，蓋虜中版本也。

大慧語録四卷

僧宗杲語。其徒道謙所録，張魏公序之。

兵書類〔一〕

〔一〕盧校本作卷三十八兵書類。校注曰：有元本。

六韜六卷

武王、太公問答。其辭鄙俚，世俗依託也。

司馬法一卷

齊司馬穰苴撰。

孫子三卷

吴孫武撰。漢志八十一篇。魏武帝削其繁冗，定爲十三篇。世之言兵者，祖孫氏。然孫武事吴闔廬而不見於左氏傳，未知其果何時人也。

吴子三卷

魏吴起撰。

尉繚子五卷

六國時人。案：漢志雜家有二十九篇，兵形勢家又有三十一篇。今書二十三篇，未知果當時本書否。

黄石公三略三卷

世傳張子房受書圯上老人，曰：「濟北穀城山下得黄石即我也。」故遂以黄石爲圯上老人。然皆傅會依託也。

黄石公素書一卷

亦依託也。

李衛公問對三卷

唐李靖對太宗。亦假託也。文辭淺鄙尤甚。今武舉以七書試士，謂之武經。其間孫、吴、司馬法或是古書，三略、尉繚子亦有可疑，六韜、問對僞妄明白，而立之學官，置師弟子伏而讀之，未有言其非者，何也？何薳春渚紀聞言，其父去非爲武學博士，受詔校七書，以六韜、問對爲疑，白司業朱服。服言：「此書行之已久，未易遽廢。」遂止。後爲徐州教授，與陳師道爲代，師道言聞之東坡，世所傳王通元經、關子明易傳及李靖問對皆阮逸僞撰，逸嘗以草示奉常公云。奉常公者，老蘇也。

注孫子三卷

唐中書舍人杜牧之撰。

閫外春秋十卷

唐少室山布衣李筌撰。起周武王勝殷，止唐太宗擒竇建德，明君良將、戰争攻取之事。天寶二年上之。

風后握奇經一卷

永嘉薛士龍季宣校定。自晉馬隆三百八十四字，續圖三百十五字，合標題七百字。又有馬隆讚、述，多所發明，并寫陳圖於後。馬隆本「奇」作「機」。

三略素書解一卷

吕惠卿吉甫撰。

三朝經武聖略十五卷

天章閣侍講王洙撰。案：文獻通攷載晁氏説，稱曾公亮、丁度撰。下文又有「是時洙奉詔」云云，未知何據。寶元中上進。凡十七門。後五卷爲奏議。中興書目云十卷，李淑書目十五卷。今本與邯鄲卷數同。

武經總要四十卷

天章閣待制曾公亮等撰。制度、故事各十五卷，邊防、占候各五卷。昭陵御製序，慶曆四年也。

百將傳十卷

清河張預集進。凡百人。每傳必以孫子兵法斷之。

熙寧收復熙河陣法三卷

觀文殿學士九江王韶子純撰。

武經龜鑑二十卷

保平軍節度使王彦撰。隆興御製序。其書以孫子十三篇爲主，而用歷代事證之。

渭南秘缺〔一〕一卷

昭武謝淵得之於瀘州。蓋武侯八陣圖法也。爲之注釋，而傳於世。

〔一〕盧校本「缺」作「訣」。

補漢兵制〔一〕一卷

錢文子撰。

〔一〕盧校本「制」作「志」。

陰符玄機一卷

即陰符經也。監察御史新安朱安國注。此書本出於李筌，云得於驪山老姥，舊志皆列於道家。安國以爲兵書之祖。要之非古書也。

兩漢兵制一卷

建安王琣器之撰。

制勝方略三十卷

修武郎楊肅德欽撰。自左氏傳而下迄於陳、隋用兵事迹。慶元丁巳序。

漢兵編〔一〕二卷、辨疑一卷

姑蘇潘夢旂天錫撰。

〔一〕盧校注：「編」通攷作「論」。

曆象類〔一〕

〔一〕盧校本作卷三十九曆象類，校注曰：有元本。

周髀算經二卷、音義一卷

題趙君卿注、甄鸞重述、李淳風等注釋。周髀者，蓋天之書也。稱周公受之商高而以句股爲術，故曰周髀。唐志有趙嬰、甄鸞注各一卷，李淳風釋二卷。今曰君卿者，豈嬰之字耶？中興書目又云君卿名爽，蓋本崇文總目。然皆莫詳時代。甄鸞者，後周司隸也。音義者，假承務郎李籍撰。

星簿讚曆一卷

唐志稱石氏星經簿讚。館閣書目以其有徐、潁、婺、台等州名，疑後人附益。今此書明言依甘、石、巫咸氏，則非專石申書也。

乙巳占十卷

唐太史令岐陽李淳風撰。起算上元乙巳，故以名焉。

玉曆通政經三卷

李淳風撰。亦天文占也。唐志無之。

乾坤變異録一卷

不著名氏。雜占變異。凡十七篇。

古今通占三十卷

唐嵩高潛夫沛國武密撰。纂集黄帝、巫咸而下諸家及隋以前諸史天文志爲此書。景祐乾象新書間取其説，中興館閣書目作古今通占鏡，本唐志云爾。

景祐乾象新書三十卷

司天春官正楊惟德等撰。案：文獻通攷「惟」作「雄」。以歷代占書及春秋至五代諸史采摭撰集。元年七月，書成賜名，仍御製序。

大宋天文書十五卷

不著名氏。館閣書目亦無之。意其爲太史局見今施用之書，蓋供報占驗，大抵出此。

天經十九卷〔一〕

同州進士王及甫撰進。案：文獻通攷「撰」字下無「進」字。不知何人。其書定是非，協同異，由博而約，儒者之善言天者也。

〔一〕盧校本作十卷。校注曰：館本十九卷，通攷同。

天象法要一卷 原註：「天象」當作「儀象」。

丞相溫陵蘇頌子容撰。元祐三年新造渾天成，記其法要而圖其形象進之。

歷代星史一卷

不著名氏。鈔集諸史天文志。

天文考異二十五卷

昭武布衣鄒淮撰。大抵襲景祐新書之舊。淮後入太史局。

二十四氣中星日月宿度一卷

此書傳之程文簡家，云得於荆判局。荆名大聲，太史局官也。

天象義府九卷

宜黄布衣應垕撰。其書考究精詳，論議新奇，而多穿鑿傅會。象垂於天，其曰某星主某事者，人寔名之也。開闢之初，神聖在御，地天之通未絕，其必有得於仰觀俯察之妙者，故曰「天垂象，聖人則之」，夫天豈諄諄然命之乎？如必一切巧爲之説，而以爲天意寔然，則幾於矯誣矣。

官曆刻漏圖一卷、蓮花漏圖一卷

太常博士王普伯照撰。

唐大衍曆議十卷

唐僧一行作新曆，草成而卒。詔張説與曆官陳元景等次爲曆術七篇、略例一篇、曆議十篇，新史志略見之。「十議」者，一曆本、二日度、三中氣、四合朔、五卦候、六九道、七日晷、八分野、九五星、十日食。大抵皆以考正古今得失也。曆志略取其要，著於篇者十有二，曰曆本，曰中氣，曰合朔，曰卦候，曰卦議，曰日度，曰九道，曰日食，曰五星。蓋曆議之八篇，而分卦候爲二，故共爲九條。其没滅、盈縮、晷漏中星三條，則皆取之略例，餘曆議日晷、分野二篇，則具之天文志。嘉定辛未，辭科用爲序題，有劉澹如者，嘗得其書，自詭必在選中。而考官但據史文，初不知此書尚存於世也。以其篇次與史文不合，黜之。要之，史官因此書以述志，考官因史志以命題，當以此書爲本而參考志之所載，乃爲全善。

郭雍撰集古曆通議，論諸家曆云：「一行作曆，上自劉洪之斗分、下及淳風之總法，前後五百餘年，諸家所得曆術精微之法，集其大成，以作開元曆。此其所以前無古人、後無來者，可謂盡善盡美矣。是以自寶應之後以迄於今，幾五百年皆宗之，而不能易。語以上古聖人之術則又有間矣。」

隨齋批注。

崇天曆一卷

司天夏官正楚判監宋行古等撰。天聖二年上。學士晏殊序。國初有建隆應天曆，次有乾元曆、儀天曆，詳見三朝史志。太祖建隆應天，太宗太平興國乾元，真宗咸平儀天，仁宗天聖崇天。

紀元曆〔一〕三卷、立成一卷　案：原本脱去「立成一卷」，今據文獻通攷補入。

姚舜輔撰。崇寧五年成。自崇天之後，有明天曆、熙寧奉元曆、元祐觀天曆。至崇寧三年，舜輔造新曆，曰占天。未幾，蔡京又令舜輔更造，用帝受命之年、即位之日，元起庚辰、日命己卯。上親製序，頒之天下，賜名紀元。本朝承平，諸曆略具正史志，不見全書。此二曆近得之蜀人秦九韶道古，故存之。英宗治平明天，熙寧元年復崇天，熙寧七年奉元，哲宗元祐觀天，徽宗崇寧紀元。

〔一〕今案：紀元曆館本作「紀年曆」，據解題和盧校本改。

統元曆一卷

常州布衣陳得一更造，秘書少監朱震監視，紹興五年上。曆家不以爲工。高宗紹興統元，二十二年以後用紀元。

會元曆一卷

夏官正劉孝榮造，禮部尚書李巘〔一〕序。案：文獻通攷「巘」作「𪩘」。紹熙元年也。孝榮判太史局，凡造三曆，此其最後者，勝前遠矣。孝宗乾道曆、淳熙曆，光宗紹熙會元曆。

〔一〕盧校本「瓛」作「巘」。

統天曆一卷〔一〕　案：統天曆卷數原本闕，今據文獻通攷補入。

冬官正楊忠輔撰，承相京鏜表進。其曆議甚詳，至於星度，明言不曾測驗，無候簿可以立術，最爲不欺。紹熙五年也。其末有神殺一篇，流於陰陽拘忌，則爲俚俗。寧宗慶元統天。

〔一〕盧校本無卷數。

開禧曆三卷、立成一卷

大理評事鮑澣之撰進，時開禧三年。詔附統天曆推算。至今頒曆，用統天之名，而實用此曆。當時緣金人閏月與本朝不同，故於此曆加五刻。天道有常，而造術以就之，非也。大抵中興以來，雖屢改曆，而日官淺鄙，不知曆象之本，但模襲前曆，而於氣朔，皆一時遷就爾。

金大明曆一卷〔一〕

金大定十三年所爲也。其術疎淺，無足取。積年三億以上，其拙可知。然統天、開禧改曆，皆緣朝論以北曆得天爲疑，貴耳賤目，由來久矣，寔不然也。

〔一〕盧校本無卷數。

數術大略九卷

魯郡秦九韶〔一〕道古撰。前世算術，自漢志皆屬曆譜家。要之數居六藝之一，故今解題列之雜藝類，惟周髀經爲蓋天遺書，以爲曆象之冠。此書本名數術，而前二卷大衍、天時二類於治曆測天爲詳，故亦置之於此。秦博學多能，尤邃曆法，凡近世諸曆，皆傳於秦。所言得失，亦悉著其語云。

〔一〕張跋云：魯郡秦九韶，前紀元曆下作蜀人秦九韶，此亦失於考也。

陰陽家類〔一〕

自司馬氏論九流，其後劉歆七略、班固藝文志，皆著陰陽家。而「天文」、「曆譜」、「五行」、「卜筮」、「形法」之屬，別爲數術略。其論陰陽家者流，蓋出於羲和之官，欽若〔二〕昊天，曆象日月星辰。拘者爲之，則牽於禁忌，泥於小數。至其論數術，則又以爲羲和卜史之流。而所謂司星子韋三篇，不列於天文，而著之陰陽家之首。然則陰陽之與數術，亦未有以大異也。不知當時何以別之。豈此論其理，彼具其術耶？今志所載二十一家之書皆不存，無所考究，而隋、唐以來子部，遂闕陰陽一家。至董逌藏書志，始以「星占」、「五行」書爲陰陽類。今稍增損之，以「時日」、「禄命」、「遁甲」等備陰陽一家之闕，而其他數術，各自爲類。

〔一〕盧校本作卷四十陰陽家類。

〔二〕盧校本「欽若」改「敬順」。校注曰：「欽若」通攷作「敬順」，本漢書。

景祐遁甲玉函符應經二卷

司天春官正楊惟德撰。御製序。

景祐太一福應集要十卷

楊惟德撰。御製序。末題紹興元年嵩陽潛士魏郡劉箕。其積算自建炎三年己酉推之者，其所附益也。九宫、八門，與遁甲相表裏。字多訛，未有他本可校。

陰陽二遁圖局一卷并雜訣

三元立成圖局二卷

遁甲八門機要一卷

太一淘金歌一卷

以上四種皆無名氏，得之盱江吴炎。

遁甲選時圖二卷

紹興府所刻本，亦無名氏。

廣濟陰陽百忌曆二卷

稱唐吕才撰。有序。案：才序陰陽書，其三篇見於本傳，曰禄命，曰卜宅，曰葬，案吕才傳，其敍陰陽書見於本傳者三篇，曰卜宅，曰禄命，曰葬。此云一篇，誤。今改正。盡掃世俗拘滯之論，安得復有此曆？本初固已假託，後人附益，尤不經。

三曆會同十卷

不知作者。集百忌、總聖、集正三書。

萬曆會同三卷〔一〕案：文獻通攷作三十卷。

陳從古撰。以前書推廣之。書坊售利之具也。

〔一〕盧校本作三十卷。

彈冠必用一卷

周渭撰。案：文獻通攷「渭」作「謂」。專爲宦游擇日設。

三曆撮要一卷

無名氏。又一本名擇日撮要曆，大略皆同。建安徐清叟宜翁云：案：文獻通攷「宜」作「真」。其尊人尚書公應龍所輯，不欲著名。

陰陽備用十二卷

通判舒州新安胡舜申汝嘉撰。此書本爲地理形法，而諸家選時日法要皆在焉，故附於此。

珞琭子一卷

此書禄命家以爲本經。其言鄙俚，閭巷賣卜之所爲也。

壺中賦一卷

稱紫雲溪壺中子。莫知何人。

源髓歌六卷、後集三卷

唐沈芝撰。後集妄也。

太一命訣一卷

稱袁天綱。妄人假託。

五星命書一卷

不著名氏。歌〔二〕訣頗詳，然未必驗也。

〔二〕盧校本「歌」上有「其」字。

五星三命指南十四卷

亦不知名氏。大抵書坊售利，求俗師爲之。

聿斯歌一卷　案：文獻通攷有聿斯歌一卷，原本作「聿欺」誤，今改正。

青羅山布衣王希明撰。不知何人。

靈臺三十六歌一卷

稱武平先生。亦不知何人。

五星六曜約法一卷

洞微歌一卷

紫宙經一卷

以上三種皆無名氏。

四門經一卷

唐待詔陳周輔撰。

青羅立成曆一卷

司天監朱奉奏。據其曆，「起貞元十年甲戌入曆，至今乾寧四年丁巳」，則是唐末人。

羅計二隱曜立成曆一卷

稱大中大夫曹士蔿。亦莫知何人。但云起元和元年入曆。

諸家五星書一卷

雜録五星禄命之説。前數家亦多在焉。

遁甲八門命訣一卷

不知名氏。

信齋百中經一卷

不著名氏。安慶府本。術士言最善。

怡齋百中經一卷

東陽術士曹東野。自言今世言五星者，皆用唐顯慶曆曆法，更本朝，前後無慮十餘變，而百中經猶守舊曆，安得不差？於是用見行曆法推算。其説如此，未之能質也。

五行精紀三十四卷

清江鄉貢進士廖中撰。周益公爲之序。集諸家三命説。

三辰通載三十四卷

嘉禾錢如璧編。集五星命術。

卜筮類〔一〕

〔一〕盧校本作卷四十一卜筮類。校注曰：有元本，但多脱漏。

易林十六卷

漢小黄令梁焦延壽贛撰。又名大易通變。唐會昌丙寅越五雲谿王俞序。凡四千九十六卦，其辭假出於經史，其意雅通於神祇。蓋一卦可以變六十四也。舊見沙隨程迥所記，南渡諸人以易林筮國事，多奇驗。求之累年，寶慶丁亥始得之莆田。皆韻語古雅，頗類左氏所載繇辭。或時援引古事，間嘗筮之，亦驗。頗恨多脱誤。嘉熙庚子從湖守王寺丞侑借本兩相校，十得八九。其中亦多重複，或諸卦數爻共一繇，莫可考也。

易傳積算法雜占條例一卷

漢京房撰。詳已見易類。世所傳京氏遺學不過如此而已。今世卜者「世應」、「飛伏」、「納甲」之類，皆出京氏。

周易版詞一卷

不知名氏。當是漢魏以前人所爲。其間官名，皆東京制也。

周易玄悟一卷〔一〕

題李淳風撰。

〔一〕盧校注：元本無此條。通攷有之，然與陳氏書大體殊不類。

火珠林一卷

無名氏。今賣卜者擲錢古卦，盡用此書。

揲蓍古法一卷

開封鄭克武子撰。

蓍卦辨疑序三卷

郭雍撰。自序略言：學者相傳，謂九爲老陽，七爲少陽，六爲老陰，八爲少陰。及觀乾爻稱九、坤爻稱六，則九、六爲陰陽，蓋無疑也。而六子皆稱九、六，不言七、八，則少陰少陽未有所據。及考乾坤之策，曰乾之策二百一十有六，坤之策百四十有四，六之一，則乾爻得三十六，坤爻得二十四，是則老陰老陽之數也。又考二篇之策，陽爻百九十有二，以三十六乘之，積六千九百十有二，陰爻百九十有二，以二十四乘之，積四千六百八，合之爲萬有一千五百二十，則二篇之策，亦皆老陰老陽之數也。而少陰少陽之數又無所見。再置陽爻百九十有二，以少陽二十八乘之，積五千三百七十六；再置陰爻百九十有二，以少陰三十二乘之，積六千一百四十四，合之亦爲萬有一千五百二十，以是知少陰少陽之數隱於老陰老陽之中。如是則七、九皆爲陽，六、八皆爲陰，其畫爲奇爲耦皆同。聖人畫卦，初未必以陰、陽、老、少爲異，然卜史之家欲取動爻之後卦，故分别老少之象，與聖人畫卦之道已不同矣。然七、九爲陽，六、八爲陰，蓋謂陰陽各有二道，與説卦言立天之道曰陰與陽，立地之道曰柔與剛，其義皆同。是道也，以聖人不明，載之繫辭。後世紛紛，互相矛盾，至有大失聖人之意者。大率多主卜史之論，不知所謂策數，遂妄爲臆説也。

六壬翠羽歌一卷

後唐長興中僧令岑撰。錯誤極多，未有他本可校。

京氏參同契律曆志一卷

虞翻注。專言占象而不可盡通。字亦多誤，未有别本校。

京氏易式一卷

晁説之以道撰。

六壬洞微賦一卷

不知名氏。瞽卜劉松年所傳。

形法類〔一〕

〔一〕盧校本作卷四十一形法類。校注曰：有元本。

八五經一卷

序稱大將軍記室郭璞。後序言：「余受郭公囊書數〔一〕篇，此居一，公戒以秘之。丞相王公盡索余書，余以公言告之，得免。」末稱大興元年六月，蓋晋元帝時。王公，謂導也。然皆依託爾。其書爲相墓。作「八五」者，其五行八卦之謂歟。

〔一〕盧校本「數」上有「有」字。

狐首經一卷

不著名氏。稱郭景純序。亦依託也。胡汝嘉始序而傳之。其文亦雅馴，言頗有理。陰陽備用中全載〔一〕。

〔一〕盧校本無「陰陽備用中全載」七字。校注曰：通攷亦無之。

續葬書一卷

稱郭景純。鄙俗依託。

地理小原本缺〔一〕一卷

稱李淳風。亦未必然。

〔一〕盧校注：館本及通攷皆缺一字。

洞林照膽一卷

范越鳳撰。又名洞林别訣。相傳爲縉雲人，家於將樂。

地理口訣一卷

不知何人所集。曰楊筠松、曾楊乙、黄禪師、左仙、朱仙桃、范越鳳、劉公、賴太素、張師姑、王吉，凡十家。

楊公遺訣曜金歌并三十六象圖一卷

楊即筠松也。人號楊救貧〔一〕。

〔一〕盧校注：末五字元本無。

神龍鬼砂一卷

羅星妙論一卷

皆不知作者。

九星賦一卷

題范公。

龍髓經一卷

疑龍經一卷

辨龍經一卷

龍髓别旨一卷

九星祖局圖一卷

五星龍祖一卷

二十八禽星圖一卷

以上七種皆無名氏。并前諸家，多吴炎録以見遺。江西有風水之學，往往人能道之。

雜相書一卷

凡二十三種。案：文獻通攷作三十二種。又有拾遺，亦吴晦父所録。

成和子觀妙經一卷

不著名氏。

希夷先生風鑑〔一〕一卷 案：文獻通攷「風」作「龜」。

逸人亳社陳摶圖南撰，劉康國注。館閣書目作人倫風鑑。

〔一〕盧校本「風」作「龜」。

諸家相書五卷

知莆田縣昭武黄唐〔一〕毅夫撰集。案：文獻通攷「黄唐」作「黄庚」。

〔一〕盧校本黄唐作黄庚。

玉管神照一卷

無名氏。

集馬相書一卷

光禄少卿孫珪撰。

相鶴經一卷

稱浮邱公〔一〕撰。

〔一〕盧校本「公」作「伯」。校注曰：晁志、宋志皆作「公」。

相貝經一卷

不知作者。

師曠禽經一卷

稱張華注。

直齋書録解題卷十三

醫書類〔一〕

〔一〕盧校本作卷四十三醫書類。校注曰：有元本。

黄帝内經素問二十四卷

黄帝與岐伯問答。三墳之書無傳，尚矣，此固出於後世依託，要是醫書之祖也。唐太僕令王砅注，案：砅原本作氷，今據文獻通攷改正。自號啓元子。案：漢志但有黄帝内、外經，至隋志乃有素問之名，又有全元起素問注八卷。嘉祐中光禄卿林億、國子博士高保衡承詔校定、補注，亦頗采元起之説附見其中，其爲篇八十有一。王砅者，寶應中人也。

難經二卷　案：文獻通攷作五卷〔一〕。

渤海秦越人撰，濟陽丁德用補注。漢志亦但有扁鵲内、外經而已。隋志始有難經，唐志遂題云秦越人〔二〕，皆不可考。德用者，乃嘉祐中人也。序言太醫令呂廣重編此經，而楊元操復爲之注，覽者難明，故爲補之，且間爲之圖。八十一難，分爲十三篇，而首篇爲診候，最詳，凡二十四難。蓋脈學自扁鵲始也。「難」當作去聲讀。

〔一〕盧校注：通攷（此條）依晁志。

〔二〕盧校本此句作「唐志遂屬之越人」。

脈訣機要三卷

晉太醫令高平王叔和撰。通真子注并序〔一〕，不著名氏，熙寧以後人也。

〔一〕盧校本「注」下無「并序」二字。

脈要新括二卷。案：宋史藝文志作二卷。

通真子撰。以叔和脈訣有鯱卼鄙俗處，疑非叔和作，以其不類故也。乃作歌百篇，案經爲注。又自言嘗爲傷寒括要六十篇，其書未之見。

傷寒論十卷

漢長沙太守南陽張機仲景撰。建安中人。其文辭簡古奥雅。又名傷寒卒病論。凡一百一十二方。古今治傷寒者，未有能出其外也。

金匱要略三卷　案：文獻通攷作金匱玉函經八卷。

張仲景撰，王叔和集，林億等校正。此書王洙於館閣蠹簡中得之，曰金匱玉函要略方。上卷論傷寒，中論雜病，下載其方，并療婦人，乃録而傳之。今書以逐方次於證候之下，以便檢用。所論傷寒，文多節略，故但取雜病以下，止服食禁忌二十五篇二百六十二方，而仍其舊名。

中藏經一卷

漢譙郡華陀元化撰。其序稱應靈洞主少室山鄧處中，自言爲華先生外孫，莫可考也。

巢氏病源論五十卷　案：文獻通攷作巢氏病源候論五卷〔一〕。

隋太醫博士巢元方等撰。大業六年也。惟論病證，不載方藥。今案千金方諸論，多本此書，業醫者可以參考。

〔一〕盧校注：唐、宋志作巢氏諸病源候論五十卷。晁志五卷似誤。

聖濟經十卷

政和御製。辟廱學生昭武吴禔注。

醫門玉髓一卷

不知作者。皆爲歌訣。論五藏六腑相傳之理。

醫經正本書一卷

知進賢縣沙隨程迥可久撰。專論傷寒無傳染，以救薄俗骨肉相棄絶之敝。

醫說十卷

新安張杲季明撰。案：文獻通攷「杲」作「景」。

食治通説一卷

東號婁居中撰。臨安藥肆「金藥臼」者[一]，有子登第，以恩得初品官。趙忠定丞相跋其後。書凡六篇。案：文獻通攷作十六篇。大要以爲食治則身治，此上工醫未病之一術也。

〔一〕盧校本「者」下有「也」字。

治病須知一卷

不知名氏。事論外證，以用藥之次第爲不能脈者設也。

五運指掌賦圖一卷

葉玠撰。

大觀本草三十一卷

唐慎微撰。不知何人。仁和縣尉艾晟作序，名曰經史證類本草。案：本草之名，始見漢書平帝紀、樓護傳。舊經止一卷，藥三百六十五種。陶隱居增名醫別録，亦三百六十五種，因注釋爲七卷。唐顯慶又增一百十四種，廣爲二十卷，謂之唐本草。開寶中又益一百三十三種。蜀孟昶又嘗增益，謂之蜀本草。及嘉祐中掌禹錫、林億等重加校正，更爲補注，以朱墨書爲之別，凡新舊藥一千八十二種，蓋亦備矣。今愼微頗復有所增益，而以墨蓋其名物之上，然亦殊不多也。

本草衍義十卷　案：文獻通攷作本草廣義二十卷。

通直郎寇宗奭撰。援引辨證，頗可觀采。

紹興校定本草二十二卷

醫官王繼先等奉詔撰。紹興二十九年上之，刻板修内司。每藥爲數語辨説，淺俚無高論。

本草節要三卷、明堂鍼灸經二卷、膏肓灸法二卷〔一〕

清源莊綽季裕集。

〔一〕盧校本此目分立爲三條，前兩條後各空一行。明堂鍼灸經二卷條，盧校注：宋志有吴復珪小兒明堂鍼灸經二卷，未知即此否？

肘後百一方三卷

晉葛洪撰。梁陶隱居增補。本名肘後救卒方，率多易得之藥，凡八十六首，陶併七首，加二十二首，共爲一百一首。取佛書「人有四大，一大輒有一百一病」之義名之。

千金方三十卷

唐處士京兆孫思邈撰。自爲之序，名曰千金備急要方。以爲人命至重，有貴千金，一方濟之，德踰於此。其前類例數十條，林億等新纂。

千金翼方三十卷

孫思邈撰千金方既成，恐其或遺也，又爲此以翼之。亦自爲序。其末兼及禁術。用之亦多驗。

外臺祕要方四十卷

唐鄴郡太守王燾撰。案：原本誤作「壽」，今據文獻通攷改正。自爲序，天寶十一載也。其書博采諸家方論，如肘後、千金，世尚多有之；至於小品，深師崔氏、許仁則、張文仲之類，今無傳者，猶間見於此書。大〔一〕凡醫書之行於世，皆仁廟朝所校定也。按會要：嘉祐二年，置校正醫書局于編修院，以直集賢院掌禹錫、林億校理，張洞校勘，蘇頌等並爲校正。後又命孫奇、高保衡、孫兆同校正。每一書畢，即奏上，億等皆爲之序，下國子監板行。并補注本草、修圖經，千金翼方、金匱要略、傷寒論，悉從摹印。天下皆知學古方書。嗚呼！聖朝仁民之意溥矣〔二〕。案：「補注本草」以下數句原本有脱誤，今據文獻通攷校補。

〔一〕盧校本「大」作「云」。今案：如依盧本則「云」字當屬上讀。

〔二〕盧校注：通攷無「嗚呼」句。又云：元本語意甚完，似勝通攷。

太平聖惠方一百卷

太平興國七年，詔醫官使尚藥奉御王懷隱案：宋史藝文志作「王懷德」。等編集。御製序文。淳化三年書成。

王氏博濟方三卷〔一〕案：文獻通攷作五卷。

太原王衮撰。慶曆七年序。

〔一〕盧校注：晁志作五卷。

藥準一卷

潞公文彦博寬夫撰。所集方纔四十首。以爲依本草而用藥則有準，故以此四十方爲處方用藥之準也。

孫氏傳家祕寶方三卷

尚藥奉御太醫令孫用和集。其子殿中丞兆，父子皆以醫名，自昭陵時迄於熙豐，無能出其右者。元豐八年，兆弟宰爲河東漕，屬吕惠卿帥并，從宰得其書，序而刻之。兆自言爲思邈之後。晁氏讀書志作孫尚秘寶方，凡十卷〔一〕。

〔一〕盧校本無「晁氏讀書志作孫尚秘寶方，凡十卷」句。

靈苑方二十卷

沈括存中撰。

蘇沈良方十卷

蘇者東坡，沈即存中也。不知何人所録。其間「辨雞舌香」一段，言靈苑所辨，猶有未盡者。館閣書目别有沈氏良方十卷、蘇沈良方十五卷，而無靈苑方。

正俗方一卷

知虔州長樂劉彝執中撰。以虔俗信巫，無醫藥，集此方以教之。

奉親養老書一卷

泰州興化令陳直撰。案：文獻通攷「直」作「真」。元豐中人。

養生必用書三卷〔一〕案：文獻通攷作十六卷。

靈泉山初虞世和甫撰。紹聖丁丑序。

〔一〕盧校注：晁志作養生必用方十六卷。

尊生要訣二卷

即初虞世四時常用要方。有廬山陳淮者，復附益焉。

龐氏家藏秘寶方五卷

蘄水龐安時安常撰。安時以醫名世，所著書傳於世者，惟傷寒論而已。此書南城吴炎晦父録以見遺。

傷寒微旨論二卷

不著作者。序言元祐丙寅，必當時名醫也。其書頗有發明。

錢氏小兒藥證真訣三卷

太醫丞東平錢乙仲陽撰。宣教郎大梁閻季忠〔一〕集。上卷言證，中卷敍嘗所治病，下卷爲方。季忠亦頗附以己説，且以劉斯立所作仲陽傳附於末，宣和元年也。

〔一〕盧校本「季」作「孝」。校注曰：館本「季忠」，通攷同。

小兒班疹論一卷

東平董汲及之撰。錢乙元祐癸酉題其末。

脚氣治法一卷

董汲撰。

指迷方三卷

考城王貺子亨撰。吴丞相敏爲之序。貺爲南京名醫宋毅叔之壻。宣和中以醫得幸，至朝請大夫。

傷寒救俗方一卷

寧海羅適正之尉桐城，民俗惑巫，不信藥。羅〔一〕以藥施人，多愈，遂以方書召醫參校刻石，以救迷俗。紹興中有王世臣彦輔者，序之以傳。

〔一〕盧校本「羅」作「因」。

南陽活人書十八卷　案：文獻通攷作二十卷。

朝奉郎直祕閣吴興朱肱翼中撰。以張仲景傷寒方論，各以類聚，爲之問答。本號無求子傷寒百問方，有武夷張藏作序，易此名。仲景，南陽人，而「活人」者，本華陀語也。肱，祕丞臨之子，中書舍人服之弟，亦登進士科。

九籥衛生方三卷

宣和宗室忠州防禦使士紆撰。

治風方一卷

張耒文潛所傳。凡三十二方。

小兒醫方妙選三卷

成安大夫惠州團練使張涣撰。凡四百二十方。涣五世爲小兒醫，未嘗改科。靖康元年自爲之序。

雞峯備急方一卷

太醫局教授張鋭撰。紹興三年爲序。太抵皆單方也。

産育保慶集一卷

濮陽李師聖得産論二十一篇，有其説而無其書。醫學教授郭稽中以方附論諸〔一〕之末，遂爲全書。近時括蒼陳言嘗評其得失於三因方，婺醫杜莪者又附益之，頗爲詳備。

〔一〕盧校本「論諸」作「諸論」。

本事方十卷

維揚許叔微知可撰。紹興三年進士第六人。以藥餌陰功見於夢寐，事載夷堅志。晚歲，取平生已試驗之方，併記其事實，以爲此書，取「本事詩詞」之例以名之。

傷寒歌三卷

許叔微撰。凡百篇，皆本仲景法。又有治法八十一篇，及仲景脈法三十六圖，翼傷寒論二卷，辨類五卷，皆未見。

指南方二卷

蜀人史堪載之撰。凡三十一門，各有論。

楊氏方二十卷

樞密楊倓[一]子靖以家藏方一千一百十有一首刻之當塗，世多用之。

〔一〕盧校本「楊倓」作「楊炎」。校注曰：館本「楊倓」，通攷同。

本草單方三十五卷

工部侍郎宛丘王俁碩父撰，取本草諸藥條下所載單方，以門類編之，凡四千二百有六方。

何氏方二卷

太常博士括蒼何偁德揚撰。

洪氏方一卷

鄱陽洪氏。

莫氏方一卷

刑部郎中〔一〕吴興莫伯虚致道刻博濟方於永嘉，而以其家藏經驗方附於後。

〔一〕盧校本「郎中」作「郎」。校注曰：館本「郎中」，通攷同。

備急總效方四十卷

知平江府溧陽李朝正撰。大抵皆單方也。

是齋百一選方三十卷

山陰王璆孟玉撰。「百一」者，言其選之精也。

三因極一方六卷

括蒼陳言無擇撰。「三因」者，内因、外因、不内外因。其説出金匱要略。其所述方論，往往皆中書也。

小兒保生方三卷

左司郎姑孰李檉與幾撰。

傷寒要旨二卷

李檉撰。列方於前而類證於後，皆不外仲景。

漢東王氏小兒方三卷　案：文獻通攷作二卷。

不著名。

幼幼新書五十卷

直龍圖閣知潭州劉昉方明撰。集刊未畢而死，徐璹壽卿以漕攝郡，趣成之。

大衍方十二卷

朝散大夫孫紹遠稽仲撰。凡藥當豫備者四十九種，故名「大衍」。所在易得者不與焉。諸方附於後。

海上方一卷

不著名氏。括蒼刻本。館閣書目有此方，云乾道中知處州錢竽編。

集效方一卷

南康守李觀民集。

胎產經驗方一卷

陸子正撰集。

葉氏方三卷

太社令延平葉大廉撰。

胡氏方一卷

不著名。

傳信適用方二卷〔一〕

稱拙庵吴彦夔。淳熙庚子。

〔一〕盧校本作「三卷」。校注曰：館本二卷，通攷同。

陳氏手集方一卷

建安陳抃。

選奇方十卷、後集十卷

青田余綱堯舉撰。

傷寒瀉痢要方一卷

直龍圖閣長樂陳孔碩膚仲撰。

湯氏嬰孩妙訣二卷

東陽湯衡撰。衡之祖民望，精小兒醫。有子曰麟，登科。衡，麟之子，尤邃祖業，爲此書九十九篇。

太平惠民和劑局方六卷　案：文獻通攷作十卷，宋史藝文志作五卷。

庫部郎中陳師文等校正。凡二十一門、二百九十七方，其後時有增補。

諸家名方二卷

福建提舉司所刊市肆常貨而局方所未收者。

易簡方一卷

永嘉王碩德膚撰。增損方三十首，㕮咀藥三十品，市肆常貨圓子藥〔一〕十種，以爲倉卒應用之備。其書盛行於世。

〔一〕盧校本「圓子藥」作「圓子」。校注曰：館本「圓子」下有「藥」字，通攷同。

四時治要方一卷

永嘉屠鵬時舉撰。專爲時疾瘧痢、吐瀉、傷寒之類，雜病不與焉。

治奇疾方〔一〕一卷

夏子益撰。凡三十八道，皆奇形怪證，世間所未見者。

〔一〕盧校本「疾」作「病」。

傷寒證類要略二卷、玉鑑新書二卷

汴人平堯卿撰。專爲傷寒而作。皆仲景之舊也，亦別未有發明。

瘡疹證治一卷

金華謝天錫撰。

產寶諸方一卷

不著名氏。集諸家方，而以十二月產圖冠之。

纂要備急諸方一卷

不知何人集。皆倉卒危急所須藥及雜術也。

摘要方一卷

傷寒十勸及危證十病，末載托裏十補散方。

劉涓子神仙遺論十卷

東蜀刺史李頔録。按中興書目引崇文總目云宋龔慶宣撰。劉涓子者，晉末人，於丹陽縣得鬼遺方一卷，皆治癰疽之法，慶宣得而次第之。今按：唐志有龔慶宣劉涓子男方〔一〕十卷，未知即此書否？卷或一板，或止數行。名爲十卷，實不多也。

〔一〕盧校注：「男」疑即「鬼」之誤，宋志又有劉涓子鬼論一卷。

衛濟寶書一卷

稱東軒居士，不著名氏。治癰疽方也。

外科保安方三卷

知興化軍亳社張允蹈家藏方。龔參政茂良、劉太史夙爲之序、跋。

五發方論一卷

不知名氏。亦吴晦父所録。

李氏集驗背疽方一卷

泉江李迅嗣立撰。凡五十二條，其論議詳盡曲當。